Over:
Armenernes hellige fjell Ararat. Fjellet og dets mysterier er en viktig del av armensk mytologi og kristne tro. Foto: Unni Fonneland

Forsidebilde:
Folkefest når de arrangeres vinfestival i Areni. Alle er med.
Foto: Sven-Erik Rise

Sven-Erik Rise

Hayastan
Reiser i Armenia

**En bok om de utroligste opplevelser i et bortgjemt
land**

Forlag: BoD · Books on Demand GmbH, In de Tarpen 42,
22848 Norderstedt, Tyskland
Trykk: Libri Plureos GmbH, Friedensallee 273, 22763 Hamburg,
Tyskland

ISBN: 978-82-845-1201-3

Utstillinger og salg av Armenias frukter er som rene kunstverk.
Hvem kan motstå å kjøpe litt av dette? Foto: Sven-Erik Rise

ASERBAJDSJAN

A R T S A K H

Nagorno-
Karabakh
autonome
området
(1923-91)

Rep. Artsakh
(1994-2020)

Stepanakert
Shushi

Berdzor

Togh

Sisian

Goris

Hadrut

Aghitu

Tatev

Syunik

Kapan

Julfa

Meghri

Agarak

Kura

harkunik

zor

evan
.)

ET

Araks

RUSSL.

kartdesign: Winfried K. Dallmann

Armenia kan by hundrevis av arkitektoniske perler og velbevarte klostre og kirker bygget for hundrevis av år siden. Her er Akhtala-klosteret i provinsen Lori. Foto: Ani Avetisyan

Innholdsfortegnelse

Forord 15

Del I: Landet der en gjest anses som en gave fra Gud 19
Introduksjon 21
Til Armenia fra Norge 23
Til Armenia via Georgia 24
Armensk gjestfrihet 31

Del II: Jerevan – byen som ble grunnlagt før Roma var påtenkt 37
På oppdagelsesferd i en vakker hovedstad 40
En tur i operaen 48
Der kjendiser og kjente møtes 54
Jerevans aller beste kjøpesentre 59
Ikke persiske, men armenske tepper 66
Nattelivet i Jerevan 68
Azat fra Stepanakert 70
Et enormt utvalg av restauranter 75
Jerevan Pandok Taverna 78
Hverdagskost i Armenia 80
Khash – kuføtter i hvitløk 85
Ararat Brandy Company 92
Tsitsernakaberd – til minne om folkemordet 97
Folkemordmuseet 102
Pulpulakker 107
Transfigurasjonsdagen – Aylagerbutyun 110
Skolen i Nor Nork og flyktningbarna fra Artsakh 114
Et hyggelig møte 119

Del III: Armensk vin 127
Verdens aller første vinland 129
Vingården Kataro er gjenoppstått 135
Vingårder vel verdt et besøk 141
Vinfestivaler i Armenia 145
Vinfestivalen i Areni 151
Vinmonopolets boikott av landet der vinen ble født 164
Frekkhetens nådegave 165

Del IV: Reisen sørover 169
Et nesten håpløst prosjekt 171
Syunik 174
Småbyer med masse personlighet 179
En blanding av det vakreste og det mest skremmende 183
En naturopplevelse 186
Nå blir det alvor 193
En dårlig erfaring er bedre enn ingen erfaring 199
Kapan 202
Vaghe forteller 204
En rundtur i Kapan 209
Meghri 212
Canyoning 217
Silva fra Togh 223
Ikke helt rent mel i posen 227

Del V: Med respekt for kjæledyr 237
Et stort hjerte for hunder 239
En spesiell historie om en soldat og en hund 245
Hrant's Ark 246

Del VI: Utforskning med Tigran 249
Tigran – min armenske bror og navnebror 251
På nye eventyr med Tigran 254
Sevansjøen 255
Fjellvandringen med den beste utsikten 262
Mange gleder i Tavush 263
Yell Park – episenteret for naturopplevelser og ekstremsport 267
Gründeren fra Yenokavan 271
Adrenalinkick 273
På oppdrag i Dilijan 276

Del VII: Armenere rundt omkring i verden 281
Hayastan, Armenia, Poqr Hayastan, Spjurk, Gaghut 283
Det armenske kvarteret i Jerusalem 285
Musaler 288
Anjar, et lite stykke Musa Dagh 289
Gampr 292
Utforskning av Anjar 294

Del VIII: Armensk er språket man bruker når man snakker med Gud   299
   Et språk uten sidestykke   301
   Min armenske lærer   305

Del IX: Den armensk-apostoliske kirke   309
   Kirkegjengerne   311
   Den aller største gaghutarmeneren   315
   Verdensrekord i klostre   318
   Garni: Armenias storslåtte førkristne tempel   325

Del X: Store gleder i Gyumri   329
   På tur til Gyumri   331
   Fiskerestauranten med kortreist fisk   336

Del XI: Gamle Tatik   339
   En gjest er en gave fra Gud   341
   På kaffebesøk hos Tatik   342

Del XII: Litt politikk og tusen takk   347
   Etterord   349
   Tusen takk   361

Denne boken dedikeres til det armenske folk, mine armenske venner og alle mennesker som står opp for Armenia.

Viktig merknad:

Transkripsjon fra det armenske alfabetet til det norske er problematisk. Jeg har merket meg at armenere transkriberer til vårt alfabet ved å bruke engelsk som uttalenorm. Dette gjør de også med sine egne for- og etternavn. Byer, steder og så videre i Armenia transkriberes alltid til engelsk på informasjonstavler og veiskilt.

Norsk Språkråd informerer om at det ikke finnes noe offisielt transkripsjonssystem fra armensk til norsk. Man bruker derfor et tilpasset system til svensk. Men, Språkrådet gir grønt lys for å velge transkripsjonssystem selv.

I denne boken velger jeg å bruke engelsk transkripsjon. Grunnene til dette er mange. Jeg skriver en bok om reiser i Armenia som skal være til inspirasjon for andre. For enklest å komme seg rundt i landet vil det være en fordel å se de armenske byer, steder og attraksjoner skrevet slik de transkriberes fra armensk. Armenere er vant til denne måten å transkribere på, og vil derfor vite hva man mener dersom det skulle være nødvendig med hjelp.

Jeg har beholdt offisielle norske navn på byer som faktisk har en offisiell norsk versjon. Yerevan, som ville vært logisk i forhold til mitt valg, vil derfor bli omtalt som Jerevan. Jeg har tatt det samme valget når det gjelder transkripsjon av ord som «spjurk» og «khatsjkarer», men for typiske armenske matretter som mange kjenner den engelske transkripsjonen av, har jeg valgt engelsk. For eksempel «lavash», «khorovats» og «khash».

Navn på personer vil bli transkribert slik disse personene har valgt å transkribere navnene sine selv.

Forord

Armenia er et fjelland i det sørlige Kaukasus som grenser til Tyrkia, Aserbajdsjan, Georgia og Iran. Landet har rundt tre millioner innbyggere, og med et areal på 30.000 kvadratkilometer er det like stort som Vestland fylke. Det er et vakkert land med høye fjell, fosser, elver og dype daler. Armenia kan også by på arkitektoniske underverk, mange flotte vingårder, unike frukthager og en helt spesiell matkultur.

Reisende til Armenia, blant dem dikteren Robert Burns, Fridtjof Nansen, George Clooney og Kim Kardashian, har alle uttrykt sin fascinasjon for dette landet og dette folket. Det samme gjør det stadig stigende antall turister som reiser hit.

Selv har jeg besøkt halvparten av verdens land. Men med hånden på hjertet: Jeg falt pladask for Armenia og armenerne den første gangen jeg reiste dit. Fascinasjonen, forelskelsen i landet, menneskene, språket, vinen og maten har ennå ikke gitt seg. Det er blitt sånn at jeg alltid må en tur til Armenia, gjerne med turister og gjerne på egenhånd. Armenerne jeg har blitt kjent med, og som etter hvert kaller meg Tigran, anser meg som familie. De nekter å tro at jeg er norsk. Etter mye mas og kjas om at jeg på ett eller annet vis måtte være armener, bestilte jeg en gentest. Den var utvetydig. Jeg er 90 prosent trønder med litt miks fra lengre nord i Norge. Navnet Tigran ble jeg tildelt av en annen Tigran som jeg ble kjent med i Jerevan. Tigrans mor hadde mistet mesteparten av sin familie under folkemordet. Familien kom opprinnelig fra den vakre byen Van, som ligger ved saltvannsinnsjøen Van i dagens Tyrkia. Ingen armenere overlevde massakren i Van, men noen av barna kom seg unna takket være intens innsats fra svenske misjonærer. Blant de overlevende var Tigrans bestemor. Tigrans mor ville gjerne gi meg et armenske etternavn også. Det ble Van. Tigran Van.

Mitt engasjement for Armenia begynte tidlig. Som 16-åring leste jeg Frans Werfels *De førti dagene på Musa Dagh*.

Werfels roman er en skildring av datidens grusomheter sett gjennom en svært engasjert forfatters øyne. Han beskriver folkemordet på armenerne med utgangspunkt i de få som overlevde etter en heroisk kamp mot drapsmaskineriet. For å være sikker på at det han beskrev var virkelig, brukte han mange kilder. Kildene hans var mennesker som stod i det hele, som var en del av Musa Dagh. Mennesker som var så heldige å overleve de førti dagene han så vel beskriver.

Denne boken skal ikke handle om folkemordet, ei heller om de videre forsøkene på folkemord som både Tyrkia og Aserbajdsjan har bedrevet mot armenerne fram til i dag. Det har vært forfølgelser, pogromer og drap på åpen gate. De siste fire årene har det sakte, men sikkert foregått en storstilt etnisk rensing av Artsakh (Nagorno-Karabakh). Først en voldsom krig anført av Tyrkia og Aserbajdsjan mot den lille armenske enklaven og de 120000 innbyggerne der. Deretter ble armenerne sultet ut i et halvt år, før Aserbajdsjan sendte samtlige ut høsten 2023.

Jeg har allerede skrevet to bøker der disse temaene blir behandlet. I denne boken vil du lære om det armenerne og Armenia bidrar med til verden. Du vil få høre om opplevelser helt utenom det vanlige. Forhåpentligvis vil du føle en liten forelskelse og et engasjement for dette flotte folket. Til tross for all motgang har armenerne i hele verden beholdt en enorm verdighet. Vi finner armenere i mange land. Ti millioner fordeler seg rundt omkring i verden. Tre millioner av dem bor i republikken Armenia. Armenernes sterke fellesskap og deres unike kultur bidrar til små versjoner av Armenia i mange land. Det armenske språket er så særegent og komplisert at det nesten er umulig å lære. Alfabetet bidrar til det. Den som allikevel prøver seg på noen gloser, blir elsket av armenerne.

Mitt håp er at jeg gjennom denne boken kan bidra til opplysning om dette fascinerende landet og dette stolte og flotte folket. Jeg ønsker å inspirere deg, kjære leser, til kanskje en gang å legge ferien din til nettopp dette landet. Jeg har fortsatt til gode å høre om noen som ikke har likt seg svært godt i Armenia. Mange reiser flere ganger etter første gangs besøk. Jeg ønsker også å drive litt folkeopplysning om et anonymt og nesten glemt land. Selv om boken skal syde av glede, engasjement og kjærlighet til dette landet, er bakteppet stadige trusler fra Aserbajdsjan og Tyrkia. Dette vil nok komme fram når jeg refererer til samtaler og hendelser der det blir naturlig. Jeg har møtt mange flyktninger fra Artsakh og de har alle en historie å fortelle.

Statuen til David av Sassun på jernbaneplassen i Jerevan. Foto: Sven-Erik Rise

Del I:

Landet der en gjest anses som en gave fra Gud

Introduksjon

Her starter reisen til mitt paradis. La deg inspirere, kanskje neste reisemål blir hit. Armenerne kaller landet sitt *Hayastan*, seg selv *hay*, språket sitt *hayeren* og adjektivet armensk for *haykakan*. Dersom man skal lære bare noen ord på armensk, begynn med disse. Du vil imponere et helt land. De vil elske deg. Tro meg, jeg har prøvd.

Armenia er et land fullt av overraskelser og spennende opplevelser. Etter over 20 besøk i landet vet jeg at det fortsatt er hemmelige perler jeg ikke har oppdaget ennå. Dette landet har så mye å by på at man bør sette av god tid for et besøk. Når du først har vært i Armenia, er det gode odds på at du reiser tilbake.

Bli med på denne reisen gjennom et unikt land. Her vil du få servert stedene Armenia er berømt for. Unescos verdensarvliste taler for seg selv. Men i denne boken får du også et stort søkelys på Armenias små og store hemmeligheter. Jeg vil vise deg bortgjemte små undere og gi deg innblikk i et folks legender og tradisjoner. Du vil høre om livsglade og rause mennesker. Du vil bli fristet av mat- og vinkultur. Jeg blir ikke forundret om neste reise går akkurat hit.

Mine opplevelser i Armenia er ikke unike. Med litt kunnskap, en god porsjon interesse og et åpent sinn kommer man langt. Det er lett å få nye venner og, gjennom dem, opplevelser man sent glemmer.

Jeg kom meg ikke av gårde til Armenia før i 2015. Da var tiden inne til å lære om noe annet enn folkemordet. Riktignok ønsket jeg å være en del av hundreårsmarkeringen av nettopp dette, men armenerne og Armenia leverte så enormt mye mer. Det var i de ukene jeg ble hodestups forelsket. Jeg ante ikke hvor forskjellig dette landet, og dette folket var fra alt jeg hadde opplevd på mine reiser tidligere. Tanken den gangen var å være en liten uke, men for hver dag jeg var i Armenia, utvidet denne uken seg. Først til to, så til tre så til fire uker.

Nå er det alltid spesielt å reise alene. De fleste jeg kjenner foretrekker å reise sammen med andre. Jeg foretrekker å reise på egen hånd. Slik møter jeg lett andre i samme ærend og får lettere kontakt med lokalbefolkningen. I Armenia ble jeg kjent med mange interessante mennesker, til tross for at vi ikke behersker hverandres språk. Ved hjelp av enkle gloser, armer, bein, fakter og tegninger utviklet det seg varige vennskap. Vennskap som har betydd mye for meg siden den gang. Armenerne faller for mennesker som kjenner deres historie og ønsker å lære mer om denne og om folket. Jeg opplever fortsatt svært mye spennende og nytt på mine mange reiser til Armenia. Da jeg besøkte landet i mai og oktober 2024, traff fascinasjonen meg som vanlig med full tyngde, og det var da jeg bestemte meg for at det var på tide å utgi en bok om de siste års opplevelser.

Det er nok menneskene jeg fascineres mest av. Et folk med en svært dyster og tragisk historie. Et folk hvis viktigste helligdom, Araratfjellet, holdes okkupert av nabolandet. Et folk som blir forhatt av tyrkere og aserbajdsjanere fordi de ønsker rettferdighet og full anerkjennelse av folkemordet. Til tross for fattigdom, skarer av armenere som jobber i utlandet og trusler fra nabolandene er dette folket så fullt av godhet at man ikke kan annet enn å falle for dem. Den ekte gleden de viser besøkende. Tanken om å dele det lille de har. Gleden og engasjementet over mine håpløse forsøk på å uttale deres ord på deres språk. Hver krik og krok de ønsker å vise meg av landet sitt og stoltheten de eier over å være armenere. Det opplever de aller fleste besøkende i Armenia. I tillegg til et bredt utvalg av forskjellige spesielle matretter, en helt spesiell vin og en natur som topper det meste, har armensk kultur og historie noe helst spesielt å tilby.

Jeg nyter hvert minutt jeg får i Armenia, og jeg anbefaler absolutt en reise til dette helt spesielle landet.

Til Armenia fra Norge

Armenia er ikke det letteste landet å reise til. Det går ingen direktefly fra Oslo, og sist jeg sjekket har verken Norwegian eller SAS noen planer om dette. Man må altså ty til andre flyselskaper. Det betyr alltid en mellomlanding. Da jeg begynte med reiser til Armenia, fantes det få alternativer å velge mellom. Den beste muligheten var faktisk via Moskva. Aeroflot stilte med moderne fly, kort mellomlanding i Moskva og en behagelig flyreise. Så kom krigen, og denne muligheten forsvant. Siden krigen i Ukraina har det heldigvis kommet flere gode alternativer. Man flyr enkelt og greit med LOT via Warszawa. Av og til kan det være noen timer å vente i Warszawa, og en sjelden gang en hel dag. Jo lengre ventetid, desto billigere flybilletter. En liten rundtur med guide i Warszawa mens man venter er verdt et par hundrelapper. Men, som sagt, stort sett er mellomlandingen under to timer.

Baltic Air, via Riga, fungerer også svært godt. Det samme gjør Lufthansa og Austrian, men billettene er ofte noe dyrere enn de to førstnevnte. Jeg har noen ganger vært heldig og fått business class-billett med et av flyselskapene for 1200,- mer enn turistklasse. Man kan mene at det er bortkasta penger. Men når man får med koffert, håndbagasje, lounge og mat og vin på flyet begynner det kanskje å lønne seg. Et godt tips er å sjekke prisforskjellen.

Det finnes også reiser på budsjett. Billigselskaper som Wizzair og Ryanair opererer fra Oslo og Torp. Men ofte snakker vi om to mellomlandinger og en kombinasjon av billigselskaper som ikke samarbeider. Forsinkelser, manglende bagasje og lignende kan derfor bli et stort problem.

Til Armenia via Georgia

For ikke lenge siden kom jeg i en skikkelig kattepine. Det ble bråbestemt at jeg måtte til Armenia. Jeg ville hjelpe flyktningene fra Artsakh, og jeg ville delta i Jerevan Maraton. Det var ikke mulig å oppdrive en eneste flybillett til Jerevan, med mindre jeg fløy via Belarus eller bestilte reisen fra Stockholm med egen billett Oslo-Stockholm og derfra med billigselskaper til Ungarn, Malta, Athen og til slutt Jerevan. Pegasus var et tredje alternativ. Det hørtes ut som et gresk selskap, så jeg regnet med mellomlanding i Athen. Men da jeg til min forskrekkelse så at mellomlandingen var i Istanbul ble jeg svært usikker. Jeg har jo ikke akkurat skjult min mening om folkemordet på armenerne, Erdogans overgrep mot kurdere og armenere og Tyrkias deltakelse i både krig og etnisk rensing av armenere fra Artsakh. I diverse sammenhenger har jeg mottatt telefoner fra tyrkiske tjenestemenn som har bedt meg slutte med dette og heller bli med på en ferie til deres hjemland slik at de kan forklare meg hvordan dette henger sammen. På et møte arrangert av NUPI som handlet om de nesten ikke-eksisterende forbindelser mellom Tyrkia og Armenia, besvarte jeg den tyrkiske ambassadørens kraftige angrep på Armenia og hans fornektelse av folkemordet med en slik tydelighet at han sendte en ansatt etter meg i heisen ved møtets slutt. Jeg tenker mitt. Jeg er nok ikke veldig velkommen i Tyrkia. Paragraf 301 i den tyrkiske straffeloven forbyr fornærmelse av tyrkiskheten. I dette inngår å snakke om folkemordene som Tyrkia fornekter, samt å snakke negativt om presidenten. Jeg henger i en syltynn tråd både i Tyrkia og Aserbajdsjan.

Jeg fikk tak i en billett til Georgia i siste sekund, sørget for litt forlenget høstferie og satte meg fornøyd på flyet med Air Baltic til Tbilisi. Tanken var å oppfylle en drøm jeg har båret på en stund, nemlig å ta toget mellom Tbilisi og Jerevan. Dette er den eneste operative togstrekningen i Armenia. Toget tar uforholdsmessig lang tid sammenlignet med bil, buss eller drosje, men jeg var overbevist om at dette ville bli en erfaring jeg ikke kom til å angre på. Dessuten ville en reise til Georgia for alvor gi meg muligheten til å finne ut om Georgia er så mye bedre enn Armenia som en del nordmenn hevder. De som påstår dette, har riktignok aldri vært i Armenia. En god leveregel for meg vil derfor være å ha sett en del av Georgia, møtt folket, drukket vinen, lært litt av språket. Etter det kunne jeg eventuelt være sikker i min sak om at Armenia forblir mitt paradis. Så det ble til at jeg påspanderte meg hotell i Tbilisi og samtidig bestilte et par utflukter. Det er jo uansett spennende å besøke et nytt og uutforsket land.

Vel framme i Tbilisi gjaldt det å finne fram til jernbanestasjonen for å få tak i billett til Jerevan. Nettet er ubrukelig til dette formålet. Stort sett kommer det opp utidig reklame fra reiseselskaper som vil ordne togbillett og alt mulig annet og tar seg klekkelig betalt. Det er og blir dessverre ikke min stil. Så det gjaldt å komme seg til Sentralstasjonen i Tbilisi. Jeg tenkte at det skulle bli en kurant liten drosjetur fra hotellet. Jeg bestilte flittig en drosje til stasjonen så fort jeg kunne. Drosjesjåføren misforsto og satte meg av på busstasjonen i stedet. Midt i Tbilisi. Jeg kan ikke språket, jeg var fullstendig retningsforvirret og jeg forsto ingen ting av t-banesystemet. Jeg visste ikke engang hvordan jeg kunne betale for en billett.

Jeg stoppet den ene forbipasserende etter den andre. De som kunne engelsk, visste ikke hvor togstasjonen var. Dersom de visste det, ante de ikke hvordan jeg skulle komme meg dit. Som om ikke det var nok, ble jeg dratt inn i en teppebutikk med et digert aserbajdsjansk flagg hengende fra taket midt i butikken. Teppeselgeren ønsket å hjelpe meg, og hun snakket engelsk. Jeg forklarte høflig mitt ærend, og hun reagerte med vantro på at jeg skulle til Jerevan Hun foreslo heller å reise til Baku. Hun ville gjerne betale for billetten min dit hvis jeg droppet Jerevan. Så la hun ut om grinete armenere og om alle folkemordene de blodtørstige armenerne har begått mot tyrkere og aserbajdsjanere. Jeg trodde ikke dette var mulig, og jeg merket at jeg ble hissig. Jeg begynte å argumentere mot henne, og jeg fortalte henne hva jeg mente om Aserbajdsjan. Hun ropte ett eller annet navn, og fra bakrommet kom en rett ut sagt tjukkebolle av en sint aserbajdsjaner og dro meg i kraven. Så dyttet han meg ut på gaten og sparket meg i baken. Det var jo da jeg ikke kunne holde meg. Jeg så det fullstendig komiske i denne situasjonen og kunne ikke annet enn å le. Jeg åpnet døra til butikken – og før noen rakk å reagere, sa jeg «Artsakh belongs to Armenia. Your carpets are ugly.» Jeg viste fram min pene tredje finger og la på sprang. Jeg hørte noe tyrkisk banning i ett minutt bak meg. Så ble det stille.

En politimann hadde fått med seg opptrinnet og den sinte aserbaj-dsjaneren som ikke klarte å forfølge meg mer enn ett minutt. Han kom kjørende etter meg i politibil. Nå ble jeg nervøs. Kanskje det er for-budt å vise fingeren i Georgia? Men neida, han ville hjelpe meg. Han hadde skjønt at jeg var litt fortapt, men engelsken var på nivå med min russisk, så vi kom ingen vei. Helt til jeg lagde toglyder og tog med hele kroppen og tydeliggjorde Armenia ved å vise fram alle armenske effekter jeg hadde på kroppen. Han kjørte meg til nærmeste t-bane-stasjon, kjøpte billett til meg av en rimelig sur dame og ble med ned for å vise meg retningen. Han gjentok 20 ganger hvilken stasjon jeg skulle gå av på, og fikk meg til å gjenta. Så i en stappfull t-banevogn med like mange hunder som det var mennesker ble jeg transportert til stasjonen. Hundene var stort sett løshunder som fikk lov til å være med på t-banen. Jeg var imponert.

Jernbanestasjonen i Tbilisi er et eventyr i seg selv. Her var det en rekke luker der man kjøper billett. Fornøyd gikk jeg til den første ledige og la fram mitt ærend. En nokså krenket dame pekte strengt mot en annen luke og sa noe på georgisk. Jeg ristet på hodet og viftet med armene for å vise at jeg ikke forsto. Da kom hun trampende ut av buret sitt og dro meg i armen for å vise vei. Av 20 luker var det bare én der man kunne snakke engelsk. Ja vel, og der var det kø. 19 luker uten kunder, og en luke med kø. Det var bare å smøre seg med tål-modighet. Dette blir morsommere. Da det ble min tur og jeg fikk forklart hva jeg trengte, så damen i luken mistenksomt på meg. Skulle jeg virkelig ha førsteklasses billett på nattoget til Jerevan? Det er veldig dyrt. Jeg svarte bekreftende på det. Hun ba om pass og sertifikat eller annet bevis på at jeg het Sven-Erik Rise. Gudskjelov hadde jeg med begge deler. Det jeg ikke hadde var cash. Hun ville ikke akseptere kort. Her var det kun kontanter som gjaldt. Nå var jeg opprådd. Hun viste endelig en liten smule empati. Faktisk så mye empati at hun gikk ut av buret sitt og fulgte meg til nærmeste minibank. Og her kommer bomben: Damen var armener. Hun var armener, bosatt i Georgia. Hun har aldri vært i Armenia, men har lyst til å reise dit en gang. Hun kunne fem ord på armensk og lot seg imponere over mitt noe større ordforråd. Dermed fikk jeg betalt og fikk billett til dagen før ønsket dag, i og med at toget bare går annenhver dag. Hun skrev ned avgangstiden med en bred svart tusj på et digert ark. Under skrev hun hvilket spor toget skulle gå ifra. Hun ba meg ta et bilde med mobilen.

To dager senere stilte jeg i god tid på stasjonen. Jeg fant vogn og plass og entret toget. Det gjorde en tsjekkisk dame også. Småsjokkert så hun på meg og lurte på hva jeg gjorde i hennes kupé. Jeg ble småsjokkert tilbake og viste henne min billett. Hun hadde likelydende nummer på vogn og kupé. Vi grep tak i togvertinnen. Hun forsto kun russisk. Ikke noe annet språk. Min nye tsjekkiske venninne prøvde å få sagt noe om at vi var feilplassert. Vi regnet begge med at dette nok var turistklasse. Kupéen var sliten. Det var ikke noe sengetøy eller håndkle. I grunnen inneholdt den kun flate og harde sengeplasser. Togvertinnen tok begge billettene og forklarte med irritert stemme at dette var første klasse og at man deler kupé på første klasse. Diskusjonen avsluttet. Så der satt vi på hver vår benk og visste ikke riktig hva neste steg skulle være. Vi stirret på hverandre og begynte å le samtidig. Dette var helt vilt. Hvordan så turistklassen ut, tro? Vi var skjønt enige om at en dårlig erfaring er bedre enn ingen erfaring i det hele tatt og gjorde oss klare for en 13 timers ferd mot Jerevan.

Toget gikk etter tabell. Fem minutter etter avgang ble døren revet

Som en beroligelse til alle Georgiavenner: Jeg likte meg veldig godt i Georgia. Vinen er fantastisk, maten er nydelig. Landskapet er vilt og vakkert og Tbilisi preges av mye armensk arkitektur. Myndighetene tar vare på løshundene, og folk hjelper gjerne til. Det eneste problemet er at Georgia ikke på noen måte tar avstand fra Aserbajdsjans overgrep på Armenia, deres nabo og gode venn. Når jeg til

opp. Der sto vår kjære vertinne. Hun ville se passene våre, men hun forstod ikke helt hvilke land de representerte. Norvegia gikk bra. Men når det kom til Tsjekkiske Republikk svarte hun: Tsjekkoslovakia. Min reisevenninne korrigerte og sa Tsjekkia på flere måter, men vertinnen ga seg ikke og fortsatte med Tsjekkoslovakia. Så skrev hun Tsjekkoslovakia med kyrilliske og latinske bokstaver. Hun viste oss og forsvant. Dette var jo rett og slett underholdende. Vi lo og lo og lagde små rollespill der vi hermet etter henne. Dessuten hadde hun lilla hår, kommenterte min venninne. Jeg hadde ikke lagt merke til det, og jeg fant på en unnskyldning for å sjekke.

Jeg hadde ikke spist noe særlig den dagen nettopp fordi jeg skulle reise på første klasse og regnet med restaurantvogn. Jeg fant damen og spurte med hele kroppen hvor restaurantvognen var. Da smilte hun med gulltennene sine og sa «njet». Altså ingen restaurantvogn. Neste spørsmål var om jeg kunne få kjøpt noe mat ett eller annet sted på toget. Svaret var nok en gang «njet». Så ble hun med meg til kupéen og dro opp to poser godt skjult i en skuff under bordet som skilte de to sengene fra hverandre. Hun tømte ut innholdet og sa med stolthet i stemmen: Restaurant! Så forsvant hun. Innholdet i posene våre var en reisepose med Nescafé nok til en kopp. To teposer til hver, en svart og en grønn te. En liten pose sukker. Og til vår store glede en liten kjekspakke made in Armenia med best før-dato for akkurat ett år siden. Dette ble bare bedre og bedre. Jeg tror aldri jeg har opplevd en mer interessant togtur. Vi begynte å undersøke andre ting i kupéen.

---

og med fant en park midt i Tbilisi dedikert til Aserbajdsjans første despot og armenofob, Heydar Aliyev, må jeg si at jeg ikke er overbegeistret. Heydar har betalt for både parken og statuen selv, kunne guiden min forsikre meg om. Han fortalte meg at det å ha Tyrkia og Aserbajdsjan som naboer var som å ha to barn med sterk Tourettes Syndrom. De visste aldri om de var medspillere eller motspillere. Foto: Sven-Erik Rise, rett før en aserbajdsjansk vakt kom bort til meg og ba meg forsvinne. Jeg hadde armensk t-skjorte på meg.

Kanskje det fantes sengetøy og puter? Og ganske riktig: I skapene over sengene fantes en pute til hver, riktignok uten noe trekk. Derimot fantes det et dynetrekk til hver. Men ingen dyne eller teppe.

Jeg hørte tyske stemmer fra korridoren. Der stod det to ektepar som hadde gledet seg stort til en togtur på første klasse. Jeg fikk snudd irritasjonen til underholdning. Vi begynte å leke at vi reiste i DDR før landet forsvant. Mye læring i sånt. Jeg ble geleidet inn på toalettet. Jeg lar være å beskrive det. Jeg kan bare si at jeg valgte å holde meg til vi ankom Jerevan. Det ble derfor også uaktuelt å innfri tilbudet om te eller kaffekopp og varmt vann. Men min tsjekkiske venninne kunne ikke dy seg. Hun tok med en av teposene og avkrevde vertinnen for kopp og vann. Varmt vann fantes i hver korridor, men kopp måtte man ha med selv. Hun hadde ingen kopper.

Etter mye latter med de andre passasjerene var det på tide å legge seg. Jeg hadde nettopp sovnet da jeg hørte kraftig dunk på døren. Vertinnen avkrevde pass og billett for andre gang. Hun tok begge deler og kom tilbake med noen som så ut som politifolk. Vi ble beordret ut av toget. Pass og billett ble returnert før vi gikk av toget. Utenfor stod en lang kø av trøtte mennesker. Det var tydeligvis passkontroll. Det begynte å bli kaldt. Og det ble kaldere. Vertinnen foret løshundene på perrongen. Flere løshunder kom til. De fikk store mengder pasta.

Passene ble sjekket og stemplet. Tilbake i kupéen sovnet jeg med øyeblikkelig virkning. Det kan ikke ha gått mange minuttene før døren ble revet opp igjen. «Velkommen til Hayastan», proklamerte en armensk toller. Jeg svarte på armensk at jeg ikke hadde øl, vin eller sigaretter. Og at jeg er Armenian by Choice. Stor glede, og så forsvant han. På formiddagen ankom vi Jerevan Jeg angrer ikke på denne reisen. Dette var noe av det rareste jeg har vært med på. Jeg anbefaler!

Հյուրասիրություն – armensk gjestfrihet

Det er armenernes gjestfrihet som gjør landet til et ettertraktet reisemål for mennesker som ønsker å utforske et helt nytt land, og et helt nytt folk. Kultur, mat og drikke, vanlige menneskers liv og levnet og gode bekjentskaper ligger ferdig servert i det du ankommer Armenia. Folket er stolte av landet sitt. Det er en viktig tradisjon blant armenere å ta imot gjester med åpne armer. En gjest er en gave fra Gud og må behandles som det. Armenere konkretiserer ordtaket «der det er hjerterom, er det husrom» ved å vise sin raushet til alle som kommer. Det er alltid mat på bordet, og den beste vinen åpnes for den nyankomne. For armenere er det ikke så viktig hvem som er gjesten. Det viktige er at gjesten blir behandlet slik Gud har ønsket det. Dette er så viktig for armenerne at det kommer nærmest automatisk.

Jeg vil påstå at jeg kunne levd gratis i Armenia i lang tid. Her gjelder det bare å vise seg fram, fortelle hvem man er, og vips så tilbys man det meste. Jeg har glemt tallet på de gangene jeg har blitt tilbudt vertens seng. Verten selv sover mer enn gjerne på sofaen i stuen. For den som viser sin gjestfrihet, er det skuffende dersom man ikke aksepterer. Gjestens klare ansvar er å takke ja til det man får. Det er ansett som direkte frekt å avslå et måltid eller en seng, i hvert fall hvis man gjør det flere ganger.

Til tross for at armenske lønninger bare er en brøkdel av hva vi tjener i Norge, er det aldri snakk om at gjesten tar regningen hvis man er ute og spiser. Selv drosjen krever armenerne å betale. Det er helt uinteressant om gjesten er en man kjenner fra før eller om gjesten er en vilt fremmed man nettopp møtte.

En middagsinvitasjon hjemme hos noen er et helt spesielt evenement. Bordet pyntes og det serveres flere retter. Disse rettene kommer i rause porsjoner. *Lavash* er alltid på menyen. Når man har tatt for seg og føler seg mett, kommer hovedretten. Som om det ikke var nok, kommer desserten med armensk kaffe og armensk konjakk. Det er helt normalt med et ikke ubeskjedent inntak av alkohol. Der serveres gjerne vin til maten, og konjakk eller vodka til desserten. Man skåler alltid for gjesten. Verten ønsker gjesten følgende. *«Anush lini»* – som betyr «måtte maten være søt med deg». Man takker ikke for maten i Armenia, men verten blir veldig glad dersom du forsyner deg flere ganger og sier *shat lav* eller *hamegh*, som betyr veldig bra og delikat.

Jeg er opplært til aldri å komme tomhendt når jeg blir bedt bort til folk. Derfor tar jeg alltid med vin, blomster, sjokolade eller noe spesielt fra Norge til vertskapet. Det oppstår et lite problem hver gang. Armenerne vil ikke ha noen gave. De føler at de da må gi en gave tilbake. Jeg har ennå ikke gått hjem fra en armensk middag uten at jeg fått med meg en gave hjem som motytelse. Men det finnes råd. Gamle Muyrik, en venninnes tante, lærte meg noe jeg har hatt stor glede av. Arme-

Armensk gjestfrihet: Gjester tas alltid imot med et stort smil.
Foto: Unni Fonneland

Muyrik med familie inviterte på middag. Det var så mye mat at jeg nesten ble forspist. Jeg tok med to flasker vin til vertinnen. Jeg dro derfra tjukk og mett og hadde med meg en pose med vin, frukt og sjokolade. Det var ikke noe å diskutere. Armensk gjestfrihet.
Foto: Privat

nere blir svært begeistret over å få et minne om at du har besøkt dem. Det kan være et kort der du skriver noen setninger på litt hjelpeløst armensk og noe personlig som viser hvem du er. For eksempel putter jeg alltid noen unisex t-skjorter med norske motiver eller et par krus det står Norge på i kofferten. Da har jeg noe å ta med når invitasjonene kommer. Det er ikke så lett for dem å matche den typen gaver. Det settes selvfølgelig stor pris på om du tar kontakt etter besøket for å vise din takknemlighet. En tekstmelding, en beskjed på Facebook, eller et forslag om en kopp kaffe i byen betyr mye for armenerne.

Det å ta kontakt med armenere uansett hvor du befinner deg, anses som en ære. Jeg snakker med armenere over alt. På flyet, på toget, på bussen, på gata. Dersom jeg trenger hjelp til å finne veien, blir armeneren jeg spør gjerne med til stedet jeg spør om. Dette fordi hen vil være sikker på at jeg kommer fram. Spør jeg noen etter en drosje, hender det ofte at de like godt kjører meg til destinasjonen.

Mor Armenia. Foto: Sven-Erik Rise

Armenere legger sin ære i å være ærlige. Det skal godt gjøres å bli lurt i Armenia. Prisene på de forskjellige markedene er normalprisen som alle betaler. Taxisjåførene er dønn ærlige. Armenia anses for å være ett av verdens sikreste land. Overfall, voldtekt og drap er nærmest ikke-eksisterende i Armenia. Jeg har nesten aldri vært borti noe lureri i Armenia, bortsett fra én gang da jeg ble rundlurt. Han som lurte meg, var norsk.

Det er lett å bli fascinert av armenernes holdninger til andre mennesker. Deres smittende humør og ektefølte livsglede gir deg garantert mye glede og ønske om mer kontakt. Jeg er imponert med tanke på at dette folket har gjennomgått lidelser og undertrykkelse i århundrer. Armenernes storsinn er et eksempel til etterfølgelse.

Den flotte Republikkplassen. Historisk museum og fontenene. Foto: Sven-Erik Rise

Del II:

Jerevan – byen som ble grunn- lagt før Roma var påtenkt

Tiden var inne til en reise på egen hånd i Jerevan og omegn. For å få en liten oppfriskning om alt Jerevan hadde å by på, hadde jeg en avtale med en dame jeg hadde blitt venn med på Facebook. Hun insisterte på å møte meg på flyplassen. Dette kan man ikke takke nei til i Armenia. Folk stiller opp uansett dersom de føler at de kan hjelpe med noe.

På Zvartnots-flypassen sto damen, utstyrt med et skilt over brystet: «Bari Galust, Tigran», velkommen Tigran. Hun kom mot meg og ga meg en god klem. Hun hadde gledet seg til å møte denne norske Tigran som elsket Armenia mer enn noe annet land, og det kun etter én tidligere reise i landet. Hun var godt informert om det meste jeg allerede hadde gjort. Facebook og diverse e-poster hadde bidratt til det. Hripsime hadde sørget for drosje til hotellet og et glass armensk hvitvin som velkomstdrink i drosjen. Jeg var klar for opplevelser. Hotellet fikk vente. Vi kom oss inn på et såkalt enotek. Dette er stedet der vinen flyter fritt. Det er også stedet for å møte nye mennesker. En t-skjorte med «Sirum-em Hayastan»- Jeg elsker Armenia – var som en magnet på de andre gjestene, og jeg ble straks kveldens midtpunkt. Tips og ideer og invitasjoner haglet ned over meg til de små morgentimer, da det var på tide å få et par timers søvn før utforskning stod på programmet.

På oppdagelsesferd i en vakker hovedstad

Jeg var innkvartert på Hotel Ani Plaza. Dette har etter hvert blitt mitt faste tilholdssted i Jerevan. Det er et helt greit hotell med god kapasitet for reisegrupper. Personalet stiller opp hele tiden. Ingen sier nei. Konferanserommene er til fri benyttelse. Jeg har hatt både forelesninger og vinsmaking i disse salene for turister og armenere. Når jeg spør om pris, trekker de på skuldrene og smiler. «No money for you, Tigran.» Denne gangen ønsket jeg å ta beina fatt for å oppleve mest mulig av Jerevan. Jeg var i full gang med min første bok, hadde planer om å ta med turister til Armenia og visste godt fra tidligere reiser at beina er det beste framkomstmiddelet for å oppleve nye steder.

Til tross for min *note to self* at byer egner seg best til fots, hadde resepsjonisten klart å bestille en drosje til meg før jeg kom ut fra frokostsalen. «Surprise – jeg spanderer», kvitret han mens han smilte bredt. Det var ingen annen utvei enn å sette seg inn i drosjen og heller ordne opp i etterkant. Jeg merket meg en svært blid drosjesjåfør som ramset opp en rekke språk han lurte på om jeg kunne. Jeg svarte ja og ja til noen av dem, men saken var at han selv kunne armensk, russisk – og til slutt tysk! Sjåføren hadde bodd flere år i Tyskland, snakket flytende tysk og elsket å prate. Det gikk i ett.

Jerevan er intet annet enn en kompakt eventyrpakke. Denne byen har enormt mye å tilby sine besøkende, og tilbudet utvides stadig. Drosjesjåføren var ustoppelig der han gasset og bremset om hverandre gjennom travle gater i byen.. Jeg prøvde å komme på et sted han kunne sette meg av. Konsentrasjonen ble derfor noe redusert, men jeg fikk med meg at «Jerevan er en av verdens eldste byer. Den ble grunnlagt i 2801 f. Kr. Jerevan er eldre enn Roma. Innbyggertallet er 1,1 millioner, men sentrum er lite og kompakt, og man kan gå til alt.»

Dessverre klarer ikke Jerevans myndigheter å levere på kravene om luftkvalitet. Den er kanskje ikke merkbart dårlig, men biltrafikken i hovedstaden er som en kronisk forstoppelse. Man står og stanger og

Kaskaden. Foto: Sven-Erik Rise

håper på bedre tider. Dette gjelder store deler av dagen. Gatene rundt sentrum er stappfulle av biler. Mange armenere har bygget om bilen til å kjøre på hydrogen, noe som er positivt for miljøet. Likevel merker man til tider at det lukter lavoktan-bensin i gatene, akkurat som i Russland og i gamle DDR. Det finnes busser og *marshrutkaer* (små busstaxier), men de står like fast som bilene. Av og til er gatene så tilkorka at drosjene betakker seg for å ta med passasjerer. Derfor anbefales det ikke å leie bil i Armenia. I hvert fall ikke i Jerevan.

Når det er sagt, merker man som fotgjenger ikke særlig mye til biltrafikken. Det kan være av og til når man skal krysse litt større gater, men man går enkelt og greit mellom Jerevans severdigheter og shoppingalternativer uten å tenke særlig over trafikken. Det er ikke særlig plagsomt med trafikkstøy. Bilene står jo i kø mesteparten av tiden. Et godt tips dersom man ønsker å besøke andre deler av Jerevan enn sentrum, er å praie en taxi før klokken 11.00 på morgenen. Man kan avtale pris for at sjåføren kjører deg til et par steder du gjerne vil se. Han venter gjerne i bilen mens passasjerene gjør det de skal. Ellers koster en vanlig taxitur i Jerevan mellom 1000 og 2000 dram. Merk at armenske drosjer kjører på fastpris. I og med at mange av sjåførene ikke snakker noe særlig engelsk, har misforståelser forekommet og prisen blitt en annen enn man trodde. Merk at drosjer er utrolig billig. Fra Zvartnots Airport er prisen gjerne 5000 dram (150 kroner) til sentrum av Jerevan. Armenere er gjennomgående ærlige og prøver seg som regel ikke på noen lurerier. Men det forekommer. Jeg personlig fikk et ublidt møte med en drosjesjåfør som røkte hele veien fra flyplassen. Han krevde meg for 40 000 dram (1200 kroner). Jeg var glad jeg kjente til systemet. Jeg ga ham gjeldende pris og ba ham om å raske seg videre før jeg ringte politiet. Dersom man kjøper et armensk simkort kan man lett laste ned taxiapper. Det har vist seg svært effektivt. Man bestiller online, prisen kommer opp og drosjen kommer på kort tid. Å bruke sitt norske simkort i Armenia blir fort dyrt. De norske teleselskapene vet å ta seg betalt for bruk av mobildata utenfor EU.

Den tjukke damen som ligger og røyker.
Foto: Idar Alfred Johannessen

Jerevan ligger på cirka 900 meter over havet. Byen er delt i to etasjer. Ønsker man å bevege seg mellom første og annen etasje, er den beste måten å gjøre dette på å vandre bort til Cafesijan-komplekset ved Kaskaden. Dette er rett og slett en stor utendørs kunstutstilling der man kan gå rundt og ta inn de helt spesielle kunstverkene som er installert. Først en åpen plass. Så ser man diverse installasjoner til øynene glir et stykke oppover. Der ligger selve Kaskaden. Et digert trappekompleks følger stigningen til byens toppetasje, vakkert utformet, og så bredt at folk gjerne sitter i grupper og nyter varme sommerdager. Inne i komplekset finnes rulletrapper for de mer bedagelig anlagte, og på hver side av rulletrappene er det duket for utstillinger og ukentlige vernissager. Utendørsutstillingen er fast. Her kan man beundre skulpturer fra kjente kunstnere fra både Armenia og fra andre land. De tre mest oppsiktsvekkende skulpturene for min del er de tre tjukkebollene av Fernando Botero: Damen som røyker, den feite katten og krigeren. Den colombianske kunstneren er kjent for sine skulpturer av fete mennesker, gjerne uten klær. Hans skulpturer finnes flere steder i verden, blant annet fant jeg en av dem i Monaco, like ved kasinoet.

Utendørsmuseet foran Kaskaden er en av flere møteplasser for Jerevans befolkning. I gatene som omkranser plassen ligger kafeer, barer, jazzklubber, restauranter og isbarer på rekke og rad. I smugene bortover på begge sider finner man de beste utestedene Jerevan har å by på. Jeg stakk innom Wine Republic for lunsj. Det er en typisk fusionrestaurant med tre forskjellige menyer der man velger armensk, asiatisk eller europeisk. Alle rettene har en vri som gjør dem spesielle. Men det er ikke rettene som er hovedattraksjonen på Wine Republic. Det er selvfølgelig vinen. Man bestiller den vinen man ønsker å drikke. Dersom den faller i smak, kan man kjøpe med seg en flaske eller flere. Til butikkpris. Da går man ganske enkelt inn i vinavdelingen og får hjelp til å finne de flaskene man vil ha. Utvalget tilsvarer utvalget på menyen. Og menyen er fyldig.

Den siste fredagen i måneden er det fullt av liv i hele Kaskadeområdet. Gagik Ginosyan, profesjonell danselærer er mannen bak et fantastisk konsept, som foregår på disse fredagene. Mannen reiste rundt i hele Armenia for å lære de forskjellige variantene av tradisjonelle armenske danser, slik som khotchari, iskhahan og lignende. Vi snakker cirka 40 forskjellige danser, hver og en til sin bruk. På disse fredagene samler folk av alle aldre seg. For å danse. De aller fleste er med i timevis. Det blir gitt instruksjoner, og det danses fra morgen til kveld. Ginosyans tidligere studenter stiller villig opp og hjelper dem som ikke er helt rutinerte. Og jeg la merke til noe helt spesielt: Deltakernes verdisaker ble lagt i en gigantisk haug midt i den enorme dansesirkelen. Ingen syntes å være bekymret for at noen skulle stjele verdisakene. Selv den stiveste og mest krøkkete person får til dette her.

Rett ved Kaskaden finner man operabygningen, Jerevans Mont-

Svanesjøen ved operaen og de mange spisestedene.
Foto: Sven-Erik Rise

martre og Svanesjøparken. Montmartre er en liten park der Jerevans kunstnere møtes for å selge sine malerier. Her kan man gå på utendørs utstillinger og betrakte malerier av både kjente og mindre kjente armenske kunstnere. De aller fleste stiller ut malerier. Mange motiver er hentet fra Armenias flotte natur. Araratfjellet og Sevansjøen finnes i mange varianter. Armenske frukter er malt i stillebenstil. De fleste kirker og klostre finner også sin plass. Kunstnerne selger selv, og de er lette å komme i kontakt med. Det er ikke noe å utsette på prisene, og det er helt greit å slå av en prat uten å kjøpe noe. «Ingen armener i verden har et hjem uten et bilde av Ararat», har jeg alltid blitt fortalt

Jerevans Montmartre. Foto: Sven-Erik Rise

av armenere. Jeg måtte derfor investere i et maleri. Kunstneren jeg valgte mente at de maleriene han hadde her ikke var gode nok for en Armenian by Choice. Han ønsket å male Ararat spesielt for meg. To dager senere hentet jeg mitt Ararat. Et Ararat med armenske frukter i forgrunnen, klosteret Khor Virap og vinflasker made in Hayastan prydet hver side av rammene. Dette var rett og slett utsøkt, og ulikt noe annet jeg hadde sett på denne vernissagen. Jeg betalte forlangende. Ingen pruting var nødvendig.

Svanesjøparken tilbyr en rekke hyggelige uteserveringer til like hyggelige priser. Her får man de fleste armenske retter, men også en del internasjonale serveringstilbud. Vakre Lille Svanesjøen synes fra hver eneste restaurant. Barn i padlebåter, svaner og ender deler sjøen mellom seg. Et idyllisk skue midt i en storby

Operabygningen er bygget i art decostil og er et praktbygg som oppsummerer Jerevans spennende arkitektur. Jerevan ble på mange måter Sovjetunionens utstillingsvindu når det kom til å bygge vakre og kunstneriske praktbygg. Det var den armenske arkitekten Alexander Tamanian som fikk oppdraget med å designe blant annet operaen av de ansvarlige i Moskva. Han ble svært populær blant makthaverne i både Kreml og Jerevan og han satt mange spor i Jerevan. Byen ble til en monden og vakker by. Jerevan står ikke tilbake for verken Paris, Wien eller Firenze. Her er alt nøye planlagt. Estetikken står i fokus. Brede bulevarder, en bred gågate med både overjordisk og underjordisk shopping gjør bildet komplett. Merk at byen kalles den rosa byen på grunn av steinen som er brukt til mange av byens bygninger. Toffsteinen er vulkansk og lett å jobbe med. Den brukes derfor flittig, spesielt i Jerevan.

En tur i operaen

Jeg glemmer ikke mitt livs første besøk i en opera. Jeg hadde aldri vært i operaen i noe land før en gammel bestemor som heter Ani foreslo at vi skulle gå sammen. Det er jo sånn at jeg setter pris på alt som er nytt og spennende, og hvis jeg nå først skulle prøve meg på opera, måtte det bli i Jerevan. Etter en skikkelig tøff joggetur som ble avsluttet i Victory Park etter å ha løpt en haug med trappetrinn opp til 2.etasje av Jerevan sentrum, var jeg så utslitt at jeg rett og slett sovnet foran Mor Armenia.

Merk at Jerevan fordeler seg på tre etasjer. Underetasjen er laget for metroen, underjordiske butikker og et elveleie som er uttørret hele sommeren. Når regnet kommer, kommer vannet. Så har vi 1.etasje der det meste av attraksjonene og shoppingen er å finne. Til slutt, helt på toppen kommer den flotte Seiersparken, der man finner den gigantiske staturen av Mor Armenia. Denne mastodonten forestiller en kvinne med et digert sverd i hånden som peker mot Tyrkia. Om det er tilfeldig eller ikke tør jeg ikke gå inn på. Mor Armenia ble konstruert som en erstatning for en minst like høyreist statue av despoten Josef Stalin som et monument over seieren i 2.verdenskrig. Pidestallen statuen står på ble konstruert av arkitekten Rafayel Israyelian. Til historien hører at Israyelian konstruerte den enorme pidestallen etter mønster av en tradisjonell armensk kirke. Interiøret i pidestallen er laget etter mønster av Santa Hripsimes berømte kirke i Ejmiadzin. I dag kan man lære om frigjøringskrigen i Artsakh (Nagorno-Karabakh) fra 1988 til1994 i det som har blitt et museum. Israyelian regnet med at Stalin kanskje ikke kom til å bli stående veldig lenge, så da kunne man jo bruke pidestallen til noe mer fornuftig. Og han hadde rett. I 1962 ble Stalinstatuen tatt ned og tilintetgjort. I prosessen drepte statuen en soldat og skadet et titall mennesker før man fikk kontroll på den. Armenerne mener at selv etter hans død klarte Stalin å drepe folk. I 1967 kom så Mor Armenia på plass. Utsikten fra parken er unik.

Jerevans vakre opera i Art Deco-stil. Tatt sent på kvelden.
Foto: Stamboltsyan

Operaen på dagtid. Foto: Mihran Aroian

På klare dager ser man helt til Araratfjellet.

Det var ved foten av dette underverket jeg lå og sov og var langt inne i en drøm da en gammel dame med kun én tann i munnen vekket meg. Damen minte om enhver svært gammel bestemor, eller til og med oldemor, der hun strøk meg over håret og smilte så godt hun kunne med sin ene fortann.

«Barev», sa hun og smilte enda bredere. Jeg måtte virkelig sjekke. Hadde hun bare en tann? Jovisst, én tann. Den ene fortannen. «Barev Tatik» (bestemor), sa jeg. Hun vinket med fingeren for å vise at jeg måtte bli med henne. Og jeg er alltid klar for nye eventyr, så jeg ble med.

Hun tok meg med til en shabby campingvogn rett utenfor parken. Hun ba meg inn, tilbød vann, kaffe og kaker. Og hun snakket ikke ett ord engelsk. Her var det bare å få fram armenskvokabularet. Og denne gangen gikk det bra. Jeg måtte jo. Så jeg presenterte meg, spurte henne om det jeg kunne klare å formulere, og ba henne svare i sakte film. For å ha noe å prate om, fortalte jeg henne at jeg hadde vært i *Gazananots* – altså dyreparken i Jerevan. Det hadde jeg jo ikke, men saken var at jeg kunne det armenske navnet på så mange dyr. Det ga muligheter for god språktrening. Vi var innom flodhester, neshorn, elefanter, griser og sauer. Hun lo med den ene tanna si. Jeg måtte forklare henne hvor vokabularet kom fra. Det var enkelt. *Kentaniner im siirt. Sirumem bolor kentaniner.* Dyr i mitt hjerte. Jeg elsker alle dyr.

Den gamle damen smilte lurt. Så reiste hun seg, forsvant ut av campingvogna og ble borte. Det gikk ti minutter. Så kom hun tilbake med en kasse full av høy. Den satte hun på fanget mitt. I kassen krøp fire lodne, hvite kattunger rundt. Alle fire pep og ville ut av kassen. Jeg tok ut den ene etter den andre. De vakreste skapninger stirret på meg mede ett grønt og et gult øye hver. «Vanagatuner», sa Ani, som hun het. Hun hentet fire små tåteflasker, blandet vann og tørrmelk etter nøye øyemål og ga meg to av flaskene. «Ognumes», sa hun. Du hjelper, betyr det. Vi satt der som to mammaer og foret to katter hver. De sugde og smattet til flaskene var tomme. Så kom det rapelyder før de sovnet i fanget mitt. Ani forklarte meg så godt hun kunne hva disse kattene gjorde hos henne. Hun hadde funnet dem godt gjemt under noe bladverk lengre bort i parken. I flere dager hadde hun hørt piping, men hadde ikke koblet det til katter. Etter hvert hadde hun sjekket, og der lå de fire kattungene. Mor var ingen steder å se. Ani hadde foret dem på stedet siden den dagen i tilfelle mammakatten skulle komme tilbake. Kattungene følte seg trygge i buskaset, så hun hentet dem for foring og brakte dem tilbake flere ganger om dagen. Jeg var rørt. Hun ville beholde dem til de kunne klare seg selv. Så skulle hun selge dem til noen snille mennesker. Vankatter er sjelden vare i Armenia. De er egentlig hjemmehørende ved Vansjøen, som ligger ved byen Van. Byen bestod kun av armenere før folkemordet. Av en eller annen grunn hadde innbyggerne i Van fått et forvarsel om at de var i ferd med å bli slaktet av tyrkiske soldater og politifolk. De klarte å bevæpne seg ved å kjøpe våpen i dyre dommer av kurderne i området, og de fikk hjelp av russiske styrker til å stå imot de osmanske drapsskvadronene. Russland trakk seg ut av krigen i 1917. Da ottomanerne fikk overtaket, ble samtlige armenere brutalt slaktet ned. Ikke bare soldatene, men alt som kunne minne om en armener. Etter krigen ble Armenia tilkjent Van, som jo hadde vært noe av det armenske kjerneområdet. Atatürk nektet å godta kravet fra krigens seierherrer og fortsatte den etniske rensingen av armenerne. Derfor ligger Van og Vansjøen i dag i Tyrkia. Armenerne holder fast på at Vankattene fortsatt tilhører armenerne.

Ani fant fram fotoalbum. Hun ville vise meg noen bilder. Bilder fra hennes hjemsted, Nakhitsjevan. Gamle falmede og gule, men tydelige. Bildene var fra Julfa, en by som var bebodd av armenere siden tidenes morgen. Armenske kunsthåndverkere har laget en gedigen kirkegård gjennom flere hundre år. På 1600 tallet besto fantes det 10 000 vakre *khatsjkarer*. Verdens aller største kirkegård med verdens vakreste gravstøtter.

Tallet på khatsjkarer sank betraktelig etter at Aserbajdsjan overtok

Nakhitsjevan på 1920- tallet. Etter at den siste armener ble drept eller jaget fra sitt eget land i 1988, har aserbajdsjanere jevnet hele kirkegården med jorden og laget et militært øvingsfelt på området. I dag er det ikke en eneste khatsjkar igjen. Ikke en eneste. I god IS-stil har Aserbajdsjan voldtatt en eldgammel kultur, og deretter drept den. Til tross for fordømmelser fra Iran, UNESCO og flere fortsetter Aserbajdsjan ødeleggelsene av armenske minnesmerker. Verdensarven er tapt for alltid.

Vi ble sittende lenge. Jeg og bestemor tullepratet på armensk. Jeg forsto i rimelig grad hennes historie. Hun var glad hun kom seg bort fra Nakhitsjevan. «Aserbajdsjan dreper, dreper», sa hun. Siden 1988 har hun bodd i denne campingvogna. Hun vil ikke bo noe annet sted. Denne campingvogna er hennes hjem. Blir det for kaldt på vinteren, flytter hun inn til sønnen. Men aldri for lenge. Jeg ville gi henne noen dram. Men det kom ikke på tale. «Gå til operaen», sa hun. «Fin forestilling i kveld».

Og så jeg som av prinsipp aldri går i operaen. Eller forresten, jeg har vel gått en gang i studietiden. Da måtte jeg se Tryllefløyten, som var pensum. Takk som byr. Det var en lidelse på tre timer. Men jeg likte virkelig Ani. Derfor var det bare én ting å gjøre: Invitere Ani med i operaen. Rett og slett. Hun takket ja, men ville betale selv. Typisk armenere. Det er nærmest forbudt å spandere noe. Og klarer man det, kommer de alltid tilbake med en eller annen gave. Jeg hadde lært leksen min mer enn én gang. Derfor var jeg tydelig: «De drammene og de kopekene du har i den lille pengeboksen der borte på bordet blir der. Hvis jeg ikke får spandere, drar jeg ikke i operaen. Og gaven du gir meg tilbake er en god klem».

Jeg aner ikke hvordan jeg fikk gjort meg selv forstått. På ett eller annet vis økte den kommunikative kompetansen i tullearmensk til et minstemål. Dette var på et nivå hvor mine franskelever ville ha bestått, men noe bedre enn karakteren to var det ikke. Jeg har funnet ut at den som er frekk nok, kan gjøre seg forstått over alt. Min gamle venn Ani forsto alt. Men hun lo og lo av alle mine desperate forsøk på verbbøyning og annet snacks jeg prøvde meg på. Den gamle takket ja på armensk, russisk og tyrkisk. Jeg viste henne klokken. Hun viste meg sin. Klokken 20.00. Mor Armenia. Jeg henter deg, prøvde jeg å forklare.

Jeg var ikke sikker på at hun forsto. Klokken 20.00 sto hun under klokken og skinte som en vakker rose. For anledningen var hun ikledd en blåoransje kjole i gardinstoff. Antakeligvis en omsydd gardin fra Sovjettiden. Det var ikke det at jeg brydde meg. Hun så velkledd ut, men jeg kunne ikke dy meg. Jeg ville gi henne en kjole. Jeg ba henne velge en kjolesalong. Det ville hun ikke. Da etterlignet jeg et esel og lagde esellyder. Så pekte jeg på henne. «Du er et esel», sa jeg. «Esler er søte og bestemte», svarte hun. Mot oss kom en gjeng med ungdommer som hadde observert oss. De lurte på om vi var hørselsskadde. Gudskjelov kunne de engelsk. Jeg fikk forklart problematikken. Operaen skulle begynne klokken 20.00. Nå var klokken blitt kvart over åtte. Samtlige var enige om at man ikke trengte å møte før klokken 21.30. Operaen var alltid forsinket. Uten unntak. Jeg ga ungdommen noen penger og ba dem finne en pen kjole til Ani. Gjerne noe i knallrødt som sto til leppestiften hun hadde smurt både over, på og under leppene. En del hadde satt seg fast i tanna hennes også. To av ungdommene dro for å kjøpe kjole. De to andre ble med i operaen. De geleidet meg til billettsalget, og jeg ba om de dyreste billettene, som kostet 250 kroner for to og 150 for to studenter.

Det skjedde ingen ting på scenen før klokken 21.00. Mens vi ventet, ble Ani ropt opp gjennom en høyttaler. Dette forsto hun ikke noe av, men hun gikk til resepsjonen. Da hun kom tilbake, var det en ny dame jeg så. En dame i en flunkende ny ballkjole. En armensk dronning. Da skjønte jeg virkelig det man sier om gleden av å gi. På godt innlært norsk, uten antydning til aksent sa hun høyt og tydelig: «Tigran Van, du er min helt. Guds engler har sendt deg til Armenia. Tusen takk.»

Da sceneteppet gikk opp trodde jeg at jeg skulle besvime. Dette var virkelig vakkert. Ikke bare kulissene, men jaggu var operasangerne noen av Guds vakreste skapninger. Jeg ble helt slått ut. Så dette er etterkommerne av de 1,5 millioner menneskene som tyrkerne drepte. Var det på grunn av deres utrolig vakre utseende? Hvordan kan noen drepe så vakre mennesker? Dette er verdens vakreste folkeslag. Alt falt på plass her inne på operaen. Farmor var nok den aller første som sådde et lite frø for min store forelskelse i dette landet. Som liten leste hun fortellinger for meg fra et land langt borte som Gud hadde bestemt seg for å ha som feriested. Landet var så vakkert og menneskene som bodde der så fulle av godhet at Gud satte dem til å ta vare på det for Ham. Farmor fortalte meg aldri hva landet het. Hun mente at jeg kom til å finne ut av det når jeg begynte å reise. Dette ble oppvåkningen. Hun hadde lest om Hayastan – Armenia.

Menneskene på scenen skapte dramatikk. Jeg skjønte bare enkeltord, men jeg skjønte at det var dramatisk. Og jeg skjønte plutselig forskjellen på en gjennomsnittlig god MGP-deltager og denne tsunamien av vakker og sterk sang som bare fylte kropp og sjel til det ikke var mer plass igjen å fylle. Jeg elsket dette.

Der kjendiser og kjente møtes

Jerevan har et sydende liv. Gatene er fulle av folk fra tidlig i april til langt ut i oktober. Sommeren er lang i Jerevan. Spisesteder popper opp i på hvert ledig gatehjørne, og for en rimelig penge får du de beste retter fra det armenske kjøkkenet, gode viner og godt øl. Dersom man ønsker internasjonale varianter på menyen, finner man lett gyros, shoarma, indisk, Shushi, kinesisk, burgere, italienske retter og tro det eller ei: Svensk smørgåsbord. Fast-Food har de også. Så langt har jeg merket med KFC og Pizza Hut.

Gågata i Jerevan er en vakker aveny med moderne butikker der man kan få kjøpt alt man ønsker fra Dior, Gucci, Yves Saint Laurent og så

Gågata, Northern Avenue, er et svært livlig sted med underholdning i store mengder. Fra denne mannen strømmet vakker musikk og nydelig sang. Foto: Sven-Erik Rise

Gågata er mer enn bred nok for en basketballkamp en tidlig kveld.
Foto: Sven-Erik Rise

videre. Innimellom finner man mer lokale varianter, kafeer, kiosker, restauranter og mange gode gateartister som spiller instrumenter og synger eller danser. Dette gjør at handleturene tar sin tid. Det er nemlig profesjonelle trubadurer og musikanter som underholder. Mange blir stående og nyte underholdningen. Midt i det hele arrangeres kanskje en mini-basketballturnering, eller en dansekonkurranse. Når solen steker, kan det være en ide å kjøle seg ned under bakken.

Klokken på parlamentsbygningen er et tydelig møtested.
Foto: Sven-Erik Rise

Ned et par trapper finner man butikker på rekke og rad med varer til en langt rimeligere penge enn de mere kostbare produktene i butikkene over jorda. I fjor åpnet en instrumentbutikk med kun armenske instrumenter. Jeg kjøpte min femte duduk. Duduk er Armenias nasjo-

Sene kveldskonserter på Republikkplassen. Her følger vannstrålene rytmen til alt fra klassisk musikk til de siste hits. Foto: Jan Gregersen

nalinstrument. Det er en fløyte som gir en helt spesiell, myk, men tydelig lyd – og som er laget av aprikosetreverk. Denne brukes flittig i tradisjonell armensk musikk, men også mye i den moderne musikken. For å lære seg å bli en god dudukspiller må man bruke en del år. Den måten man fyller munnvikene med luft for så å slippe ut avmålt mengde før man fyller på igjen, ser ut til å være strabasiøst. Men vakkert låter det. Dersom man fortsetter til høyre der hvor gågate blir til en trafikkert transportmaskin åpenbarer Republikkplassen seg. Dette er en gedigen åpen plass omgitt av staselige bygninger bygget langt tilbake i tid ved hjelp av toffstein. Disse bygningene er like solide som de ser ut som, og skal etter sigende tåle kraftige jordskjelv. Stiller man seg opp ved den vakre fontenen som dekker inngangspartiet til Armenias fantastiske historiske museum, vil man se parlamentsbygningen til høyre. Til venstre ligger det nasjonale kunstmuseet og stilige Marriott Hotel. Rett framfor deg vil du se mot en kunstnerisk park som minner oss om hvor gammel denne byen egentlig er. Mellom deg og parken raser biler av alle slag forbi, men hoveddelen er forbeholdt fotgjengere.

Den flotte fontenen på Republikkplassen sildrer i stille, bølgende koselyder hele dagen. Om kvelden forandrer den sitt uttrykk og blir til en stor konsertsal. Vannstrålene beveger seg i takt med samtlige verk som spilles.. Her strømmer musikk av alle sjangere ut av gigantiske høyttalere som er godt skjult. Pop, rock, klassisk, disco, jazz, armensk, – kjente og ukjente storheter innenfor musikkens verden blir elsket av et dansende og syngende publikum. Laserlys sørger for et vell av forskjellige farger, mer varierte enn Pride-flagget. De små geysirene ser ut som vakre kreasjoner der de spretter opp i takt med musikken.

Republikkplassen er ellers stedet for utendørs konserter, demonstrasjoner og manifestasjoner. Da Armenia opplevde sin fløyelsrevolusjon i 2018, var plassen proppfull av mennesker som viste sin støtte til den nyvalgte demokratiske presidenten, Nigkol Pashinyan. Under Aserbajdsjans krigføring, blokade og etniske rensing av Artsakh mellom 2020 og 2024 var det her demonstrantene møttes før de gikk gjennom gatene. Det vanlige møtestedet er under den store klokken som henger trygt og fast på parlamentsbygningen. Jeg aner ikke hvor mange avtaler jeg har gjort med kjente og ukjente om å møtes akkurat her.

Jerevans aller beste kjøpesentre

Naturligvis finnes det mange kjøpesentre i alle mulige kategorier, både moderne så og de typisk asiatiske, hvor man får kjøpt alt mulig – ekte og fake – om hverandre Men det er to kjøpesentre eller markeder som man bare må ha fått med seg. Det første er GUM-senteret. GUM-senteret er noe helt spesielt. I utgangspunktet et marked for all

GUM-markedet i Jerevan. Foto: Sven-Erik Rise

mulig slags mat, fersk som vakuumpakket. Kjøtt, fisk, kylling, frukt og grønnsaker er kanskje ikke det vi er på jakt etter i Jerevan. Det vi gjerne kan la oss friste av, er den store førsteetasjen. Det er et sted der man kan bli gående i timevis og nyte synet av helt spesielle kunstverk. Denne etasjen må være på størrelse med fyrstedømmet Monaco. Man kommer aldri til enden ved å bruke beina. Man får ikke bare vandre fritt gjennom utstillingene. Man blir stoppet over alt for smaksprøver. Men det deilige i Jerevan er at man ikke blir mast på om å kjøpe noe. Den som selger er like glad, salg eller ikke noe. Folk smiler og ler og tar seg en kopp armensk kaffe.

Hva er det som selges her? Joda, det er et hav av tørkede frukter. Armenerne er helt rå på tørking av frukt. I Norge kjenner vi vel mest til tørkede aprikoser og tørkede plommer, altså svisker. I Armenia har de lang tradisjon på å bevare frukt gjennom et helt år ved rett og slett

Her selges linser, bønner, nøtter og krydder til en rimelig penge for oss nordmenn. Foto: Sven-Erik Rise

å tørke den. Det er en kunst i seg selv, hele prosessen med å tørke frukt. Produktene blir til vakre kunstverk med sterke farger. Frukter kombineres til intrikate mønstre, deilige gavepakker som av og til også framstiller objekter eller dyr. Og disse små standene finnes det massevis av, fordelt på lange rekker. Hit kommer den som ikke tørker sin egen frukt eller sine egne bær. I tillegg selger flere av standene nøtter av alle slag, sjokolade med tørket frukt inni, fruktjuice – og selvfølgelig fersk frukt i sesongen. Jeg har ennå til gode å oppleve noen som ikke blir knallglade for en fruktpakke made in Armenia. En slik pakke inneholder gjerne en god blanding av tørket fersken, pærer, granateple, aprikoser, ville bær og diverse annet.

Et absolutt must for besøkende i Jerevan er det gigantiske utendørsmarkedet tre minutters gange fra parlamentsbygningen. Dersom man føler seg som Viggo Venneløs i Jerevan, kan jeg garantere at du ikke forblir fullt så venneløs etter noen timers vandring rundt omkring i salgsbodene. De popper opp tett i tett fra tidlig morgen til sent på ettermiddagen. Armenerne kaller markedet for Vernissage. Altså en slags førstegangs utstilling. Det er mulig det er riktig bruk av ordet. Det er faktisk alltid noe nytt å se og å kjøpe på dette stormarkedet. Man vet aldri hva man finner, Her er det dett nytt og brukt i skjønn forening. Nå har jeg bare nevnt en brøkdel av hva man finner i disse bodene.

Apropos smykker, Armenia et stort smykkeproduserende land på verdensbasis. En ganske stor del av samtlige smykker produseres til enhver tid i Armenia. Ferdige produkter leveres til alle mulige land. Armenske smykkeprodusenter er kjent for å lage kreative mønstre med vakre steiner av svært god kvalitet. Dette finner man igjen på markedet. Forskjellen på å kjøpe et smykke her i forhold til et annet sted i verden, er at her får du kjøpt det av personen som faktisk har laget det. Det er penger å spare. Prisen er gjerne fire ganger høyere i landene som importerer. Armenia besitter gruver med sølv og gull. Alt de får ut av gruvedriften brukes til smykkeproduksjon.

Skal man kjøpe gaver til dem som ble igjen hjemme mens man nyter dagene i Jerevan, er jeg ikke i tvil om hva jeg vil anbefale. På Vernissage finner man morsomme t-skjorter med armenske motiv. Man finner armenske flagg i alle størrelser, mye god brukskunst og så videre.

Duduk er armenernes nasjonalinstrument. Fløyten lages av aprikostrær. Hayk er profesjonell dudukspiller, og han produserer fløytene selv. Foto: Sven-Erik Rise

Nurr eller granateple er én av Armenias tre hellige frukter. Frukten er gjenstand for mange legender og er en fast ingrediens i mange armenske matretter. Dette gjenspeiles i den armenske kunsten. Her er et utvalg av «granateplets» bruksområder. De er svært populære og selges både som brukskunst og suvenirer på Vernissage. Foto: Sven-Erik Rise

Og det aller beste slik jeg ser det: Ingen stopper deg og maser om at du må kjøpe noe, Du kan gå i fred opp og ned mellom alle salgsbodene uten at noen maser. Du kan stoppe og betrakte varene, be om hjelp, kjøpe eller ikke kjøpe. Det er ikke noe press og ikke noen argumenter for å kjøpe det du har lyst til å se nærmere på. Det er rimelig faste pri-

Sjakk er ansett som Armenias nasjonalsport, selv om interessen for fotball muligens er i ferd med å overta. Sjakk er obligatorisk fag på skolen. Det spilles ofte i familien, og det arrangeres stadig vekk sjakkmesterskap. Håndlagde sjakkspill er et must for armenske familier. Selgeren lager også etter ønske. Foto: Sven-Erik Rise

ser. Pruting er utenom det vanlige. Prøver man seg allikevel, er armenske selgere gjerne med på leken. De har ikke mye å gå på, så prutingen går fort unna. Det kan være en rabatt dersom man, slik jeg gjør, kjøper flere av det samme. For eksempel tre flagg, ti t-skjorter eller lignende. Jeg har det alltid morsomt med å prøve meg på pruting for rett og slett å lære meg tallene på armensk. Det er en veldig fin måte å praktisere gloser på. Når jeg har prutet ferdig, betaler jeg den prisen jeg fikk i utgangspunktet. Dette skaper mye latter og god mulighet for kontakt. Armenerne blir jo veldig interessert i å høre hvor man kommer fra, hvorfor man besøker Armenia, og så videre. Ofte vanker det en kopp armensk kaffe og en kjeks bak disken før man vandrer av sted til en annen salgsbod.

Vernissage er et konsept der kunstnere, småprodusenter og privatpersoner kan få leie et lite areal til en rimelig penge. Her kan de selge sine egenproduserte varer. Det skal være et møtested og et sted der man kan tjene til livets opphold. Det er ingen begrensninger på hva man kan selge. Det mest ekstreme jeg har sett er godt brukt baderomsutstyr som rustne bidéer, gamle dolokk og doskåler med store hull. Det som visstnok gikk fort unna var velbrukte kraner fra Sovjettiden og baderomsfliser som trengte en skikkelig vask.

For den som ønsker mer elegante butikker finner man disse i gågata og i området rundt denne. Av og til kan hele kvartaler minne om fyrstedømmet Monaco tatt i betraktning hvilke plagg, vesker, sko, belter, smykker, parfymer og så videre som selges her. Her er det så mange «finere» merkebutikker at man fort mister oversikten. Det er bare å gå en liten rund på et kvarter så finner man det meste av det som kan være interessant. Større kjøpesentre med de samme butikkene finnes litt utenfor bykjernen dersom man foretrekker alt i ett.

Ikke persiske, men armenske tepper

Mine armenske venner hadde planlagt en overraskelse, nemlig armenske tepper. Jeg hadde ikke lyst. De ser akkurat ut som persiske tepper, og det er ikke noe for meg. «Men, Tigran, hør her: Turister fra hele verden er interessert i disse teppene, og de er garantert håndvevd. På Megerian Carpets får du se hvordan de vever, og det er etter samme prinsipp som for mange hundre år siden. Ikke nok med det: De har et eget museum med tepper som har blitt vevd opp igjennom tidene. De har egen restaurant, og de lager også sølvsmykker. Du får bare finne deg i å bli med en tur til Megerian Carpets. Dette er en familiebedrift, og de eksporterer kvalitetstepper over hele verden. Det er ikke bare Iran og Afghanistan som kan kunsten med å veve kvalitetstepper. Flere av produktene deres egner seg faktisk til å henge på veggen, som de reneste malerier. Vi drar dit. Du kommer ikke til å angre». Så slik ble det. Vi dro av gårde til teppefabrikken. Og vi fikk egen guide som fortalte i det vide og det brede om armensk teppeveving. Det var ikke før jeg fikk møte veverskene at jeg ble imponert. Der satt de på rad og rekke i en diger ballsal og vevde tepper til den store gullmedalje. Hvilken fingerferdighet – og hvilke kompliserte mønstre. Jeg måtte se på alt de vevde. Og ja, det var flotte tepper, og ikke minst et vell av farger. Det var ikke begrenset til persiske røde og svarte mønstre. Her var det brukt blått, grønt, lyseblått, gult og oransje.

Det var ett teppe jeg ville ha. Det hang tilfeldigvis i museet. Teppet var i vakre og sterke farger. Det var et motiv av Araratfjellet omgitt av det gamle kartet over Hayastan før folkemordet. «Jeg kjøper», utbrøt jeg med en gang jeg så det. Det ville egne seg perfekt i stua hjemme. «Ikke til salgs», var svaret. «Alt er til salgs», svarte jeg. «Javisst svarte guiden», som ellers var en Megerian. «Dette er vevd av en kunstner som ble bortført og drept i 1915. Hvor mye er du villig til å betale?» «Hmmm», jeg dro på det. «Fem tusen dollar», og angret meg i det jeg sa det. Jeg elsket det teppet, men 50.000 kroner og alle feriepengene

Armenske tepper vevet for hånd. Salget foregår både utendørs og innendørs. Foto: Sven-Erik Rise

på et teppe er for mye, selv for en som gjerne vil være armener. Megerian svarte: «Du kan bestille en slags kopi for den summen, men denne originalen er verdt ti ganger så mye. Du skal få lov til å ta et bilde av teppet og gjøre hva du vil med det. For eksempel forstørre det, lage en poster eller lignende. Vi tillater ikke at man fotograferer her inne, men du skal få lov». Jeg takket så mye og knipset i vei.

Nattelivet i Jerevan

I løpet av de siste ti årene har Jerevan blitt til et utstillingsvindu for armenske matretter i alle varianter. Det popper opp et vell av restauranter med jevne mellomrom. Det ene konseptet prøver å overgå det andre. Med ganeopplevelser som bare sørger for at du ikke klarer å stoppe nytelsen må du regne med en viss vektøkning under oppholdet i Armenia. Restaurantene i Jerevan er av ypperste kvalitet. Servicen er alltid upåklagelig. Menyene har mye å velge mellom. Flere restauranter frister med egne band som mellom munnfullene spiller opp til dans eller underholder gjestene med hits fra en svunnen tid. Moderne poplåter, jazz eller alle mulige andre sjangere man måtte interessere seg for høres i det man passerer restaurantene på vei til valget man har tatt for kvelden. Jeg har opplevd alt fra ABBA-band, Steely Dan, hits fra 70- og 80-tallet, til mer klassiske toner og rå jazz. Musikken framføres av svært gode musikere.

Det er en stor glede å gå på byen i Jerevan, spesielt for den som setter pris på levende musikk. Flere områder kan nå tilby alt fra små, lokale barer og kafféer til større nattklubber, jazzkafféer og musikk-kafféer med varierte musikkstiler. For den som foretrekker øl, finnes også flere ølbarer med lokalprodusert øl. Det mest spennende for tiden er de nye cocktailvariantene som alle er basert på armenske frukter. Jeg tror jeg har prøvd alt fra kiwicocktail via aprikoscocktail til fiken, dragefrukt, bringebær og jordbær. Skulle det være noe man savner, er

Den armenske sommeren varer fra mars til oktober. Gatene i Jerevan er fulle av glade mennesker og god atmosfære. Mange nyter gode måltider og god vin på Jerevans enorme tilbud på restauranter.
Foto: Sven-Erik Rise

ikke bartenderne fremmede for å lage noe spesielt for deg. Men vær forsiktig. De er så gode på å mikse at disse cocktailene fort glir ned, og de smaker så godt at man bestiller den ene etter den andre. Det går helt fint til kroppen ber om en pause for å tømme overskuddet av det man har inntatt. Idet man reiser seg merker man at man ikke er helt edru lenger.

Dersom man trenger en pause eller en matbit etter shoppingen på Vernissage, finnes det en interessant bar i nærheten. Man må da gå gjennom hele Vernissagen fra Republikkplassen. Når man passerer de siste utsalgsstedene, kommer man til en svært trafikkert vei. For de fleste slutter Jerevan sentrum her. Veien er så trafikkert at man for en gangs skyld har bygget en fotgjengerundergang for dem som vil over på den andre siden. Den er litt bortgjemt. På motsatt side møter man på en minipark med et lite underholdningskvarter. Her ligger det en lokal restaurant og et lite lokalt bakeri med de deiligste armenske bakverk.

Hovedattraksjonen er romslige lokaler med flere rom der det foregår en rekke fritidsaktiviteter for dem som ønsker å delta. Her kan musikkinteresserte få øve sammen med andre uten å betale noe leie for lokalene. En trapp opp og man ankommer en helt spesiell bar, nemlig Bardak. Eieren av baren heter Azat. Han drev Bardak i Stepanakert, i Artsakh, helt fram til den etniske rensingen av armenere høsten 2023. Azat hadde først opplevd krigen i 2020, styrt klar av bombene som ødela store deler av Stepanakert, og kommet seg unna fremmedkrigere som var på jakt etter ham.

Azat fra Stepanakert

Aserbajdsjanerne hadde fått nyss om at han hadde delt ut gratis drinker til turister som hadde kommet til Artsakh og kunne vise stempel i passet på ankomsten. Dette gjorde han for å hedre dem som torde

Stepanakerts og Artsakhs landemerke. Papik – Tatik, Vi er våre fjell.
Foto: Geir Syversen

å ha stempler fra republikken Artsakh i passet og på den måten tok avstand fra Aserbajdsjans hysteriske trusler og jakt på enhver som våget å reise til Artsakh. Det var nemlig slik at de som reiste dit ble satt på myndighetenes hatliste og kunne risikere fengselsstraff dersom de noen gang prøvde seg på å reise til Aserbajdsjan. Den russisk-israelske bloggeren opplevde akkurat dette da han reiste til Aserbajdsjan med et pass nummer to etter at han hadde brukt pass nummer en til å reise til Artsakh. Aserbajdsjanske myndigheter er svært effektive når det gjelder å få disse forbryterne med på sine hatlister, og Lapshin ble raskt lagt til listen etter en blogg der han støttet armenernes rett til selvbestemmelse. Han reiste deretter til Aserbajdsjan, slapp inn uten problemer og intervjuet folk om synet på armenere og på Artsakh. Dette publiserte han sin reiseblogg, og svaret fra Aserbajdsjan lot ikke vente på seg. I det Lapshin ankom Minsk i Hviterussland, ble han arrestert av president Lukasjenkos menn og sendt direkte til Baku,

Azat tilbyr ungdom i Jerevan til å være i de ledige rommene i bygningen. Der kan de fritt få øve på instrumenter eller spille spill og lignende. Dette konseptet har han videreført fra Artsakh. Merk at navnet Azat betyr frihet. Foto: Sven-Erik Rise

Aserbajdsjan. Dette etter at Ilham Aliyev hadde betalt en ikke ubety-delig sum for å sette dette sirkuset i gang. Lapshin ble fengslet og var døden nær da han etter seks måneder ble løslatt mot at han gikk ut og beklaget og sa noe om at han støttet Aserbajdsjan og var mot Arme-nia. Deretter ble han sendt til Tel Aviv, holdt en pressekonferanse ved ankomst og benektet at han støttet noe som helst i Aserbajdsjan.

Jeg har vært to ganger i Artsakh og begge gangene nytt godt av Bar-daks gratis drinker til den som hadde Artsakhs stempel i passet. Jeg hadde riktignok måtte lime mine stempler inn i og med at det gikk automatikk i å utstede visum på papir da Artsakhs myndigheter ville beskytte samtlige besøkende. Men det holdt, og jeg ble faktisk godt kjent med Azat og hans helt spesielle bar i Stepanakert. Forbløffelsen og gleden var stor da jeg tilfeldig passerte Bardak i Jerevan. Og ikke nok med det. Det var eksakt samme Bardak som i Stepanakert. Her var det nøyaktig samme utforming, samme interiør, de samme ølsor-tene, vinmerkene og cocktailene. Og en jukeboks jeg kjente igjen fra Stepanakert. Det eneste som manglet var Azat. Et veiskilt jeg også kjente igjen viste retningen til Tigranakert, ruiner av en eldgammel by i Artsakh der arkeologer holdt på med utgravninger og som ga mange svar på Armenias eldgamle historie. Tigranakert er nå på aserbaj-dsjanske hender og mest sannsynlig fullstendig jevnet med jorden.

Plutselig stod han der. Azat! Han hadde altså flyttet hver eneste ting fra Stepanakert til Jerevan. Da de ble utsatt for den etniske rensin-gen og måtte flykte i løpet av svært kort tid, hadde Azat, hans venner, ansatte og familie tatt med seg alt de fikk plass til i sine biler, mini-busser og på sine lasteplan. Han kunne med stolthet vise fram alt som hadde kommet med, og det var virkelig en fullstendig kopi av origina-len han hadde klart å få til her. Imponerende. Bardak arrangerer små kveldskonserter ukentlig, og er ellers preget av god musikk og god stemning hver kveld. Mange av flyktningene fra Artsakh er å finne i denne baren, og de forteller mer enn gjerne om sine skjebner og det litt harde livet de opplever som flyktninger i eget land.

Restauranter i Jerevan har gjerne egne tonirer for baking av lavash.
Foto: Sven-Erik Rise

Et enormt utvalg av restauranter

Jerevans restauranter er en variert historie. Det dukker opp stadig nye konsepter på hvert gatehjørne. Noen femstjerners med hvite duker, stilig kledte kelnere, utsøkte retter og med egen sommelier som kjenner de forskjellige armenske vinene bedre enn sin egen bukselomme. Det finnes selvsagt mange uterestauranter, mange av dem gode og billige og med god utsikt til mennesker som vandrer forbi og annet byliv på den andre siden av gata. Jerevan er ikke kjent for utenlandske fast-foodkjeder. Man finner et svært moderat utvalg av noe sånt som én Pizza Hut og én Kentucky Fried Chicken. McDonald's har ennå ikke gjort sitt inntog. Det samtlige armenske restauranter har til felles, er at det serveres så store porsjoner at det alltid blir masse mat til overs. Denne får man med seg hjem hvis man vil. Alternativt blir den delt ut til trengende eller til Jerevans mange løshunder. Selv tar jeg alltid med meg restene og gir dem til hundene som står utenfor hotellet mitt og venter på noen godbiter hver kveld.

Det er vanskelig å anbefale noe som helst i Jerevan fordi det er så mange valg, og fordi dette handler mye om smak og behag. Men jeg drister meg likevel til å si at Sherep, Taverna, Pandok og Lavash er blant mine favoritter. Disse er alle litt *high end*, men for norske lommebøker er maten svært billig. Vil man heller spise under åpen himmel, er det fritt valg ved Svanesjøen eller i området rundt Republikkplassen mot handlegata. Det finnes også et par georgiske restauranter dersom man er interessert i å prøve nabolandets helt spesielle retter som kinkali (georgiske dumplings) eller katchapuri (georgisk pizza). Begge deler anbefales.

De nye og hotteste stedene i Jerevan befinner seg i Pushkin Street. Den finner man ti minutters gange fra Republikkplassen. En rekke kreative hjerner har åpnet spesielle kafeer, barer, vinoteker og restauranter. Dette er det typiske området der armenske kjendiser møtes. Flere kjente skuespillere og sangere er å se i de forskjellene lokalene

Middagene på Jerevans restauranter er ikke noe for amatører. Porsjonene er enorme, både forrettene og hovedrettene. Kelnerne peker på egen mage dersom man kommenterer, og de sier at sånn er det i Armenia. Man må være litt tjukk. Foto: Sven-Erik Rise

til alle døgnets tider. En svensk-armener som stadig vekk reiser tilbake til sitt opprinnelsesland, er alltid klar for å møte meg når jeg er i Jerevan. Jeg tror han tilbringer mer tid der enn i Stockholm. Fyren er utrolig kjekk og kjenner de fleste som er verdt å kjenne i Armenia. Han tok meg med på en liten runde, og det var en ny opplevelse for meg i Jerevan. Utenfor de poshe stedene stod det biler av merker som Tesla, BMW, Mercedes og Jaguar i alle mulige farger, som gjør at de synes på lang avstand. Ut og inn av bilene kommer celebriteter, som seiler inn på barer, restauranter og kafeer for å nyte et måltid eller noe godt å drikke. I Pushkin Street finner man en lunsjkafé med tilhørende bar som heter Collective. Nydelig mat – og ikke til en pris man skulle tro i og med at de velholdne spiser mange måltider der. Rimelig for oss nordmenn faktisk. Lenger nede i gata har en australsk-armener åpnet en minirestaurant med helt spesielle pizzaer som ikke ligner helt på verken italiensk eller armensk pizza. Men det man får til pizzaen er kanskje det mest spesielle, nemlig vin fra Bambashkat vingård. Dette er småskala produksjon av kvalitetsvin. Helt fortryllende deilig vin. Anbefales på det sterkeste.

Ararat går rundt i treningsklær med et spesielt *swoosh*. Ja, han heter faktisk Ararat. Kult navn. Det var en god grunn til å takke ja på venne-forespørselen på Facebook. Nå fikk jeg endelig se et eksempel på *high-end* mote fra Armenia. Han kjøper bare klær av merket *Azat Mard*. Dette er designet mote for menn og er visstnok av typen casual kva-litetsmote. *Azat Mard* (frie menn) koster en bøtte penger per plagg, men er faktisk verdt pengene tatt i betraktning design og kvalitet. Problemet er bare at klærne ikke er å oppdrive i Jerevan. De finnes til salgs i en merkebutikk som selger Boss- og Tommy Hilfiger-produk-ter, men i løpet av to uker hadde de ikke inne ett eneste plagg i min størrelse. *Azat Mard* er etablert i Frankrike og selger godt i Nice, Paris og Marseille. Ellers får man kjøpt merket på nett.

Jerevan Pandok Taverna

Det mest spesielle restaurantkonseptet i Jerevan må være Jerevan Pandok Taverna. Min favorittrestaurant, der man får servert typisk armenske retter i rikt monn. Alle mulige tradisjonelle retter står på menyen. Allikevel er det *khorovats* som er mest etterspurt. Khorovats er store grillspyd med alle mulige typer kjøtt og grønnsaker som grilles i en tonir. En tonir er den armenske ovnen som er gravd ned i jorden. Den kjente lavashen eller brødet stekes langs veggen på toniren. Grillspydene stikkes ned gjennom et gitter og stekes jevnt med diverse urter. Til khorovats hører alltid nystekt lavash som man kveiler rundt maten, som i en wrap. Pandok har en egen tonir der to kvinner jobber gjennom hele kvelden. De sørger for helt fersk lavash til gjestene. De

Danserne som framfører tradisjonell dans mens man nyter måltidet.
Foto: Sven-Erik Rise

Orkesteret spiller de forskjellige tradisjonelle armenske instrumentene. Sangeren synger på vakkert armensk. Gjestene på Pandok blir rørt. Foto: Sven-Erik Rise

sitter i et rom omgitt av glassvegger slik at alle kan se hvordan man lager denne helt spesielle «lefsa». Den hører hjemme i alle måltider i Armenia.

De deilige rettene akkompagneres av armensk musikk og dans. Restauranten har et eget band som spiller de typisk armenske instrumentene. De holder det gående i ett kvarter. Så er det stille et kvarter, så gjestene kan få prate og bestille. Det neste kvarteret kommer det flotte dansere kledd i tradisjonelle drakter. De viser oss typiske armenske danser. Slik fortsetter det utover hele kvelden. Innimellom får gjestene være med på dansen. Da blir skjeer og kniver liggende på bordene, og gjestene kommer bort på dansegulvet og danser med de profesjonelle. Jeg var så glad for å være i Armenia at jeg holdt det gående til langt over midnatt. Og langt over midnatt er vanlig i Jerevan. Folk er ute sent. De går på fest, men jeg har til gode å møte en full armener som raver rundt i gatene. Drikkekulturen er relativt møblert. Det nytes alkohol i alle mulige varianter, inkludert cocktails som har blitt et av Jerevans kjennemerker. De bruker typiske armenske frukter når de lager dem. Fiken, granateple, aprikos, fersken, morbær, blåbær og bringebær.

Pandok Taverna har etter hvert spredd seg til flere områder i Jerevan, og det kan alle som reiser til Jerevan være glad for. Å tro at man bare kan stikke innom og håpe på et måltid er som å tro på julenissen. Restaurantene og konseptet er så populære at bordene reserveres i dagevis før gjestene skal ut og spise, danse og nyte armensk kultur. Merk at gjester som kommer 20 minutter for sent til bordbestillingen ikke får bordet. Da har hovmesteren gitt bordet til andre.

Hverdagskost i Armenia

Hva er så den typiske armenske maten? Jo, den er så spesiell at selv franske kokker lar seg imponere. Flere av dem snakker om grønnsakenes og fruktenes bestialske kamp på armenske kjøkken Der blir samtlige produkter skåret opp, most, knust, blandet, dampet, vispet sammen, presset, kokt, grillet og knadd. Det finnes ingen grenser for hva man gjør med markens grøde i Armenia. Disse sønderknuste grønnsaker ender opp som obligatoriske forretter. Men de blir aldri alene. Armenernes forretter kjenner ingen grenser. På bordet kommer tomat, ost og brød som en selvfølge. I tillegg kan det være en del

Lamajun, den helt spesielle armenske pizzaen. Foto: Sven-Erik Rise

grønne vekster og selvfølgelig rikelig med lavash.

Det armenske brødet stekes altså i en tonir. Det betyr at det alltid er rykende ferskt når det serveres. En tonir er som nevnt en leirovn som er gravd ned i jorda, og det er langs veggen på leirovnen brødet stekes. Toniren brukes også til å lage lavash, en slags armensk lefse som er en helt uunngåelig del av ethvert måltid i Armenia, ja også blant armenerne som bor i resten av verden. I noen av restaurantene

Zvartnots-katedralen. Her foregår dolmafestivalen.
Foto: Kjellaug Lien

kan man se inn på kvinnene som lager lavash fra grunnen. Og dersom man tar turen til diverse armenske landsbyer, kan man få være med på lavashbaking. Dette er dog et ikke helt trygt prosjekt. Toniren er svært varm, og man skal altså med en slags stekespade få plassert deigen langs loddrette, litt buede vegger inne i toniren. Man kjenner en intens varme oppover armen i det man fester deigen så her gjelder det å være rask. Og den regelen gjelder når man skal hente ut brødet eller lavashen også.

De typiske armenske rettene varierer noe fra restaurant til restaurant. Khorovats er nasjonalretten og nesten en slags nasjonalsport. Jeg har bare opplevd menn som styrer grillingen av khorovats. Retten består av mange forskjellige typer grillet kjøtt med diverse armenske urter og flere typer mosede, oppkuttede eller blandede grønnsaker. Maten er aldri sterkt krydret, og det er sparsomt med saus, men jeg

Man kommer ikke utenom armensk kaffe (*haykakan surch*) i Armenia. Den gode, gamle tradisjonelle kaffebryggingen står sterkt, inkludert på de fineste kaffebarer i Pushkin Street. De fleste kjøper kaffebønner i forhold til smak. De males i butikken. Vel hjemme brukes en slags liten kanne, en jazzve, der den sterke kaffen får et oppkok før man rører den godt rundt på litt svakere varme. Resultatet er en rimelig tjukk og sterk kaffe med en masse av grut nederst i koppen. Den smaker fortreffelig. Sukker tilsettes etter behov.
Foto: Sven-Erik Rise

Både kuføtter og griseføtter er viktige ingredienser i armensk matlaging. Foto: Sven-Erik Rise

har aldri hørt om en eneste sjel som ikke har elsker khorovats. *Dolma* er en annen rett. Her brukes kålblader eller aller helst drueblader til å rulle inn kjøttdeig av svin, okse eller lam med gode tilsatte urter. Dolmaen kokes i god kjøttkraft. Dolma finnes i mange land i Midtøsten, og det er strid dem imellom om hvem av dem som eier denne retten. Grekerne mener at de fant opp dolma. Armenerne er ikke i tvil om at den tilhører armenerne. Tyrkerne står på sitt og påstår at den alltid har vært tyrkisk. En armensk reiseguide forklarte meg hvorfor dolmaen i hvert fall ikke stammer fra tyrkerne: «Dolma krever vinblader. For å få vinblader må man for det første dyrke drueplanter. Da må man være bofast og ikke et omvandrende folkeslag. I tillegg bør man ikke være muslim. Vindruer er ikke særlig halal å holde på med.» Tyrkerne kom jo vandrende fra området rundt dagens Usbekistan, og i tidligere tider var de et folk på vandring. Mulig hun har rett. Men dolma er godt uansett hvem som oppfant retten.

Det arrangeres en årlig dolmafestival i nærheten av ruinene av det UNESCO-listede Zvartnotstempelet og Ejmiadzin. Enda et vakkert sted i Armenia med full utsikt til Araratfjellet. Dette er en festival dedikert til armenere i hele verden og området fylles raskt med spjurk-armenere og andre som vil prøvesmake flere enn 70 forskjellige typer dolma.

Armenerne setter også stor pris på diverse varianter av kebab, shoarma og pizza. Den armenske pizzaen kalles *lamajun* og er en helt spesiell konstruksjon som nytes sammen med en slags frisk yoghurt. Det finnes egne lamajunrestauranter flere steder i Armenia.

Khash – kuføtter i hvitløk

Jeg kommer vel ikke utenom å nevne at det som gjør armensk mat helt spesiell, er den svært gamle og tradisjonelle *khash*. Khash høres ut som en halssykdom når man uttaler den, og når man spiser den er det mange nybegynnere som faktisk er overbevist om at de utvikler en halssykdom mellom munnfullene.

Jeg smakte på khash første gang i 2015. Da reiste jeg rundt i Armenia med min tyrkiske blodsbror, Ergin, og han elsket Armenia så voldsomt at han var villig til å prøve alt armensk. Det inkluderte både halal og haram mat. Han spurte kun én gang på hele turen om man fikk tak i halalslaktet mat i Armenia. Det medførte en del styr, så han la igjen islam hjemme for nå og kjørte på med alt han ville spise og drikke. Det ble griseører, koteletter, brandy, øl, vin, cocktails, blodpølse og jeg vet ikke hva. Etter hvert var det meg han kalte en halalfreak fordi jeg ikke ville spise alt han kom på. For å si det sånn, jeg spiser ikke griseører, griseføtter eller grisenese. Men det gjorde Ergin. Vi nøt riktignok de samme alkoholholdige drikkevarene, men her var rollene snudd, for å si det mildt. Nordmannen drakk en øl eller to om dagen, litt vin til maten og kanskje en cocktail som digestif. Den tyrkiske muslimen konsumerte ett eller annet drikkbart og beruselsesskapende fra lunsjtider til leggetid. Han mente at «baren» er åpen fra 12.00 til midnatt. Så her var det fritt fram. Dette var første gang Ergin fikk smake alkohol, så for ham var det russetid.

Utflukten som vi hadde organisert denne dagen var til Alfabetparken i Byurakan. Dette er en park dedikert til munken Mesrop Mashtots. Han oppfant det armenske alfabetet på 400-tallet, slik at armenerne kunne få skrevet ned Bibelen. Hans 36 bokstaver var de reneste kunstverk. Man finner dem i de eldste skriftene som armenerne har klart å ta vare på gjennom forfølgelser og folkemord. Disse er helt unike i verdenssammenheng. Intet annet språk har noe lignende alfabet. Skriftene er utformet som vakre malerier. Med bruk av vakre farger tar de luven av de fleste som besøker Armenia. Det finnes et museum, Matenadaran, i Jerevan der man kan nyte disse skjønnhetene fra forskjellige epoker i den armensk-apostoliske kirkens historie.

Min armenske navnebror Tigran (jeg ble døpt Tigran av en gjeng armenere første gang jeg var i Armenia) løp rundt i Alfabetparken,

Fra parken som hyller Mesrop Mashtots. Munken som oppfant det armenske alfabetet. Foto: Winfried Dallmann

tok bilder av samtlige bokstaver og lagde en quiz For Ergin og meg var om å gjøre å huske så mange bokstaver som mulig. Mesrop hadde ikke gjort det lett for normalt intelligente mennesker å få dette til. Ingen bokstaver ligner på noe vi er vant til. Det finnes altfor mange, slik at en del av dem utgjør lyder som man på både norsk og tyrkisk ikke har egne bokstaver for. En bokstav ser ut som sukkerspinn på tivoli, Den uttales t. Så er det en annen t som ser mest ut som en slags note som opptrer under skalaen. Tigran måtte uttale dem gang på gang, men vi hørte ingen forskjell. I tillegg kommer en S som er en stor bokstav for en av de to t-ene. Noen av bokstavene ser ut som vakre fugler, en av dem er nærmest en kleshenger. En annen fiskebein, og et par er vakre lysestaker. Jeg ga opp raskt. Det samme gjorde Ergin.

Da det endelig var tid for lunsj, ønsket Tigran å overraske oss. Vi befant oss jo like ved Aragatsfjellet, det høyeste fjellet som ligger i dagens armenske republikk. Aragats har fire topper og er et vakkert syn der det pryder hele området. På veien oppover stoppet Tigran hos en gjeng med jesidier, en liten minoritet i Armenia. De lever i harmoni med armenerne. Jesidiene har nylig har inviet verdens største jesidiske tempel i dette området. Flere familier gjeter dyreflokkene sine fra foten av Aragatsfjellet og oppover fjellsidene om sommeren. De flytter ned til landsbyen om vinteren. Jesidiene tilbød oss te og søte

Fra Aragats, på veien oppover mot Kari Lich. Amberd-fortet.
Foto: Anne Karin Storhaug

kaker. Vi var på vei til lunsj, men man sier ikke nei til gjestfriheten i Armenia. Vi ble invitert inn i et gedigent telt der to kalver lå og sov. To digre hunder på størrelse med små dinosaurer kom løpende mot oss og ville ha kos. Ergin ble helt vill og la seg ned på gulvet for å leke-slåss med de svære beistene. «Er ikke hunder haram», spurte jeg ham. «Nei», svarte han. «Haram finnes ikke lenger. Det er bare et tulleord. Nå er jeg ferdig med haram.»

Tigran byttet bil med en av jesidigutta slik at vi lettere kunne kjøre helt til toppen av Aragats. Her trengtes en kraftig jeeplignende sak for å frakte to tjukkeboller oppover fjellsidene, klarte Tigran å si på armensk, intetanende om at jeg forstod akkurat det. Ordet *chag* på armensk, og pussig nok på persisk, betyr tjukk. Tigran bare lo da jeg fortalte ham at vi hadde blitt tjukke med lynets hastighet siden vi ankom Armenia. Vi hadde jo vært på restaurant hver dag og som dyk-tige gutter spist opp all maten vår. Jeg må si vi lurte på hva slags mat som ventet oss på flere tusen høydemeter over havet, men Tigran nek-tet å svare. Han kalte dette et kinderegg for sine to barnslige venner. Først en vakker innpakning, og så skulle vi snart få se hva som befant seg inni pakken.

Vi kjørte oppover en dårlig vei til Kari Lich, en liten, vakker innsjø som ligger 3200 meter over havet. «Den kalles Aragats øye, og Aragats gråter fordi broren hans Ararat holdes som gissel av mitt hjemland», sa Ergin. Ja, svarte jeg raskt. «Tyrkiske tyver som stjeler et helt fjell-massiv. Hvordan er det mulig? Det er haram», svarte Ergin. Der var vi enige.

De to fjellene ligger nemlig sånn til at det ser ut til at de ligger snor-rett i forhold til hverandre. Fra Kari Lich er utsikten enestående. Vi ble stående lenge og bare nyte. Ofte er det masse skyer som ødelegger utsikten over store deler av Armenia, men denne dagen var det helt klart.

Ved innsjøen ligger et litt shabby, men veldig hjemmekoselig hotell. Og det er her overraskelsen åpenbarte seg. Tigran inviterte oss inn, stedets eier kom ilende til og ønsket oss hjertelig velkommen til khash, så mye vi orket å spise. Den lille restauranten stinket av gammel og nylig kuttet hvitløk.

Tigran forklarte oss ar khash egentlig er noe man spiser til frokost når vinteren er på sitt kaldeste. Klovene kokes i timevis før de serveres. Han forklarte nøye at vi kom til å få servert en slags suppe, og at man selv måtte fylle suppetallerkenen med hvitløkspaté, kjøtt fra kuføttene, litt grønnsaker, reddik og ikke minst mengder av lavash. Med besøk fra Norge og Tyrkia hadde eieren av restauranten stelt i stand khash-kveld i stedet for khash-frokost. Noen venner av Tigran hadde også blitt invitert. Dette er armenernes tradisjonelle nasjonalrett, og meg bekjent finnes det ikke maken noe sted i verden. Khash er egentlig bare er forbeholdt armenere. I dag gledet alle seg intenst til å se oss fylle munnene våre med herligheten. Vi så for oss kufoten som ble kokt i 24 timer og bare var omgitt av hvitløk, vann og salt. Vi hadde ikke veldig lyst på dette, men vi hadde ikke noe valg. Vi ville ikke skuffe vår armenske bror. Så vi gjøv løs på kufoten med dødsforakt, og svelget kjøttrester og hvitløksuppe i store mengder. Armenerne tok seg god tid til å lage sin egen porsjon. De rev opp lavashen i små biter og lot hver bit suge væsken fra suppen til seg slik at de etter hvert kunne spise lavashbitene med hendene. Vi forsøkte det samme, og da smakte det faktisk litt bedre. Men det brant i halsen, i munnen og nedover i magen. Typiske symptomer på en rekke mulige sykdommer. Det gikk verst ut over halsen. Men tøffe som vi var, svelget vi ned skje på skje, lavashbit på lavashbit. Vi skar opp kufoten, og lot som vi nøt den tradisjonsbundne suppen.

Gudskjelov serveres suppa med nok en armensk hit. *«The hits keep coming»*, sa Tigran og lo godt. Enhver armensk restaurant med respekt for seg selv brenner sin egen vodka, gjerne av egenprodusert frukt. Her var det pærevodka og morbærvodka. Vi ble plassert på bord med to armenske familier på tur. Dermed måtte vi følge skålingen, og skålene kom med jevne mellomrom. Sjefen var tydeligvis *Papik*, bestefar, i den ene familien, og han sparte ikke på konfekten. *«Kenatsy»* meg her og *«kenatsy»* meg der. Vi ble ganske susete etter hvert. Kenatsy betyr skål.

Og så var det Ergin som virkelig skulle vise seg å være en underholder av rang: Han reiste seg opp og ga tegn til alle om å gjøre det samme. Han utbrakte en skål for verdens vakreste land og folk. Deretter en beklagelse på vegne av hans forfedre som var skyldige i folkemord. Så, med tårer nedover kinnene uttrykte med tydelighet at han hatet sitt hjemland for at de fornekter folkemordet. Først sa han alt dette på tyrkisk. Ingen forstod et eneste ord annet enn *ermeni* og *Ermenistan*. Så oversatte han til engelsk med armenske ord innimellom. Ergin ble sett på som Armenias nye rockestjerne etter dette. Ingen fikk filme ham. Ett innlegg på sosiale medier, og han ville vært ferdig i Tyrkia. Ergin stoppet ikke der. Han skrøt uhemmet av khash og *oghi* (vodka), dro på med flere slurker og bestilte husets dyreste musserende armensk vin, som han skjenket til alle gjestene. Det ble så stor stemning at armenerne bød opp til dans. De ville lære oss den tradisjonelle dansen khotchari, en fellesdans som armenerne danser når det er feiring. Denne måtte vi først lære, og så øve på. Vi danset khotchari ut i de små nattetimer. Noe snakk om hjemreise kom ikke på tale. Vi ble natten over på det lille hotellet.

Av alle merkelige innfall fant vi ut at vi hadde gått glipp av desserten etter gårsdagens middag. Dermed ble det armensk dessert til frokost. Armensk dessert er som regel et bakverk som heter *baklava* (som man helt sikkert kjenner igjen fra både Hellas og Tyrkia), eller den mer spesielle *gata* som er en bakst basert på valnøttfyll og er en favoritt blant armenere – og iranere. Ifølge iranske venner reiser familiene deres i hjemlandet til de armenske landsbyene for å kjøpe gata. Det er en del armenere i Iran. De har det rimelig bra under det strenge islamske styret. De får lov til å lage og drikke vin, de får beholde alle sine kirker og følge sine egne tradisjoner. Det eneste de ikke får lov til er å omvende iranere til kristendommen.

Jeg prøver å unngå desserter fordi jeg synes det er en stor glede å gå til en isbar etter måltidet og bestille is. Det er mange av dem i Jerevan, og de har godt utvalg av diverse smaker. Armensk is er på linje med italiensk gelato, slik jeg ser det. Grunnen til at jeg avslutter ethvert måltid med en is, er at jeg elsker å uttale det armenske ordet for is. Og så slenger jeg på smaken på kulene samtidig. Is på armensk heter *paghpaghak*! Og for å si det mildt, det fører ikke til så rent lite hylling av meg fra den som selger isen. De er klar over at dette ordet er en skikkelig tungekrøller for den som ikke har armensk som morsmål.

Ararat Brandy Company

Armenias konjakk, eller brandy, som er den politisk riktige betegnelsen på produktet, er et verdenskjent fenomen. Den får den mest sære brandykjenner til å ønske påfyll flere ganger. Etter å ha fått smaken på

Ararat Brandy Company. Foto: Jan Gregersen

denne kostelige drikken, sørger man for at den blir tilgjengelig lokalt i ens eget hjemland. Det finnes mange eksempler på dette. Winston Churchill er kanskje det beste eksempelet på hvor avhengighetsskapende brandyen er. Under fredsforhandlingene mellom Frankrike, USA og Storbritannia og Sovjetunionen sørget Josef Stalin for å servere sine kolleger utallige glass med armensk brandy. Samtlige satte stor pris på den, men Churchill ble helt vill etter den. Han konsumerte ganske store mengder på møtene, men som vi vet tar jo fredsforhandlinger slutt en gang, og da var Churchill opprådd. Han kunne ikke glemme denne eventyrlige smaken. Derfor kontaktet han Stalin ganske raskt etter hjemkomst og ba tynt om å få tilsendt noen flasker med armensk brandy. Det skulle faktisk vise seg at Churchill måtte ha last på last med favorittdrikken sin. Det ble til at han konsumerte intet mindre enn en flaske armensk brandy hver dag. Mannen ble gammel, og folk har spurt seg om det var de kubanske sigarene, fraværet av enhver form for fysisk aktivitet eller den armenske brandyen som sørget for et langt liv.

Under sovjettiden ble all brandy produsert i Armenia kalt *armjanskij konjak*. Ingen, ikke en gang franske konjakkprodusenter brydde seg i nevneverdig grad om dette. Reglene i EU er imidlertid klare. Merkevaren Cognac skal være produsert i Cognac, Frankrike. Armenerne synes jo det er litt synd at Cognac-navnet skal fjernes fra deres merkevare, så de har funnet en slags løsning som ingen bruker tid på å bestride: Drikken heter fremdeles armensk cognac på flasker som eksporteres til tidligere Sovjetrepublikker som ikke er EU-medlemmer. Flasker som eksporteres til EU-land, derimot, heter Armenian Brandy.

Det sies at Noa plantet de første vindruene i Armenia og at det ikke gikk lang tid før driftige armenerne skjønte hvilken verdi både hvite og blå druer kunne ha for å lage god og sterk drikke. Offisielt var det en armensk forretningsmann som het Nerses Tairon som i 1878 startet landets aller første konjakkdestilleri, og det faktisk før regionen Cognac i Frankrike hadde kommet i gang med sin distribusjon. Den

Guiden kan fortelle at flaggene representerer de landene som var med i Minskgruppen. Mandatet deres var å finne en politisk løsning på Artsakh-konflikten. De fem landene som var med: Frankrike, USA, Russland, Armenia og Aserbajdsjan. Det finnes kun et aserbajdsjansk flagg i Armenia, nemlig her. I eiketønnen lagres det brandy, og den kan ikke åpnes før man har fremforhandlet en løsning på konflikten. Nå har jo Aserbajdsjan like godt renset hele området for armenere og overtatt Artsakh. Det kulturelle folkemordet er godt i gang. Armenerne håper fortsatt på å få returnere til sitt hjemland. Derfor forblir eiketønnen uåpnet. Foto: Idar Alfred Johannessen

franske cognacloven ble nemlig ikke utarbeidet før i 1909. Nerses var businessmann, og han var god på markedsføring. Hans sterke druedrikk var snart verdsatt i hele Armenia. For å tjene enda mer på produktet, solgte han like godt destilleriet til en distributør fra Moskva i 1898. Nicolai Shustov sørget for å distribuere drikken til store deler av det russiske riket, og i likhet med armenerne elsket russerne denne smakfulle og vakre drikken der den svirret sakte rundt i ovale glass.

For å få brandyen kjent rundt omkring i verden reiste et lite kobbel av armenere til Paris, London og Berlin. Der sørget de for en rekke restaurantbesøk og avsluttet samtlige måltider med å bestille armensk konjakk. Naturlig nok kunne ingen restauranter tilby dette, og armenerne lot som de ble svært indignerte og sverget på at de aldri ville sette sin fot på disse restaurantene igjen, og heller ikke anbefale dem til noen. Innen et år fant man armensk konjakk på menyen i hver eneste av disse flotte restauranter.

Yerevan Brandy Company har siden 1887 produsert Ararat Brandy. Den er laget av armenske hvite druer og kildevann, Den produseres etter strenge regler slik den opprinnelig skulle lages. Selskapet avspeiler til fulle Armenias legendariske brandyarv. Dette produktet er i dag landets mest berømte og vellykkede merkevare, kjent i hele verden. Kun lokale varianter av druer med helt spesielle egenskaper kan brukes i produksjonen av autentisk armensk brandy. Mikroklimaet i Araratdalen bidrar kraftig til den karakteristiske smaken.

Aldringen av brandy gjøres kun på eikefat. Her brukes i dag kun armenske varianter av eik. Den beste eika finnes i Artsakh, så mye av materialet kom nettopp derfra. Nå som Artsakh er klinisk renset for armenere og Aserbajdsjan ikke handler med Armenia, må Ararat Brandy Factory se seg om etter eik andre steder. Det sies at de har klart å finne tilsvarende i grenseområdene mot Artsakh. Under aldringsprosessen berikes brandyen med naturlige smaker av tørket frukt, krydder, sjokolade og vanilje. Det produseres syv forskjellige brandymerker: 3 stjerner, 5 stjerner, Ani, Otborny, Akhtamar, Vaspurakan, og Nairi. Innenfor disse finnes også forskjellige årganger: 3, 4, 5 eller 6 år for ordinære brandyer, mens årgangsbrandyer opererer med 10, 15, 18 eller 20 år. Hver enkelt har sin egen unike smak.

Ifølge Wines World Index er armensk brandy glatt og myk. Man merker lukten av aprikos. Armensk brandy er fri for tilsetningsstoffer. Fargen er som smeltet karamell. Brandy laget i Armenia, spesielt den fra Jerevan Brandy Company, har alltid vært forbundet med høy kvalitet. Dette selskapet har i det 20. århundre blitt tildelt flere internasjonale gull-, sølv- og bronsemedaljer for kvalitet og smak i London, Paris og Brussel.

Fra flere steder i Jerevan ser man den vakre bygningen på toppen av en liten høyde. Dette kunne vært alt fra et slott til et gammelt fengsel, men skiltet på toppen avslører hva den kan tilby. ArArAt Brandy. Fargen på bygningen står i stil til produktet som produseres på innsiden: Mørk karamellbrun, akkurat som den armenske brandyen.

Yerevan Brandy Company tar imot besøkende i grupper og tilbyr en svært interessant guidet tour rundt i fasilitetene. Flerspråklige guider sørger for at både historien, produksjonen og morsomme anekdoter blir fremført. Før jeg begynte å ta med grupper til Armenia reiste jeg alltid alene. Jeg hadde derfor ikke adgang til omvisningen. Men nå er det ikke slik at sånne regler stopper meg, så jeg klarte å få med meg omvisningen fire ganger på fire forskjellige språk. Første gang var hardest. Da begynte hele seansen med at damen i resepsjonen åpnet sperren mellom meg og henne og kjeppjaget meg ut. Ja vel, jeg satt der og nektet å forlate rommet med mindre hun kunne love meg at jeg fikk en omvisning. Det gikk ikke særlig bedre dagen etter da jeg tok på meg en caps og store solbriller og påsto at jeg tilhørte en russisk gruppe som nettopp hadde gått inn. Problemet den gangen var jo at jeg ikke snakket russisk, og damen ved inngangen skravlet av gårde på russisk. Altså avslørt. Så gikk det tre uker før jeg prøvde meg igjen. Da forklarte jeg med omhu hvor gal jeg var etter Armenia, at jeg hadde reist hele den lange veien for å få to omvisninger, én på folkemordmuseet og én her på brandyfabrikken. Jeg meldte at jeg elsket Armenia, men at jeg elsket det en liten smule mindre ettersom de skulle være så kjipe og ikke la meg få komme inn når jeg så gjerne ville. Jeg sa også at jeg ikke hadde noen venner og måtte reise alene. Ja, jeg vet ... løgn, men hva gjør man vel ikke for å få tilgang dit man vil?

Resepsjonisten, guidene og hele reisefølger som stod i kø fikk med mine rop om hjelp. En gjeng argentinere lurte på om spansk kunne være et av språkene jeg forstod. Og det var det. Full klaff. Jeg fikk være med gruppen fra Argentina og fikk en fantastisk omvisning på spansk med en rekke smaksprøver dertil. Av og til her i livet må man tilpasse, tenke nytt og ta noen sjanser. Jeg har aldri likt konjakk og har syntes det er en skrulledrikk. Men her, etter at den ene smaksprøven etter den andre ble servert, ble jeg etter hvert overbevist om at hvis jeg skulle være armener måtte jeg i det minste like armensk konjakk. Og verre var det ikke. Nå tar jeg meg et glass i ny og ne – og nyter dette vidunderlige produktet.

Jeg var senere med på flere omvisninger i brandyfabrikken og tar selvfølgelig alltid mine grupper med dit. Jeg har blitt en slags kjendis på fabrikken og blir behandlet som en bortkommet sønn hver gang jeg viser meg. Jeg blir aldri lei av foredragene, og i hvert fall aldri lei av smaksprøvene. Mange nyvinninger har blitt lansert de siste årene. Nå får man brandy med aprikos, kirsebær og sitron. Og Charles Aznavour, en elsket armener i Frankrike som la musikk til vakker poesi, har selvfølgelig fått en egen brandy oppkalt etter seg.

Tsitsernakaberd – til minne om folkemordet

Enhver som reiser til Armenia, uansett mål for reisen, er innom folkemordmonumentet og folkemordmuseet. Uten den kunnskapen man får ved et besøk der, er man svært uvitende om armensk historie, samfunn og tankegods. Jeg har til gode å høre om turistgrupper som ikke har Tsitsernakaberd på agendaen. Skulle noen reiseselskap ha valgt å unngå dette, vet jeg av egen erfaring at gruppen reagerer med mistro og med krav om at programmet gjøres om med øyeblikkelig virkning. Det har av og til hendt at grupper fra Israel ikke har hatt Tsitsernakaberd med i programmet den israelske reisearrangøren har laget. Staten Israel erkjenner ikke folkemordet på armenerne. Du leser riktig. Netanyahu har riktignok truet Tyrkia med å gjøre dette når han ikke får det som han vil med Erdogan. Hittil har Israel fulgt Norges eksempel og nektet formell erkjennelse. I likhet med de fleste nordmenn vet ikke israelittene at deres regjering ikke er blant de 32 regjeringene i verden som anerkjenner folkemordet. Det lærer de først når de er i Armenia. Dette er uten unntak svært dårlig reklame for styresmaktene i både Norge og Israel.

Minnesmerket er den mest besøkte "attraksjonen" i Armenia. Et besøk hit gir et godt innblikk i grusomhetene som fant sted da 1,5 millioner armenere ble slaktet ned. Besøket medvirker til mange tanker

Tsitsernakabert. Foto: Unni Fonneland

og til mye engasjement, og det er nettopp noe av poenget for museet. Et folkemord som beviselig er en del av historien, blir gang på gang fornektet av den ansvarlige nasjonen. Dette gjør de ved å lage egne narrativ der armenerne blir beskyldt for folkemord på tyrkere. Noen ganger hevdes det at armenerne begikk masseselvmord Det finnes narrativer om at armenerne fortsatt bor i Tyrkia, men at de har blitt tyrkere. Utdanningssystemet i Tyrkia sørger effektivt for at Tyrkias historienarrativ er det rette og at Armenia og en del vestlige land lider av tyrkofobi. I følge offisiell tyrkisk politikk har en del land funnet på folkemordet for å tråkke på tyrkerne. Løgnene er mange. Det viser seg gjennom det faktum at historiene til tyrkerne som fornekter avviker fra hverandre. Ikke helt enkelt å holde tritt når det hele er en gigantisk løgn.

I museet belyses løgnene med håndfaste bevis slik som vitneutsagn fra kompetente mennesker som jobbet enten for ottomanerne eller represneterte sine egne land i Det osmanske riket. Her kommer den amerikanske ambassadøren Morgenthau til orde. Det samme gjør en rekke soldater som tjenestegjorde for Tyskland og Østerrike-Ungarn hos deres allierte. Vi har misjonærer fra flere land som ikke fikk misjonert, men brukte all sin tid på å hjelpe gjenlevende ofre. Med alle drapene som ble gjennomført ble hundretusener av barn overlatt til seg selv. Mange ble gitt til tyrkiske og kurdiske familier som slaver, familiemdlemmer – eller ble de drept. En del overlevde og ble tatt vare på av tapre misjonærer, blant dem vår egen Bodil Biørn, som har sin egen avdeling på museet. Hun skrev dagbøker under sitt opphold i Tyrkia, og disse nedtegningene er nå trygt bevart hos museets direktør.

Jeg tenker alltid på Theodore Roosevelts kjente utsagn fra 1918, rett etter slutten på 1.verdenskrig, da hele verden visste hva som hadde foregått internt i Tyrkia mens resten av verden kriget på livet.

... the Armenian massacre was the greatest crime of the war, and the failure to act against Turkey is to condone it ... the failure to deal radically with the Turkish horror means that all

Fra den evig brennende flammen til minne om ofrene for folke-
mordet. Foto: Unni Fonneland

*talk of guaranteeing the future peace of the world is mischie-
vous nonsense.* Theodore Roosevelt, 1918

Tankene flyr når man ankommer senteret. Det strømmer melan-
kolsk rolig musikk fra høyttalere på veien til inngangen. Med tanke på
1,5 millioner bestialske drap blir jeg like satt ut hver gang jeg kommer
hit som første gang jeg besøkte stedet.

Minnesmerket ble bygget da Armenia fortsatt var en sovjetrepu-
blikk. Tidlig på 1960-tallet hadde flere av de armenske samfunnstop-
pene bedt Moskva om å få lov til å bygge et monument for å symboli-
sere gjenfødselen av den armenske nasjon. En hel nasjon hadde behov
for å minnes ofrene fra folkemordet. Dette ble etter hvert et folkekrav
i Armenia, og da intet mindre enn 100 000 mennesker tok til gatene
i Jerevan i protest mot at de ikke hadde noe slags minnesmerke for
sin holocaust, ga Moskva etter. Umiddelbart ble konstruksjonen satt i
gang. Monumentet sto ferdig i 1967, mens museet ble innviet i 1995.

Det har som formål å informere og bidra til at lignende grusomheter aldri skjer igjen.

Selve monumentet er en relativ stor stål- og betongkonstruksjon. Tolv betongplater er plassert i en sirkel. Disse tolv representerer de tolv tapte armenske provinsene. Ved siden av sirkelen har man konstruert et 44 meters høyt tårn i stål. Dette tårnet symboliserer gjenfødelsen av armenerne. I sentrum av sirkelen finner man den evige flamme dedikert til ofrene for folkemordet. Rundt flammen ligger det som regel et hav av blomsterbuketter, virkelig enorme mengder. Ofte sitter det mennesker og synger sorgfulle sanger rundt flammene. Jeg har ofte hørt barn synge *Mer Hayrenik, azat ankakh vor aprel e daredar*. Hele nasjonalsangen blir sunget klokkeklart med stor kraft og uten blygsel. Det ble for mye for en Armenian by Choice.

Flammen som alltid brenner, den stilrene arkitekturen, alle menneskene som alltid er der blir til tider for mye for meg. Jeg gråter mine modige tårer hver gang jeg er der. Tårer som triller og så denne vakre sangen.

Langs parken ved minnesmerket har man bygget en hundre meter lang vegg av stein der navn på navn på byer og landsbyer som ble rammet av massakrer og massedeportasjoner er hugget inn. På baksiden av murveggen har de festet portretter av personer som var uselviske og gjorde en stor innsats for armenerne under folkemordet.

Kjentfolk og helter fra Norge er på plass. Vi har to av dem, og portrettene deres henger der sammen med andre store navn som den amerikanske ambassadøren Henry Morgenthau, den østerrikske forfatteren Franz Werfel, diverse fotografer som har foreviget flere av de mest bestialske handlingene og mange misjonærer, inkludert danske og svenske.

Folkemordmuseet

Museet befinner seg ned en trapp mot en slags kjeller. Mitt første besøk ble en katastrofe. Jeg var godt forberedt og hadde lest meg opp: Hva museet inneholdt, hvor de hadde hentet fotografier, hvilke forskere som hadde bidratt og hvordan jeg best kunne få med meg det de hadde å vise fram. Nå var jeg en trapp unna det jeg hadde grugledet meg til, men som jo var helt essensielt for meg, i likhet med 90 prosent av alle andre som reiser til Armenia. Og poenget var at jeg ønsket å få det med meg før den store minnedagen: Hundreårsmarkeringen av starten på folkemordet 24. april 1915. Jeg trodde ikke det var mulig da to litt småbryske vakter strakk fram hver sin avvisende hånd.. Jeg tenkte ikke mer over det, men gikk resolutt ned trappen mellom de to. De hørtes ikke spesielt fornøyde ut da de ropte ett eller annet etter

Starten på folkemordet, 24. april 1915. Armenske ledere hengt på torget i byene. Foto tatt på Folkemordmuseet av Unni Fonneland.

meg på armensk, og jeg hørte de tråkket med store støvler etter meg helt ned til inngangen. En av dem tok tak i kragen på min «*I remember and demand*»-t-skjorte, og jeg kjente jeg ble rykket bakover. Faktisk så hardt at jeg snublet. Jeg snudde meg der jeg lå og så rett inn i øynene på den ene vakten som smeltet litt da jeg viste ham et lite skrubbsår under kneet og sa: «You did this». Ikke at han skjønte hva jeg sa, men han forstod nok hva jeg mente. Med armer, bein og en haug med gester fikk de forklart at museet var stengt i dag, fordi det skulle komme en gjeng med diplomater, folkemordforskere og andre tidlig dagen etter for å få omvisning, og de var visst i ferd med å forberede dette store og viktige arrangementet. Var de morsomme? De kunne vel ikke stenge museet den uken da hele verdens befolkning av armenere var på vei til Jerevan nettopp for å se dette? Jeg forklarte med mine til da cirka 350 armenske gloser at jeg er *Armenian by Choice*, hadde fløyet fra Langtvekkistan og hadde kommet hit ens ærend for nettopp dette. Så la jeg merke til at de hadde politiuniformer. Jeg følte at historien fra brandyfabrikken kanskje var i ferd med å gjenta seg, så jeg prøvde å huske hva jeg hadde sagt der. Men der hadde de forstått engelsk. Disse gutta kunne to språk: Armensk og russisk. Jeg kunne ingen av dem, men jeg hadde lært meg politi, så jeg sa ordet tre ganger etter hverandre: *Vostikanutyun*. De ble lattermilde, men holdt maska. Svaret var fortsatt en avvisende hånd. Fra begge. Det neste trekket var å gi dem komplimenter. Jeg husket setningen du har pene tenner. «*Du unes geghetsik atamner*». Jeg tok sjansen på han med de hviteste og retteste tennene. Der falt de helt sammen i latter. Og en av dem snakket inn i en sånn liten walkie-talkiesak og tilkalte en eller annen. «Tannlegen», spurte jeg. «*Atamnabush?*» Dette ble bare morsommere og morsommere, og nå var jeg rimelig sikker på at de ville prøve å få meg inn.

Etter noen minutters venting så jeg en smilende og røykende tjukkebolle som kom småløpende mot meg. Jeg la merke til armanidressen, gullkjedet rundt halsen og store Yves Saint Laurent solbriller. Og ja, han hadde store, pene tenner. Så da han trakk fram hånden til meg og ville hilse, var jeg i ferd med å gjenta suksessen med vakre tenner, men så snakket han flytende engelsk, så det hele ville bli lettere. Dette var øverste leder for folkemordmuseet. Han prøvde å forklare meg at

Fridtjof Nansen er en stor helt i Armenia. Han reddet flyktninger ved å gi dem Nansenpass, slik at de kunne bosette seg hvor de ville i verden, unntatt i sitt hjemland i Vest-Armenia. Her er statuen hans.
Foto: Karen Aroian

det var stengt. Men han fikk bare sagt: «*Sorry, we are ...*» Så var jeg i gang. Jeg prøvde å spille et slags rollespill der jeg ønsket å framstå som en veldig snill, ærlig, venneløs armenianerd, som nærmest kom til å måtte bli innlagt et sted dersom han ikke fikk besøke folkemordmuseet nå. Jeg tror han følte at han hadde havnet i Carola Häggkvists vindturbin da hun vant Eurovision med «Fångad av en stormvind».

Jeg kom til å se ned på skoene hans. Ja vel ja, han hadde semskede snabelsko. De så ikke ut i måneskinn, men jeg komplimenterte dem innimellom hele ordstrømmen – «fine sko», på armensk «*geghetsik koshikner*». Nå var tiden komme til at sjefen skulle svare meg. Han var svært lattermild, og jeg tror han følte at han ikke hadde noe valg. Han tok fram nøklene, geleidet meg bort til inngangsdøra, ble med meg inn og prøvde å få tak i en guide som kunne gi meg en full gjennomgang. Ingen hadde tid denne dagen, så det ga ham ikke flere alternativer enn å gjøre det selv. Og sånn ble det. Det tok hele tre timer. Vi gikk fra bilde til bilde, kortfilm til kortfilm, leste alle oppslag – og tok ekstra god tid med fortellingen om den store helten Fridtjof Nansen, og deretter Bodil Biørn. Jeg filmet hele omvisningen på telefonen, og da batteriet gikk ut, lånte han meg sin telefon sånn at jeg fikk med meg alt. For en type og for en raushet. Jeg takket ham fra dypet av mitt hjerte, og jeg så et par tårer i øyekroken hans. Han ønsket meg hjertelig velkommen tilbake sammen med statsmennene dagen etter, og han lurte på om jeg kunne være barnebarnet til Fridtjof Nansen. Da jeg avviste dette, var han i hvert fall overbevist om at jeg måtte ha armensk blod i årene. Han anbefalte en gentest. Han ville gjerne bekoste den for meg.

I ettertid skulle det vise seg at denne mannen er et godt bekjentskap. To år senere kom min første bok ut på engelsk, *Hayastan – Why I love Armenia*. Den blir nå solgt i bokhandelen på folkemordmuseet, og «ydmyk» og «beskjeden» som jeg er, kan jeg opplyse om at den selger godt, takket være at de som driver bokhandlene anbefaler den hele tiden. Overskuddet har gått til diverse hjelpeprosjekter i Armenia.

Pulpulakker

Ettersom jeg befant meg i Armenia i juli merket jeg at det var til tider utrolig varmt. Så varmt at jeg bare lengtet etter et kaldt og avkjølende bad i en eller annen elv innsjø eller et kaldt Atlanterhav. Siden Armenia ikke har noen kyst, må man finne andre løsninger. Mange armenere reiser til Batumi i Georgia når sommeren blir på sitt varmeste. Batumi er lett tilgjengelig med tog fra Jerevan, og byen kan skryte av flotte strender og alle mulige badeaktiviteter. Andre armenere finner avkjøling ved å reise til den fantastiske Sevansjøen, som er én av verdens høyest beliggende farbare innsjøer. Her blir vanntemperaturen sjelden over 20 grader, og man har etablert det reneste sommerparadiset her, langt oppe i Armenias fjellverden. Andre igjen bader i elvene, i andre innsjøer eller i utendørs svømmebassenganlegg.

På de heteste dagene i Jerevan må man sørge for rikelig med væske, og gjerne med jevne mellomrom. Fordelen med Jerevan er at vann er gratis for alle. Det finnes drikkefonter med friskt fjellvann på hvert gatehjørne. Folk fyller vannflaskene sine med vann etter at de har forsynt seg rikelig av det rennende vannet og sørget for at barn og hunder også får slukket tørsten.

Armenias berømte drikkefonter kalles pulpulakker og er en viktig bestanddel i armensk kultur og tradisjon. Man finner dem over hele landet, men de er spesielt godt representert i Jerevan, der de første pulpulakker ble etablert på 1920-tallet. Pulpulakkene brukes selvfølgelig til å slukke tørsten. Her strømmer friskt, kaldt fjellvann så mye man ønsker. Ofte møtes folk ved en avtalt pulpulak, og ofte avtaler man en «date» ved en av dem. Pulpulakker bygges av og til som minner for avdøde, og når man drikker av dem minnes den døde slektningen eller vennen. Jerevans største pulpulak bærer navnet «Yotnaghbyur». Den ligger ved Republikkplassen. Oversatt betyr navnet de syv

Til venstre: Pulpulak i Gyumri. Foto: Goar Sarkisyan

kilder. Det skal finnes 1700 pulpulakker i Jerevan. Om vinteren blir de stengt på grunn av fare for frost.

På grunn av alt det gratis tilgjengelige kildevannet er det dårlig omsetning på flaskevann i Armenia. Eksporten av flaskevann er derimot massiv økende. Det finnes merker som Ararat, Jermuk, Aragats som selges i bøtter og spann i Iran, Georgia, Saudi-Arabia, Forente arabiske emirater. Man får dem både med og uten bobler.

Jerevan er også kjent for sine mange vannfontener. De er vakre kreasjoner og sørger for en beroligende og koselig stemning der folk samler seg rundt fontene for en prat eller en liten snack. I tillegg finnes det et utall vakre benker spredt rundt omkring i hele sentrum av Jerevan. Disse er til for at folk som vandrer rundt i byen skal få sette seg ned og hvile. Mange armenere tar seg gjerne en lengre spasertur på kveldstid. Det merker man lett. Byen er ofte full av folk. Benkene brukes flittig.

Pulpulak i North Avenue, gågata i Jerevan. Foto: Sven-Erik Rise

Det aller beste stedet å oppholde seg er Jerevans metro. Det finnes bare én linje gjennom hele sentrum og ut til forstedene i begge retninger. En metrobillett koster en krone, og det er svært hyppige avganger. Togene har sett bedre dager, men de går som sveitsiske klokker, og de raser raskt mellom stasjonene. Dersom man ikke får sitteplass, er det anbefalt å holde seg fast med begge hender. Det vakler, det humper, det bremses raskt og brutalt og det startes med en skikkelig dytt fram og tilbake. Allikevel, dette er det desidert raskeste og sikreste framkomstmiddelet i byen.

En tur på banen betyr også arkitektoniske og kunstneriske opplevelser. Noen av stasjonene er svært vakkert utformet, og kunstverkene som pryder veggen er vel verdt et studium. Vakre kunstverk man vanligvis ikke legger merke til. De små kioskene på noen av dem selger nødvendigheter som tannbørster, barbersaker, såpe, bleier, et raskt lite måltid, kaffe, vann og bruktbøker. Alltid morsomt å sjekke ut disse kioskene før neste bane kommer.

Dersom man velger å ta en titt over jorden etter noen stasjoner fra sentrum, vil man oppleve mange armeneres dagligliv. De fleste forstedene er preget av slik det var en gang. Med andre ord, massive sovjetblokker med plass for hundrevis av familier i hver sin lille leilighet. Mange av kompleksene skriker etter oppdatering og oppussing, mens andre har fått en ansiktsløfting som gjør dem mer tidsriktige. Skal man møte armenere på hjemmebane er det her det skjer. Kommer man som turist, er man som sagt ansett som en gjest, og folk tar automatisk kontakt og spør om de kan hjelpe til med noe. De går aldri av veien for å følge deg dit du skal eller hjelpe deg i butikken. Det vanker som regel en kopp kaffe og noe å spise hvis man får til en samtale. Med samtale mener jeg at alle tricks kan benyttes. Armenerne er mestere i å bruke armer, ben og ansikt for å få alle til å forstå. Kan man ett par armenske gloser er man garantert full uttelling.

Vann er tema på transfigurasjonsdagen. Her er det fritt fram å sprute ned alle man ser. Foto: Gaizag Demirdjian

Transfigurasjonsdagen – Aylagerbutyun

Min nye venninne Hripsime stod klar i resepsjonen. Hun var svært hemmelighetsfull. Hun dro meg med seg til sentrum av Jerevan. Byen var full av folk, og det var tydelig at det var i ferd med å skje noe spennende. Dette var nemlig sommerens største festival i hele Armenia og blant armenere ellers i verden. Dette er en feiring i regi av den armensk-apostoliske kirken, men den er i utgangspunktet en feiring fra hedensk tid i Armenia. Transfigurasjonsdagen eller Vardavar feires vanligvis 98 dager (14 uker) etter påske.

På denne dagen får folk i alle aldre skylle fremmede med vann. Det er vanlig å se folk helle bøtter med vann fra balkonger på intetanende mennesker. Det bades i fontener og det sprutes med store hageslanger. Brannvesenet bidrar med sine gigantslanger. Det er kaldt forfriskende vann overalt. Små barn løper rundt med vannpistoler som ser mer ut som digre bazookaer. Andre dytter hverandre i elver, innsjøer og dammer. Festivalen er veldig populær blant barn, ettersom det er

På Vardavar, transfigurasjonsdagen, gis det full gass på alle fontener i Armenia. Det bades, det skylles, det kastes vann på folk.
Foto: Sven-Erik Rise

en dag hvor de kan slippe unna med skøyerstreker. Det er også et middel til forfriskning på de vanligvis varme og tørre sommerdagene i juli eller slutten av juni. Vi ble klissvåte gang på gang. Imidlertid viste gradestokken i Jerevan flere enn nok grader slik at vi raskt tørket i solen før noen skøyere overøste oss med vann nok en gang.

Dagen ender med festmåltider hjemme hos folk. Vann står på drikkemenyen. Som på alle Armenias fester må det sterkere lut til utover kvelden. Da kommer vin, øl og konjakk på bordet, og det blir dans og hyggelig samvær i det solen går ned. Utover natten nytes livet i en mer behagelig temperatur.

Som sagt går forvandlingsfesten tilbake til hedensk tid. Den eldgamle festivalen er tradisjonelt assosiert med Astghik, som var gudinnen for vann, skjønnhet, kjærlighet og fruktbarhet. Festivalen kalles også Vardavar fordi armenerne tilbød henne roser som en feiring av henne (vard betyr «rose» på armensk og var betyr «å brenne). Vardavar ble feiret da armenere skulle dekorere tempelet til gudinnen med roser, slippe ut duer og delta i vannleker.

Etter kristningen av Armenia identifiserte den armenske apostoliske kirken rosen med Jesu forvandling.

På besøk på skolen i Nor Nork. Elever hjalp mer enn gjerne til med å handle inn og distribuere sko, ransler, bøker og lignende til flyktningene fra Artsakh.
Foto: Privat

Vardavar fortsatte å bli feiret sammen med forvandlingsfesten. Noah, som landet med sin ark på Araratfjellet, skal ifølge legenden også ha innført fri spyling av vann. Han mente at etterkommerne måtte spyles med vann som et minne om den store flommen. I tillegg skulle alle duer settes fri til minne om duen som fant Araratfjellet, slik at arken kunne lande trygt.

Kirkens offisielle syn er at dagen er til minne om en episode i Det nye testamente nedtegnet av Matteus, Markus, Lukas og Peter Transfigurasjonen fant sted på det hellige Taborfjellet, dit Jesus hadde gått sammen med Peter, Jakob og Johannes for å be. Mens han ba, skinte hans ansikt som solen, og klærne hans ble hvite som lys. Patriarken Moses og profeten Elias dukket opp ved hans side. Det var i dette øyeblikk at hans utseende ble «forvandlet» og åpenbarte seg som Gud for disiplene. En røst ovenfra sa: «Dette er min elskede Sønn, som jeg har stort behag i. Hør på ham.»

Den flotte statuen av Hayk, armenernes stamfar.
Foto: Soghomon Matevosyan

Skolen i Nor Nork og flyktningbarna fra Artsakh

Jeg liker spesielt godt å reise til helt ordinære områder når jeg er i en stor by. Det innebærer som regel et besøk i noen av forstedene. En av de store drabantbyene på randen av hovedstaden heter Nor Nork. Denne er mest kjent fra bussvinduet på vei til andre attraksjoner i Armenia. Fra hovedveien ser man utslitte Sovjetblokker i hopetall, en del nyetableringer som minner litt mer om Ammerud i Groruddalen og et par gigantiske kjøpesentre. Kjøpesentrene er også en attraksjon i seg selv, og steder der innbyggerne elsker å oppholde seg. Det finnes to veier gjennom Nor Nork. Først motorveien, som i grunnen ikke etterlater noe særlig inntrykk av bydelen. Den andre veien, derimot, går litt på nedsiden og frister til å ta et stopp eller utforske bydelen mer. Her har det de siste ti årene vært en voldsom vekst av store millionærboliger med svømmebasseng og alle mulige andre fasiliteter. Disse eies stort sett av rike russere og armenere bosatt i andre land, som ønsker seg et feriested i sitt opprinnelige hjemland. Prisen for en slik herlighet ligger på mellom 2 og 10 millioner norske kroner. De dyreste mangler selvfølgelig ikke noe som helst. Her er det store svømmebasseng, badstue, enormt store hager og gjerne en egen fruktplantasje. Folk jeg snakker med, som enten leier eller bor fast i disse husene, har som regel ansatte som jobber for dem. De er langtidsansatte med ansvar for hagearbeid, vedlikehold, rengjøring eller matlaging. Med lønninger i Armenia på rundt 200 euro i måneden er det ikke noen sak for de rikeste å betale lønn til flere ansatte.

Nor Nork kan by på én stor attraksjon foruten kasinoer og badeland. Rett ved gjennomfartsåren – en ganske travel motorvei – hever det seg en stor statue av armenernes berømte patriark. Hayk anses som armenernes stamfar og grunnleggeren av Armenia. Derfor kaller armenerne landet sitt for Hayastan. Statuen viser Hayk som en høyreist muskulær mann som spenner buen for å skyte en pil. Ifølge legenden var Hayk Jafets sønn, og Jafet var en av sønnene til Noah.

Hayk ledet armenernes kamp mot den babylonske kongen, Bel, og etablerte deretter Armenias nasjonale identitet. Nasjonen Armenia ble grunnlagt, og Hayk ble utropt til armenernes konge. Hayks heltemot og lederskap er tatt opp i armenernes nasjonale identitet. Statuen av Hayk ble laget av Karlen Nurijanyan i 1970.

Da 107 000 flyktninger, høsten 2023, strømmet inn til resten av Armenia etter at Aserbajdsjan hadde forsynt seg av Artsakh, måtte armenerne sette alle kluter til for å hjelpe. Disse menneskene hadde i ni måneder vært utsatt for en lammende blokade. Aserbajdsjan stengte den eneste forbindelsen fra Artsakh til resten av verden. Dette førte til akutt matmangel i Artsakh. Det lille kvantum av mat innbyggerne klarte å produsere selv, ble rettferdig fordelt på alle innbyggerne. Det var ikke nok til å unngå sult. Bønder som prøvde å øke produksjonen eller hadde sine jorder og beitemarker for nært aserbajdsjanske posisjoner ble nærmest uten unntak beskutt. De fikk ikke muligheten til å sørge for matproduksjon. Sykehusene manglet alt av medisinsk utstyr. De var allerede blitt bombet under angrepene i 2020 og hadde bare så vidt begynt med oppbygging og restaurering da blokaden ble satt i verk. Strøm og oppvarming ble slått av og på etter innfallsmetoden. Det kunne gå dagevis uten noen av delene. Drivstoff tok slutt i januar og etterlot et folk uten muligheter for verken kollektiv eller individuell transport. Internett og telefonkontakt var nærmest umulig. Veien var stengt for enhver form for besøkende, inkludert hjelpesendinger fra Røde Kors og andre ideelle organisasjoner. Aserbajdsjans mål var klart: De som ønsket å forlate Artsakh fikk fritt leide, men det var da ingen vei tilbake.

Selv dødssyke mennesker ble igjen i Artsakh i frykt for å miste alt de eide og aldri få se sin egen familie igjen. Armenerne holdt stand, men på grunn av krigen i Ukraina og Putins lefling med Aserbajdsjan endte dette med katastrofe for Armenia. Putin fant ut at Armenia ikke var verdt å støtte og satte avtalen om beskyttelse og forhandlinger til side. Dermed ble veien åpnet for en rask etnisk rensing ved en invasjon og en permanent okkupasjon av Artsakh. Armenerne ble truet på livet, kaos hersket. Styresmaktene i Artsakh ble tvunget til å underskrive på at de ikke hadde noen krav på området. Deretter ble de fengslet for å ulovlig ha styrt Artsakh uten Aserbajdsjans velsignelse. Armenerne fikk lov til å fylle en tank med drivstoff for så å forsvinne ut av Artsakh for godt. Midt i denne tragedien skjedde det ulykksalige at flere bensinpumper eksploderte, og et hundretalls mennesker mistet livet i det de forberedte seg på flukten til Armenia.

Armenerne fylte bilene sin til randen med familiemedlemmer og viktige minner de måtte ha med. Hunder, katter og gårdsdyr måtte bli igjen. Den ene tragedien avløste den andre før man hadde fått orden på noe som helst. Helt utmattet ankom armenerne Goris og ble derfra fordelt så godt det lot seg gjøre til mottak i Armenia. Mange av disse flyktningene havnet i Nor Nork. Som nevnt sto mange flotte hus ledige, og armenerne og russerne som ikke brukte dem akkurat når dette skjedde lånte dem villig ut til flyktninger. Alt fra små leiligheter til hytter og store hus ble inntatt av flyktninger. Spesielt i Nor Nork var det mye hjerterom, og en skole med ledig kapasitet for flyktningebarna.

Donasjoner strømmet inn fra armenere og armeniavenner fra hele verden. Flyktningene hadde stort sett ingenting, så behovet var enormt. Regjeringen skrapte sammen det de hadde å bidra med og sørget for at samtlige flyktninger raskt fikk et slags bosted.

Bare uker etter den etniske rensingen reiste jeg til Jerevan for å delta i halvmaraton. På grunn av situasjonen ble denne avlyst, men jeg reiste allikevel. Jeg endte opp med å hjelpe flyktninger, noe jeg også holdt på med under krigen i 2020, men da mer økonomisk sittende i en god stol i trygge Norge. Nå kunne jeg faktisk få møte disse skjebnene og bidra direkte der det trengtes.

Året før covid hadde jeg nemlig hatt besøk av en delegasjon fra Nor Nork. En hel skoleklasse med deres lærere som var på utveksling i Norge. Jeg tok imot dem i Lille Armenia, sommerhuset mitt i Norge. Dermed hadde jeg fått gode kontakter på en av de største skolene i Jerevan. Jeg ringte rektor og tilbød å hjelpe. Hun bad meg på middag samme dag. På armensk hjemmemiddag.

Det ble en svært hyggelig kveld. Vi holdt det gående til ut i de små nattetimer. Vi snakket mye om flyktningene, og det skulle altså vise seg at skolen i Nor Nork hadde tatt imot 60 flyktningbarn i forskjellige aldersgrupper. Samtlige uten særlig mer enn de klærne de kom i, uten skolemateriell som ransel, pennal, skrivebøker, tegnesaker og lignende. Elevene måtte ha gym i sokkelesten. De følte seg fullstendig utenfor selv om de hadde gode programmer som skulle sørge for at de ble tatt vare på. For de fleste av dem var mangelen på skoleuniform det verste.

Resten av natten ble jeg sittende våken, og regne ut hvor mye penger jeg kunne avse fra egen konto. Her var det ingen tvil om at jeg kunne hjelpe. Rektor hadde allerede ansatt meg som gjestelærer i engelsk. Min lønn skulle gå til dem som trengte mest hjelp. Ikke at noen timers undervisning monner særlig i den sammenhengen, tatt i betraktning at en lektor i Armenia tjener 200 euro i måneden.

Av og til glimter livet til, og ting kommer seilende på ei fjøl. Fra mitt hotellrom på sossehotellet Radisson Blue sendte jeg ut en melding på Facebook om hva jeg hadde vært med på. Jeg skammet meg litt over at jeg brukte penger på et sossehotell midt i en flyktningkrise. Jeg benyttet meg ikke av luksusen i særlig grad heller, i og med at jeg stadig ble bedt på middag eller kaffe her og der. Det blir mange bekjentskaper, som etter hvert blir venner, ettersom jeg har hatt en tendens til å legge til alle som spør på Facebook. Spesielt dem som har etternavn som ender på -yan eller -ian. De er alltid armenere.

På den andre siden har jeg måtte blokkere mange aserbajdsjanere og tyrkere som har gått til angrep med svært stygge påstander og hatretorikk. En del tåler ikke at jeg er glad i Armenia, støtter armenerne, erkjenner folkemordet og skriver sannheten om aserbajdsjansk overgrep. Summa summarum: *You gain a few and you lose a few.*

Etter oppdateringen, som overhodet ikke handlet om å be om donasjoner, begynte likevel en del venner å sende meg penger på Vipps.

Mange ville gjerne bidra. Først ble jeg nervøs. Å ta imot andres penger stiller krav til gjennomtenkt og fornuftig bruk. Det kreves også full etterrettelighet og dokumentasjon på hvordan pengene er brukt. Jeg ba folk om ikke å vippse, men å vente til jeg hadde planer for hva pengene skulle brukes til. Det hjalp ikke. Det manglet ikke på engasjement. Under krigen i Artsakh samlet Hripsime og jeg inn penger for å hjelpe gravide kvinner som hadde flyktet fra Artsakh. De fødte alene mens mennene sloss mot aserbajdsjanske soldater og droner. Hundre kvinner fikk en slump penger til nødvendigheter.

En god venn, som elsker Norge og driver med oversettelser fra norsk litteratur til armensk, kontaktet meg samme natt. Han ville vise meg noe jeg aldri hadde opplevd. Han tok meg med på et gedigent supermarked. Klokken tre om natta. Sånn er det i Jerevan for tiden. Supermarkeder er åpne døgnet rundt, syv dager i uken. Og det i et land som består av 98 prosent kristne. De fleste av dem troende sådan. Dette var et stort høydepunkt for meg. Helt fantastisk å gå på shopping om natten. Vi fikk kjøpt inn kladdebøker, blyanter, tegnesaker, penner, fotballer, basketballer, godteposer, matbokser, og en haug med joggesko for barn. Da hadde jeg noe å ta med til skolen dagen etter. Hagop ville være med på dette. Han ville gjerne forevige det hele.

Det ble en lang kassalapp og et rimelig høyt beløp for tre digre handlevogner toppet av utstyr. Alt ble stappet inn i Hagops Lada. Han viste meg en pose med matvarer han hadde kjøpt mens jeg holdt på med å betale. Her var det en masse bær og frukt. «Gave til deg», sa han fornøyd. Og jeg som ikke hadde brakt ham noe fra Norge. En flau affære. Rett og slett.

Da hadde jeg brukt opp hver øre av donasjonene som kom fra Norge, men fortsatt ikke rørt en eneste krone av egne penger. Skulle jeg måtte vippse til meg selv for å få det til, tro? Natten nærmet seg slutten, og Hagop hentet meg. Vi kjørte til skolen med alt utstyret. Det ble fest på lærerværelset. Men det ble enda mer fest blant elevene. Jeg ble rørt til tårer. De små og de litt større elevene takket høflig, ga bort en klem og bukket.

Jeg hadde lange samtaler med en del elever om Armenia, historie, studier, deres drømmer og håp. Det hele var svært givende. Og dette er utrolig flinke elever. Samtlige av dem som har gått på Nor Nork-skolen fra start snakker godt engelsk. Det er nok verre for dem fra Artsakh. De lærte russisk som første fremmedspråk, og mange av dem rakk ikke begynne på 2. fremmedspråk før de måtte forlate hus og hjem.

Det ble ikke tid til noe engelskundervisning den første dagen på skolen. Jeg spurte rektor hva 60 skoleuniformer ville beløpe seg til. Disse blir jo spesialsydde for denne skolen, så de er ikke gratis. Dette er noe som er pålagt alle foreldre å sørge for. Så da regnet vi ut prisen for 60 skoleuniformer, og penger ble overført fra meg til skolen. Hagop og jeg dro også av gårde til et stort handelskompleks for å finne skolesekker til 60 elever. Disse fant vi i en billigbutikk på et rimelig shabby marked, men skoleveskene syntes å være av god kvalitet. Vi kjøpte jentevesker og guttevesker med motiver av Barbie, Batman, Spiderman og så videre. Tok en rask kebablunsj og tullesnakket armensk med betjeningen før vi dro tilbake til skolen.

Neste oppdatering på Facebook var bilder fra skolen og det jeg hadde kjøpt. Dermed kom det flere donasjoner. Jeg arrangerte et møte med en organisasjon som tar imot familier i Vanadzor og ba dem om et møte. De inviterte til sitt hovedkvarter. Dette var en stor bygning med mange små leiligheter der flyktninger levde på madrasser på gulvet og med felles kjøkken. Vi ble enige om at jeg skulle sende penger til dem så de kunne bidra med det mest nødvendige.

Et hyggelig møte

På vei ut i bilen hørte jeg en kvinnestemme rope: «Sven, Sven». Jeg snudde meg, og der så jeg en kvinne, en mann og to små barn komme løpende mot meg. Jeg koblet ikke med en gang, men dette var Marita, en av de fødende kvinnene som hadde flyktet fra Artsakh i 2020. Hun hadde endt opp i Goris mens hennes mann sloss som soldat mot aser- bajdsjanske styrker. Hun hadde født etter noen måneder i eksil, uten å vite om hennes ektemann var i live eller ikke.

Uten særlige ressurser eller sparepenger bodde hun hos en søster i Goris sammen med deres eldste sønn, som etter hvert hadde blitt 5 år. Så kom altså denne nye verdensborgeren til verden på søsterens sove- rom i løpet av de verste kamphandlingene i Artsakh. Jeg fikk høre om henne av Daniel, en venn som den gangen ikke var innkalt til krigen, og bestemte meg for å hjelpe henne. Hripsime dro av gårde til Goris. Hun sørget for penger og utstyr til begge barna, mens jeg forsøkte å få kontakt med ektemannen. En armensk-amerikansk lege som jobbet frivillig på sykehuset i Stepanakert visste beskjed. Doktor Tadevosyan fra Los Angeles ble min venn i løpet av krigen via Facebook. Vi hadde lange samtaler via messenger om den grufulle situasjonen som hadde oppstått i Artsakh. Han fortalte om ofrene som kom inn. Soldater som manglet armer og bein, brannskadde som var blitt offer for Aserbaj- dsjans bomber av hvitt fosfor, sivile som måtte sys sammen med hundrevis av sting. Drepte småbarn som de forsøkte å identifisere. Jeg ba Greg innstendig om å undersøke status på Maritas ektemann, og det varte ikke mange timene før jeg fikk beskjed. Han hadde vært på sykehuset med ganske omfattende skader, men nå var han utskre- vet og insisterte på å reise ut i felten for å slåss videre for Armenia. Visstnok med alle fire lemmer i behold, men med brukket ankel, store sårskader og nedsatt hørsel på et øre.

Jeg valgte å fortelle Hripsime den positive delen av historien. Man- nen levde. Dette brakte hun videre.

Nå stod de her alle fire og var svært begeistret over å se meg. Hun må ha kjent meg igjen etter at hun ble venn på Facebook. Jeg hadde aldri møtt henne. De ba meg med på kaffe og kake, og jeg klarte ikke å si nei. Jeg ville også gjerne høre mer om hvorfor de nå var i Vanadzor. Jeg hadde noen mistanker, men ventet spent på hva de ville fortelle.

Den lille familien bodde nå hos bestemor og bestefar på to rom.

Etter krigen hadde Marita flyttet tilbake til Stepanakert med sine to barn. Erik hadde overlevd krigen, men han var redusert. De hadde flyttet inn i leiligheten deres, som fortsatt sto etter all bombingen. Så kom den etniske rensingen, og familien forlot sitt hjemland for andre gang. Denne gangen uten noe perspektiv på at de ville kunne komme tilbake. De følte seg forlatt av hele verden. Så nå bodde de her alle fire, på stuen til mormor og morfar. Erik hadde søkt 120 jobber, men ingen hadde bruk for ham. Marita hadde fått en liten vikarjobb på skolen, men det ble ikke mye inntekter av det. De hadde ikke penger til barnehage, så minstemann var hjemme hos far eller mor. Begge besteforeldrene jobbet for å få dette til å gå rundt.

Jeg smeltet fullstendig. Vi ble sittende å prate til sent. Familien visste ikke hva godt de skulle gjøre. Jeg ble tilbudt alt av mat og drikke. Bestefar løp ut og kjøpte cola fordi han regnet med at en nordmann måtte ha cola. Det ble til at jeg lå på gulvet og lekte med de to gutta. Leggetid eksisterte ikke hos denne familien, i og med at ingen kunne sove før alle seks var i seng. Døgnet var tydeligvis litt snudd på hodet. De tilbød meg sin egen seng på stua sånn at jeg kunne bli en dag i Vanadzor– de ønsket å vise meg byen. Jeg kunne ikke gjerne stjele sengen til disse menneskene, så jeg gikk og la meg i bilen. Der sloknet jeg og sov helt til en politimann banket hardt på vinduet og lurte på hva slags tullball jeg holdt på med.

Jeg kunne dessverre ikke gjøre særlig rede for meg på armensk der jeg stod i underbuksa ved min egen leiebil. Politimannen skjønte naturligvis overhodet ingenting. Det bar rett ned til politistasjonen for identifisering og avhør. Jeg hadde verken pass eller sertifikat med meg, kun visakortet fra DNB, uten bilde. Det ante meg at jeg kom til å få trøbbel, men anså også at dette måtte puttes på kontoen for opplevelser. Jeg er alltid enig med meg selv om at en dårlig erfaring er bedre enn ingen erfaring i det hele tatt.

Lite ante jeg at politimannen var bekymret for meg. Han tok meg med på stasjonen for å sørge for at jeg fikk frokost, en dusj og noen rene klær. Det ble et kort avhør der jeg forklarte meg så godt jeg kunne på et slags armensk med god hjelp av google translate. En sekretær skrev ned det som ble sagt. Jeg skrev under på det hun etter hvert klarte å printe ut. Frokosten var klar.

Politimannen brakte meg tilbake til bilen, og jeg var rask med å banke på leiligheten til mine nye venner. Der ble det servert en frokost til. Denne ganen hadde bestemor fylt bordet med te og kjeks, samt hennes egen spesialitet: Syltetøy. Armenerne er godt kjent for sin evne til å produsere syltetøy. Amerikanske armenere på besøk i hjemlandet er stort sett opptatt av én ting. De ønsker å finne den eller den damen som noen i USA kjenner og som lager et helt fantastisk syltetøy. Det må være akkurat den damen de har fått anbefalt. Armenske guider kan fortelle mange vittige historier om spjurk-armenere som omdirigerer hele reisefølget fordi Ani fra Garni eller Gayane fra Goris lager verdens beste syltetøy. Og dette må de bare ha. Det hjelper ikke å forklare at de aller fleste armenere følger eksakt samme oppskrift når de sylter. Den har gått i arv i generasjoner.

Armenere lager syltetøy av alt som kan syltes. I lokale gårdsbutikker på landet opptar syltetøyglass med innhold i alle regnbuens farger hyllemeter på hyllemeter. Alt i hop hjemmelaget. Den formiddagen lærte jeg navnet på omtrent alt av frukt og bær som dyrkes i Armenia. Ja, og også en del grønnsaker de lager syltetøy av. På bordet stod det intet mindre enn tjue glass: Aprikos, morell, kirsebær, eple, pære, plomme, morbær, bringebær, jordbær, tindved, fiken, fersken, nektarin, plomme, asparges, rødbet, reddik, vannmelon og en del lokale bærsorter jeg ikke vet om eksisterer på norsk. I Armenia dynker man ikke brødskiver med syltetøy. Neida, man tar en del syltetøy på asjetten, og så spiser man dette med teskje mens man drikker te eller kaffe. Brødbiter og lavashbiter fortæres innimellom.

Jeg spurte bestemor om tørket frukt når vi først var i gang. Jeg vet at det er svært utbredt i Armenia å tørke frukt for å bevare den til vinteren. Jeg har faktisk sett en del gedigne utstillinger av tørket frukt

Den lille gutten som fikk sin største drøm oppfylt.
Foto: Sven-Erik Rise

Marios pappa designet og karvet ut khatsjkarer da de bodde i Stepanakert. Han håper drømmen om å få en tilsvarende jobb i Vanadzor snart kan bli virkelighet. Foto: Jan Gregersen

på flere markeder og supermarkeder. Armenerne er mestere på tørkeprosessen og det å lage vakre kreasjoner. Bestemor forklarte prosessene for de forskjellige fruktene. Jeg tok en bestemmelse der og da. Jeg lar armenerne tørke frukten. Så spiser jeg den heller. Flere land er nå importører av disse godbitene.

Mario, husets eldste sønn, var på vei til skolen. Faren skulle følge ham, men i dag var beinet hans så hovent at han rett og slett ikke klarte å bevege seg. Så da tilbød jeg meg å følge ham. Ikke at jeg overhodet hadde peiling på hvor skolen befant seg, men far tegnet og forklarte og det var ikke spesielt komplisert eller spesielt langt, så dette måtte gå. Vi kom oss av gårde, og Mario syntes dette var stas. På skoleveien møtte vi flere av Marios klassekamerater. Samtlige kom syklende på alderstilpassede sykler. Ingen hadde hjelm. Sånn var det. Da de så oss, bråbremset de og lurte på hva slags skapning Mario hadde plukket opp på veien. Han forklarte i vei, og jeg følte meg nærmest som en kjendis når disse gutta ville vite alt om meg. En av gutta, Neres, fortalte meg like godt med en gang at Mario var den eneste som ikke hadde sykkel. Den nye sykkelen hans måtte bli igjen i Artsakh, og nå var det vel en annen gutt som hadde glede av den. Mario så flaut bort og prøvde å forklare meg at han ikke ønsket seg sykkel. Selvfølgelig skjønte jeg tegninga. Mario følte seg utenfor. Sykkel er det store for disse gutta. De sykler til og fra skolen. De har egen sykkelbane i byen. De småmekker på syklene sine, og de legger ut på langtur i parkområdene rundt byen. Da er Mario med, men han sitter mest og ser på, med mindre han får sitte på bagasjebrettet, eller låne en av de andre sin sykkel.

Jeg fikk skikkelig vondt av gutten. Her måtte noe gjøres. Jeg sjekket lommene for visakortet, og det var med. Så fulgte jeg Mario inn i klasserommet. Jeg ba om å få snakke med læreren og forklarte at Mario måtte få litt fri fordi han skulle få være med meg og kjøpe sykkel. Jeg ønsket også å få vite om det var flere små som ikke hadde sykkel blant elevene. Læreren visste om to som var like gamle som Mario. Mario og jeg gikk sporenstreks til stedets sportsbutikk.

Han gråt av glede. Jeg tror aldri jeg har sett et barn gladere enn det han var. Han spurte etter den billigste sykkelen. Jeg ba ham ikke tenke på prisen, men at han fikk den sykkelen hans syntes var tøffest. Den plukket han ut på to minutter. Vi fikk den justert, kjøpte sykkelpumpe, frontlys og baklys, dynamo og bagasjebrett. I tillegg kjøpte jeg to sykler til de andre som heller ikke hadde sykkel. Da jeg nevnte sykkellås, lo både Mario og de ansatte. «Hva er det? Og hva skal jeg med det?», spurte Mario lattermildt. Betjeningen skjønte heller ikke hva jeg skulle med det, og dessuten hadde de ikke sykkellås. Det er ingen her i Vanadzor som stjeler, ble jeg fortalt. Hvilken deilig følelse det var å dra kortet og få med meg en begeistret ekspeditør til å kjøre de to siste syklene til skolen. Mario skulle sykle selv, så jeg ble med ham. Han var dreven. Tydeligvis hadde han lært trafikkregler i Artsakh.

Fra den fraflyttede vingården i Togh, Artsakh.
Kataros viner er eksklusive og prisbelønte.
Nå produseres den samme vinen i Kotayk-pro-
vinsen.
Foto: Armine Vanyan

Del III:
Armensk vin

Verdens aller første vinland

Armenia er verdens første vinland. Det er ikke bare noe armenerne sier for å irritere sine naboer georgierne. Dette har utenlandske og vel anerkjente forskere funnet bevis for i dagens Armenia. I en grotte i vindistriktet Vayots Dzor er det gjort flere funn av utstyr brukt i vinproduksjon, som kan dateres tilbake til år 4000 f. Kr. Her ble det gjort funn av både produksjonsverktøy og leirkrukker som vinene ble oppbevart i. Og de gode nyhetene er at denne flotte hulen er åpen for besøkende. For et par euro får man omvisning, gode foredrag og god kunnskap om armensk vin. Hulen kalles Bird's Nest og man finner den i Areni.

For 20 år siden var det Georgia som innehadde rekorden av å eie tittelen vinens vugge. Nå er det faktisk Armenia. Man kunne tenke seg at man lot forskerne avgjøre denne konkurransen. Men så er det ikke så greit for Georgia å gi slipp på tittelen. Georgia gir seg ikke så lett. Offisiell politikk i Georgia er at de innehar tittelen for evig og alltid. Armenerne ler litt overbærende, men er kanskje ikke bedre. Man nevner aldri at Georgia ikke er fornøyd med kåringen i frykt for at det kunne gi spire til en liten tvil. Både Georgia og Armenia eier tradisjoner som gjør begge lands vinproduksjon helt unik i verdenssammenheng. For eksempel er den tradisjonelle bruken av *karas*, en slags leirkrukker, noe begge folkeslag har benyttet. Georgierne kaller leirkrukkene for *qvevri*, men de ser rimelig like ut. Allikevel er det stor forskjell på de to vinlandene og på produktene de utvikler. Armenske karastradisjoner er på full fart inn i produksjonen. Vinmakerne begraver 2/3 av karasbeholderne under jorden, slik at temperaturkontrollen skjer naturlig. Metoden er kjent på folkemunne siden kongedømmet Urartu var etablert i dette området for nesten 3000 år siden. Opp igjennom tidene har armenerne produsert sin vin ved hjelp av denne metoden. Karasmetoden er unik for Armenia. Georgia gjør det annerledes på sin unike måte. Mange vinprodusenter i begge land eksperimenterer med disse metodene og åpner opp til verden med nye smaker og nye spennende produkter.

Under sovjettiden ble det bestemt av det øverste Sovjet at kun Georgia fikk drive med vinproduksjon. Armenia skulle lage brandy. Det var ikke noe å diskutere. Og sånn ble det i nærmest 70 år. Georgierne masseproduserte vin ifølge femårsplaner. Faste mengder ble fastsatt i Moskva, mens armenerne fulgte kravet om så og så mange liter brandy som skulle distribueres blant de 15 sovjetrepublikkene. Armenerne, som allerede hadde hatt en profesjonell tilnærming til brandyproduksjon med eksperthjelp fra Frankrike, klarte å levere kvalitetsvarer som også ble eksportert til Vesten. Slik var det ikke med armensk vin. En del bønder bedrev litt produksjon på si. Ingen sjekket kvalitet og smak. Det som ble tilbudt kan vel best beskrives som skvip.

I Georgia opplevde man at georgisk vin stadig ble dårligere. Her var målet et stort antall liter per år. Det var ingen kontroll og ingen interesse for vinens kvalitet. Det var heller ingen ting å tjene på å levere god vin, så georgisk vin tapte seg kraftig. Det interessante med Georgia er at vinproduksjon av høy kvalitet basert på tradisjonelle metoder lot vente på seg til langt ut på 2000-tallet. Først etter at Putin invaderte og okkuperte Sør-Ossetia og Abkhasia begynte man å satse for fullt på kvalitet. Som et ledd i boikotten av Georgia stoppet Russland all import av vin fra nabolandet. Dette førte til to ting: Armenia fikk en boost på bestillinger fra Russland. Faktisk så store kvanta at de måtte kjøpe druer fra andre land for å klare brasene. Fordelen med Armenia var at landet allerede tidlig på 1990-tallet hadde kommet i gang med produksjon av kvalitetsvin. Flere profesjonelle vinmakere hadde etablert seg i landet og gjenåpnet eller nyåpnet flotte vingårder i Armenia. Altså kunne vinproduksjon og utvikling av flere varianter bare gå en vei: Oppover.

Den andre konsekvensen av Putins forbud mot import av georgisk vin var at Georgia ble tvunget til å se seg om etter nye markeder. Nye markeder tar ikke imot hva som helst. Ifølge eksperter finnes det en uuttømmelig kilde av vinprodusenter verden over, som alle vil ha en fot innenfor markedene. Georgiske myndigheter gjorde en stor innsats for å få i gang konkurransedyktige vinprosjekter. Produsentene lot ikke vente på seg. Eksperter kom til og satte i gang med gammel og tradisjonell vinproduksjon. Etter kort tid fikk Georgia fram flere gode og populære viner til eksport og til glede for verdens vinelskere.

I dagens armenske republikk er det katalogisert intet mindre enn 400 endemiske druetyper. Det er et enormt tall, tatt i betraktning Armenias areal. Av disse 400 brukes 30 per i dag til produksjon av forskjellige vintyper. Armenske vingårder produserer rødvin, hvitvin, rosevin og sprudlende vin. Noen lager Eiswein, andre har en tilleggsproduksjon av sterkvin der armenske frukter blir flittig brukt. Vineksperter er svært begeistret for armensk vinproduksjon, i og med at de druene som brukes kun eksisterer her. De hender de blander inn mer kjente sorter, men i bunn og grunn satser armenerne nå på å utvikle helt spesielle armenske viner basert kun på de endemiske vindruene. De to meste kjente druesortene heter Voskehat og Areni. Disse er allerede godt kjent og etablert blant vinkjennere og forbrukere rundt omkring i vindrikkende land.

Jeg snakket med en av foreleserne på Wine Academy, en nylig opprettet høyskole i Armenia. Han kunne fortelle meg at all vinproduksjon i verden forutsetter tre elementer, som må være på plass. Det må være et godt jordsmonn for dyrking av vin. I Armenia finner vi god, vulkansk jord som egner seg perfekt til formålet. Klima er en forutsetning. Armenia har flere steder 300 soldager i året, men nok regn til at jorda blir fruktbar. Vintrene kan, til tross for solskinn, bli bitende kalde. Det hender ofte i produksjonsområder på 1 800 meter over havet. Begge deler er gunstig. Sola sørger for sitt, og den iskalde vinteren får fram herdede planter som produserer utsøkte druer. Av og til kan det bli så kaldt at drueplantene må begraves under jorda for å overleve. Det tredje elementet er været, som jo fort forandrer seg fra ett år til det neste. Armenias klima sørger for rimelig stabilt vær, selv om det har vært år med store utfordringer. Til syvende og sist er det kompetansen og kreativiteten til dem som framstiller vinen som trumfer de tre naturgitte forutsetningene.

Ellers er Wine Academy et svært seriøst studiested. Akademiet samarbeider med vinakademier i Tyskland, Italia og Frankrike. Her ønsker man å utdanne alt fra skikkelige ønologer, sommelierer, kelnere, vinbønder – ja alt som har med vinproduksjon å gjøre. Et imponerende studiested der mye er basert på *Learning by doing*. Et godt prinsipp for å utdanne de beste innenfor dette området.

De fleste vinbøndene og vinekspertene som slo seg ned i Armenia fra 1992 og fram til i dag, var og er armenere som har bodd hele sitt liv i et annet land. Allikevel har de holdt på sine røtter. Samtlige har ventet på sjansen til å flytte tilbake. De har hatt enorm suksess med sine vingårder og sine produkter i de landene der de har bodd. Derfor har de bidratt kraftig med det siste av teknologi og kompetanse innenfor faget. Både tyske, amerikanske, franske, australske, italienske og latinamerikanske vinkjennere har etablert seg i de seks armenske vindistriktene. Noen har valgt å sette i stand gamle og ærverdige vingårder. Andre har grunnlagt helt nye konsepter basert på gamle tradisjoner. Jeg har i denne sammenhengen lyst til å nevne en helt fantastisk mann som solgte unna en del av sine eiendeler i Italia for å flytte til sutt opphavsland. I Vayots Dzors satte han i gang vinproduksjon i en ikke altfor stor skala. Han ønsket også å endelig fritt kunne nyte det landet hans forfedre kom fra, det landet de hadde forlatt for å overleve folkemordet. Han har lengtet hele livet etter å reise til Armenia. For ham framstod hjemlandet som et paradis fullt av moden frukt, vin, honning og godhet. Landet som Gud hadde reservert som sitt feriested på jorden. Landet som tyrkerne nesten hadde klart å tilintetgjøre, men som nå endelig var tilbake på kartet, om enn i et forminsket format. Han var solgt den dagen han satte foten i Armenia. Det ble vingård.

Jeg møtte Levon i Oslo. En vinimportør hadde arrangert et møte mellom ham og Vinmonopolet for å prøve å få vinen hans inn på det norske markedet. Dette ville i tilfelle være aller første gang en armensk vin kom til å være å oppdrive på Vinmonopolet. Mange mener at det ikke er så rart at vin fra et tidligere østblokkland ikke finnes på polet. Vi har jo prøvd oss på Fetasca fra Romania, Beyaz fra Tyrkia, og diverse som vi ikke akkurat har valgt å henge på juletreet. Man har vel ikke bruk for enda flere ukurante viner på polet. Men, sannheten kommer for en dag. De fleste europeiske land, USA og Canada begynte så smått å importere og selge armensk vin tidlig på 2000-tallet. Sverige var veldig tidlig ute med flere sorter og har etter hvert utvidet med stadig flere. I Norge har det stått bom stille. Mitt møte med Levon var i 2019. De første flaskene med Zorah Karasi og Karasi Vosky var å finne på noen ytterst få utvalgte vinmonopol i svært små opplag. Karasivinene er godt kjent i mange land, og det ble fart i salget da Zorah Karasi (rødvinen) havnet på Bloombergs liste over de ti beste vinene i verden.

Levon ble begeistret av min entusiasme. Han ville ikke på noen måte ha meg på besøk med neste turistgruppe til Armenia. Han tok kategorisk ikke imot en eneste turist. Jeg skulle få være unntaket og få komme og oppleve hans paradis. Hans vakre vingård, som ligger mellom endemiske villdruer og vinmarker i fjellandskapet. Dette skulle være hans eget – kun spesielt innvidde fikk komme på besøk. Jeg håper han åpner opp for i det minste mine armenske venner. Stedet hans er helt utenom alt jeg har sett.

Det er et trist faktum at Armenias beliggenhet hører til blant verdens verst tenkelige når det gjelder naboene landet har fått tildelt. Lange grenser til to fiendtlige og rasistiske nasjoner, Tyrkia og Aserbajdsjan, har satt mange begrensninger på Armenias økonomiske utviklingsmuligheter. Tyrkia og Aserbajdsjan har siden Armenias uavhengighet holdt grensene stengt. Ingen handel er mulig. Den tredje grensen er åpen, den mot Iran, men det er vel ikke akkurat det landet man trenger for å eksportere vinprodukter. Så da gjenstår Georgia, som tillater eksport og transitt til Russland og Europa via sitt territorium direkte til land i øst, og via Svartehavet til EU. Dette fungerer, men armenerne må betale dyrt til Georgia for transitten, og det er dårlige veier og lange køer spesielt over fjellpassene mot Russland. Armenerne har allikevel klart å eksportere tonnevis av frukt, grønnsaker, vin, brandy, fisk og annet, spesielt til Russland. Eksporten er økende.

Armenske viner bruker følgende motto for promotering: «The youngest oldest wine industry in the world», og mottoet synes å fascinere stadig flere vinnytere.

Som sagt, Armenia har seks forskjellige vinregioner, nemlig Vayots Dzor, Aragatson, Armavir, Ararat og Tavush. Inntil invasjonen og okkupasjonen av Artsakh hørte også dette området til en vinproduserende region. Kanskje den aller mest spennende. Nå ligger all vinproduksjon i Artsakh brakk. I Aserbajdsjan finnes ingen tradisjon for vindyrking. Eierne av den største og flotteste vingården, Kataro, måtte etterlate seg millioninvesteringer da de ble truet på livet og måtte flykte. Det betyr at det kun finnes fem aktive vinregioner i Armenia i dag.

Vinmarkene passes på og følges nøye opp. Stiklingene Kataros eiere fikk med seg fra Artsakh trives godt på den nye vingården. Foto: Armine Vanyan

Vingården Kataro er gjenoppstått

Armenere gir seg ikke så lett. Vingården Kataro ble forlatt under krigen i 2020, og grusomme historier om vandalisme spredte seg fort på sosiale medier. Aserbajdsjanske soldater åpnet kranene på vellagret kvalitetsvin, holdt munnen under, og fylte på med vin. Deretter lot de kranene stå åpne og tappet ut alt innholdet i de store vinbeholderne. Armenske hunder ble kastet opp i vinbeholderne og druknet, tusenvis av flasker ble brukt som skyteskiver. Dette foregikk mens områdets status for fremtiden var underlagt forhandlinger. Millioninvesteringer ble ødelagt på et par timer. Men, skam den som gir seg.

Vingården Kataro ble drevet av den samme familien som grunnla den i 1920 helt fram til 2020. Her er det folk som virkelig vet hva de driver med. Etter at Artsakh ble selvstendig, ble det fart i kvalitetssikringen av vinproduksjonen. Katarovinene anses som høykvalitetsvin flere steder i verden. Den er ikke spesielt dyr, men produsenten setter kvalitet i høysetet og produserer heller noen tusen færre flasker enn å satse på masseproduksjon. I Sovjettiden gjorde Kataro nettopp det de når tar avstand fra. For i det hele tatt å få lov til å drive småskala vinproduksjon måtte Kataro sørge for et gitt volum i året av den billigste vinen. Det ble til en produksjon som tilfredsstilte aserbajdsjanske og russiske ganer. Ganer som ikke visste at det fantes andre viner enn dem fra Georgia og Armenia. Ingen kvalitetskontroll, med andre ord.

De siste årene før okkupasjonen ble det investert en million dollar i vingården. Den har vært flittig besøkt av franske vineksperter, noe som har resultert i flere gjeve priser internasjonalt. Vingården Kataro er oppkalt etter klosteret med samme navn som ligger noen steinkast unna. I 2020, rett før krigshandlingene, var jeg så heldig å være en av de siste turistene som besøkte vingården. Jeg reiste dit med en venn fra Artsakh, og det var en helt spesiell opplevelse, spesielt når jeg tenker på at den nå er jevnet med jorden.

Vingården Kataro lå beskjedent til uten skilting eller prangende plakater som viste at det skulle finnes noe som helst på enden av kjerreveien vi befant oss på. Det eneste som kunne føre tankene inn på en vingård var kilometervis med vinranker som strakk seg langt ut i alle retninger. Muligens endte de et sted der ute hvor fjellene tegnet en silhuett mot himmelen. Den beskjedne vingården åpenbarte seg da vi endelig fant kjerreveien til høyre for den første kjerreveien.

Vi ble møtt av eieren Domaine Avetissyan, som raskt gikk gjennom Armenias vinhistorie. «Spjurkarmenere som har drevet profesjonelle vingårder i Italia, Frankrike, USA og Argentina har flyttet til Armenia og omfavnet de endemiske druesortene som altså kun finnes her. Ved hjelp av noen av disse har de klart å få fram kvalitetsvin som har særegne smaker man ikke finner andre steder i verden. Armenia og Artsakh er fulle av villdruer. Mange av dem har vært «temmet» i lang tid, men nå har vi «temmet» enda flere. Det finnes per i dag over hundre vingårder i Armenia og Artsakh. Den største eksporten går til Russland, Hviterussland og Ukraina, men stadig flere vestlige land begynner å få øynene opp for vår spesielle vin, så vi eksporter massevis av kvalitetsvin tilmange EU-land (inkludert Sverige), Canada og USA.»

Vi fikk en flott tur på vinmarkene, fikk spise så mye druer vi ville av den endemiske *khndoghi*-druen, og deretter var det vinsmaking. Domaine forklarte en masse teknisk om hvordan vinen fermenterte og mye annet rart vi ikke fikk med oss. Jo forresten, de brukte eiketønner fra Artsakh til lagring av årgangsvin. Og disse står strengt bevoktet under åpen himmel og blir stadig kontrollert av Julien Lalou, vinekspert og armeniaelsker fra Frankrike. Kataro produserte 60 000 vinflasker i året. Salget gikk over all forventning. De klarte ikke å levere til alle som bestilte.

Vi tyllet i oss vin fra ymse årganger og nøt hvert sekund. Da vi kom til hvitvinen og jeg ba om isbiter, gikk Domaine sporenstreks ut av rommet og kom tilbake med Julien Lalou. Jeg overdriver ikke når jeg beskriver ham som svært typisk fransk. Han hadde snurrebart, gikk

Katarovinene er på full fart inn både i Armenia og i utlandet. Det tok ikke mange månedene etter at vingården i Artsakh ble okkupert før de driftige eierne gjenopptok produksjonen. På flyplassen selges flere typer. Merk at de få flaskene som ble produsert i Artsakh vises med et Artsakhflagg øverst. Prisen på disse flaskene har steget til 112.000 dram. (3200 kroner). Foto: Sven-Erik Rise

med alpelue og, ikke minst, han fylte rommer med en ganske så arrogant holdning bare ved sitt blotte nærvær. På klingende fransk spurte han oss: «Hvem er det som har et spørsmål?» Jeg torde ikke svare. Men det gjorde Hratch. Han pekte på meg og sa: «Han!» Monsieur Lalou puttet pekefingeren på panna mi og spurte en gang til «Hva er spørsmålet». Han ble rødere og rødere i ansiktet. Jeg stotret fram på fransk. «Je peux avoir des glaçons dans mon vin blanc, s'il vous plaît.» Han ble enda rødere i ansiktet. Så korrigerte han fransken min til: «Est-ce que je pourrais avoir des glaçons dans mon verre de vin blanc, s'il vous plaît?»

Monsieur Lalou slengte om seg med et par gloser på morsmålet som ikke egner seg på trykk. Det ble ingen isbiter i dag.

De endemiske druesortene som ble brukt i Kataros vinproduksjon er så endemiske at de kun vokser i Artsakh. Ingen druesorter i republikken Armenia kan erstatte Artsakhs helt spesielle sorter. Det gjorde meg oppriktig vondt å tenke på at vineventyret som armenerne i Artsakh var så stolte av, for alltid var over. Min siste flaske av rødvinen produsert av Kataro ligger fortsatt godt lagret i kjelleren. Jeg har ikke hjerte til å sprette den flasken. På Jerevans flyplass ble de siste 400 flaskene tilbudt til 2000 kroner eller mer per flaske, og sist jeg sjekket var alle flaskene solgt. Jeg hadde fått med meg at arbeiderne på vingården hadde reddet 4000 flasker av Kataros flaggskip – Kataro Reserve, og også fått med seg en haug drueplanter av forskjellig slag over til resten av Armenia. De 4000 flaskene ble auksjonert bort for å få en startkapital til nyetableringen.

Men – så kommer overraskelsen. Kataros eier gir seg ikke! I en tilfeldig taxi satt jeg som vanlig og pludret noen gloser på armensk med sjåføren. Det skulle vise seg at han var flyktning fra Artsakh. Han kom fra Togh, landsbyen ved Kataro. Togh ble tømt for armenere i 2020. Vi kom inn på Kataro, og Narek kunne fortelle at flere eksperter på biologi og vinkultur hadde jobbet intenst med de viktigste endemiske druesortene fra Artsakh for å se om de også kunne trives i resten av

Armenske vingårder lager fortsatt en del vin ved å lagre den i de tradisjonelle karas. Bildet er tatt på Voskevaz. Foto: Sven-Erik Rise

Armenia. Disse vindruene er visst ganske sære, så det tok dem to år å finne ut av hvilken sone de ville trives i. Her gjaldt det å finne riktig jordsmonn, klima, temperatur og så videre. Det var om å gjøre å finne et sted som lignet på Artsakh. Jeg merket at jeg ble helt vill. I den grad jeg er rammet av ADHD, ville testen dersom den ble utført her og nå endt med et utvetydig resultat. Ritalin på blå resept ville vært uunngåelig.

Jeg ba ham stoppe drosjen. Så ba jeg ham snu drosjen og kjøre til grensen til Artsakh. Han forstod ikke hvorfor. Jeg mente at det måtte jo være der de dyrket druesortene. I nærheten av der de egentlig hørte hjemme. Men Narek visste mye mer enn jeg trodde. Han kjente til og med primus motor for prosjektet. Jeg ba ham ringe sporenstreks til denne mannen og til eieren av Kataro Wineries. Deretter til Wine Academy, og sikkert til noen flere jeg ikke husker. Den ene etter den andre meldte seg på telefonen. Jeg fyrte løs med spørsmål, og jeg fikk svar. Min teori og mine opplevelser om at fremmedspråk går så utrolig bra når man er full av engasjement for temaet, så ut til å stemme aldeles utmerket. Jeg ante ikke at jeg kunne så mye armensk. Det var sikkert feil på feil. Det tenkte jeg ikke på. Det tenkte ikke mottakerne av ordstrømmen på heller.

Det var bare en ting å gjøre nå. Middagen hos Narine, som var grunnen til at jeg satt i drosjen, ble forskjøvet. Jeg lovte å komme før dagen skiftet dato. Så inviterte jeg meg selv og drosjesjåføren hjem til primus motor for hele prosjektet. Der og da. Fyren var rimelig sjokkert. Michele er en velkledd ung mann, med veldig kule solbriller, som også benyttes på kveldstid. Lite ante det meg at han er italiener og snakker armensk på omtrent mitt nivå. Vi trodde begge at den andre av oss var armener. Det er av og til, når man møter noen, at det klikker. Jeg likte ham med en gang. Han var tydeligvis begeistret for meg også. Jeg dro fram mine tikroners solbriller av merket Gucci, made in Langtvekkistan, og satte dem på nesen. Dermed var det to stykker med solbriller som skulle diskutere vinproduksjon.

Michele fant fram gamle og nye Kataroviner. Det var først da jeg skjønte at Kataro allerede var etablert i Kotayk, bare 20 kilometer fra Jerevan sentrum. Produksjonen var i gang. Jeg inviterte Michele og drosjesjåføren på middag hos Narine. Vi dro av sted med en kasse vin fra Kataro. De endemiske vinsortene klarer seg. Dette måtte feires. Narine var i ekstase.

Tidlig neste morgen stilte vi stolte opp på Kataro Vineyards og møtte hele familien Avetissyan på jobb. Domaine dro kjensel på meg med en gang. Dette var stor stas. På vei hjem til Norge vanket det en viss mengde Kataro Reserve.

Ønsker man en skikkelig vintur i Armenia, er det en enkel affære. De fleste vingårder tar mer enn gjerne imot grupper eller enkeltturister som de samler i grupper for omvisning, forelesning og selvfølgelig vinsmaking. Flere av vingårdene fremstår som rene museer hvor de viser fram hvordan man produserte vin langt tilbake i tid, hvordan vinbønder ble behandlet under Sovjetunionen, forskning på vindruer og så videre. De mest spesielle jeg har vært på er Voskevaz og Armenia. Virkelig et besøk verdt.

Vingårder vel verdt et besøk

Antall vingårder fordelt på Armenias fem vinregioner er vanskelig å fastslå, men i skrivende stund finnes det rundt 150 vingårder i Armenia. Mange av dem tar gladelig imot turister for omvisning, smaksprøver og middag med vin og overnatting for den som ønsker det. Noen såkalte «pakkereiser» legger opp til rene vinturer der man besøker et visst antall vingårder. Og de er vel verdt et besøk. De ligger ofte vakkert til med utsikt over landskapet. Noen av dem har blitt renovert og blitt til rene praktbygg. Vi har vingårder som minner om middelalderborger, vingårder som minner om franske slott og små lokale vingårder som rett og slett er søte og innbyr til koselig vinsmaking sammen med familien som driver vingården. Det er mye å velge mellom. Dersom jeg ble bedt om å tipse, tror jeg at mitt valg ville falle på Armenia-vingården i Ashtarak, Voskevaz i samme provins og Hin Areni som er lett tilgjengelig på veien fra Araratfjellet til Noravank -klosteret.

Armenia byr på et vinmuseum. Det samme gjør Voskevaz. Voskevaz ser i tillegg ut som et eventyrslott i Disney-stil. Begge vingårdene har kvalitetsvin å tilby. Man reiser vanligvis ikke fra noen av dem uten å ha med seg noen flasker i en pose. Begge vingårdene har et bredt utvalg av rødvin, rosévin og hvitvin. Man finner alt fra nylig tappede viner til viner som er lagret i flere år. Etter omvisning og besøk i muséet får man tilbud om vinsmaking akkompagnert av en sommelier. Man kjøper den pakken med det antall smaksprøver man ønsker. Merk at smaksprøver i Armenia ikke er det man normalt sett forbinder med en smaksprøve. Når vinen helles i glasset, er man raus på mengden.

Vayots Dzor er provinsen som innehar rekorden i antall vingårder. Det er også her den kjente endemiske druen Areni har sitt opphav. Ved gjennomfartsåren sørover til Iran finner man vingården Hin Areni. Den er vel verdt et besøk. Her får man alltid en profesjonell guide som viser rundt og forteller historien om vinlaging og om selve Hin Arenikonseptet. Nå har det seg sånn at denne «vingården» ikke produserer druene her. De har stor produksjon av vindruer andre steder i provinsen, og de kjøper også kvalitetsgodkjente vindruer av lokale bønder. Det man får se her er lagringslokalene for vin, noe produksjon og ellers vakre lokaler. Forelesningen og omvisningen avsluttes med vinsmaking. Guiden er med på smakingen og forklarer villig hvordan vinen er produsert og lagret. Smakspakkene varierer i størrelse og lagring. Personlig falt jeg for hvitvinene her. Uansett lagringstid har de en perfekt smak for min gane i hvert fall. Rødvinene er heller ikke verst, men jeg kan spare meg for rosévinene.

Det helt spesielle konseptet Hin Areni har utviklet er et tilbud til

Til høyre: Eventyrslottet, vingården Voskevaz. Foto: Sven-Erik Rise

kunder om å lagre vin for dem til den datoen de ønsker å hente den ut. Når de, om noen år, kommer tilbake til Hin Areni kan de hente ut flaskene som er lagret. De har et presist temperert rom der flaskene lagres slik at produktene blir perfekte. Flere besøkende har betalt for lagring. Noen lagrer flasker som de vil ha utlevert når barna konfirmeres eller gifter seg. Da kan de be om at Hin Areni sender flaskene per post til hjemmeadressen uansett hvor i verden man måtte befinne seg. I tillegg til enkeltflasker kan man bestille lagring av et helt eikefat. Eikefatene holder høyeste kvalitet. De produseres for tiden i Armenia og Ungarn etter at storprodusenten Artsakh ble okkupert av Aserbajdsjan.

Her lagres vinen i årevis for kunder som ønsker det.
Foto: Sven-Erik Rise

Dersom man skulle ønske et litt mindre prangende og mer lokalt sted å lære om vinproduksjon, er Momik Wine Cube et absolutt godt alternativ. Vingården er oppkalt etter arkitekten bak det flotte klosterkomplekset Noravank (fra det 14.århundre) som ligger en halv times kjøring fra vingården. Denne lille familiedrevne vingården ligger også i Areni. Men den ligger et stykke unna bebyggelsen, oppover mot de vakre fjellformasjonene som preger Vayots Dzor. Vingården har et areal på kun to hektar. Men disse to hektarene produserer nok vindruer til at vingården er lønnsom. Momik har ikke egne produksjonslokaler, men benytter seg av andre vingårder for vinproduksjon etter egen oppskrift og strengt tilsyn med at vinene blir slik de har bestemt. Momik Wine Cube har eksistert i 40 år. Familien Mnatsakanyan eier og driver vingården og det er en stor glede å besøke. Nver, som er ansvarlig for drueproduksjonen, sørger for at gjestene blir tatt godt vare på. Både han og kona Narine serverer så mange vinglass man ønsker, med gode forklaringer på alt man ønsker å vite om hver variant.

Momik Wine Cube befinner seg på listen over verdens ti vakreste vingårder og hylles av omtrent samtlige besøkende. Det er ikke bare den vakre beliggenheten det skrytes av. Gjestfriheten og matserveringen får også meget god omtale. Maten som serveres er basert på tradisjonelle armenske ingredienser. Den er hjemmelaget av Narine og Nver og inntas gjerne på langbord langsmed druerankene på begge sider nedover plantasjene. Narine tilbyr også kurs i hvordan man hugger ut khatsjkarer. Virkelig et sted man nyter.

Vinfestivaler i Armenia

Armenia er kjent for mange festivaler som fordeler seg gjennom året. Når det gjelder vinfestivaler er det verdt å merke seg Vinfestivalen i Jerevan. Denne går av stabelen to dager i begynnelsen av mai. Den andre er Areni Vinfestival den andre lørdagen i oktober.

Begge festivalene ble satt på pause under covid og krigen i Artsakh, men er nå oppe og går igjen. De har blitt større. Entusiasmen blant vinprodusenter og besøkende er det ingen ting å si på. Jerevans vinfestival er et storslått arrangement der omtrent hver eneste vinbonde fra Armenia er representert. Folk strømmer til fra hele Armenia. Dette er en stor folkefest. Tar man utgangspunkt i Saroyan Street kalles den gjerne vinens episentrum i Jerevan. Under festivalen sprer utstillingene og bodene seg utover store deler av Jerevan sentrum. For å få tilgang til alle smaksprøvene (som ikke er en smaksprøve, men et glass fylt til randen), trenger man bonger. Før man setter i gang kan det lønne seg å kjøpe en såkalt startpakke, der et glass er inkludert. Man får også en støtte for glasset, så man kan hekte det i bukselommen eller i et belte. Det viktigste er bongene. De bytter man inn i fulle vinglass. Så er det bare å begi seg på tur. Gate opp og gate ned i håp om å finne de beste vinene – og alle nyvinningene som ofte lanseres denne dagen.

Til god vin hører god mat. Det blir derfor også etablert diverse stands som serverer mat og snacks. Her finnes også småbord med tilhørende stoler, slik at man kan få hvilt seg litt midt i festivitasen. Det lukter grillmat i hele byen. Man går ikke mange meterne før noen har satt opp grill der det stekes lekre kjøttretter med store mengder grønnsaker. Frukt, sjokolade og andre herligheter bugner på små stands mellom vinprodusentenes mer avanserte utstillinger. Lokale musikkgrupper stiller også opp. Det blir noe tradisjonell armensk musikk med duduk, dhol og andre instrumenter. Allikevel er det jazz, adult contemporary music og diverse hits fra noen tiår tilbake som framføres direkte. Stort sett er det vakkert vær i mai. Det er ikke for varmt, men det føles mer som en gjennomsnittlig østlandssommer.

Selvfølgelig skulle himmelens enorme vannreservoar åpnes på vid gap da jeg hadde med en gjeng entusiastiske turister til Armenia. Jeg ante ikke noe om vinfestivalen i Jerevan, men en av de ivrigste turis-

Hin Areni har alltid en stand på vinfestivalene. Foto: Sven-Erik Rise

tene hadde hørt noe om festivalen og undersøkte saken nærmere. Ifølge programmet skulle vi ha en omvisning og prøvesmaking på vingården Hin Areni denne dagen. Etterpå skulle turen gå videre til Noravankklosteret. Men selvfølgelig, da vi så alle de glade menneskene på vei til noe vi skjønte var noe mer enn handleturen på lørdag, var verken jeg eller turistene klare en lang busstur og vinsmaking når vi skjønte at vinen kom direkte til oss. Her og nå! Programmet ble endret, og bussjåføren fikk en dags ferie. Den lokale guiden ble med på moroa. Vi la på sprang til Saroyan Street, der episenteret for festivalen skulle være. Og festen var i gang. Her var det mange glade reisende fra Norge. Glass på glass ble fortært, det ble danset og sunget, og hjertene brant for Armenia. Jeg har inntrykk av at hele gjengen ble spredd blant armenere og iranere og at mange knyttet vennskap denne dagen.

Jerevan sentrum var gjort om til vinruter, og det ble delt ut kart som viste hvor man finner forskjellige vingårder, matstasjoner og de små musikkevenementene. Jeg fikk sikret meg noen gode flasker vin og noen stiklinger av vinranker som skulle eksporteres til Lille Armenia. Området var preget av deilig musikk og selvfølgelig en svært feststemt folkemasse fra hele Artsakh og hele Armenia. Turister fra utlandet kunne man vel telle på en hånd. Nei, forresten her var det en svær buss full av iranske menn med deres hijabkledte koner og gneldrende iranske hits strømmende ut av digre russebusshøyttalere. I det vi gikk forbi, tittet jeg inn i bussen. Mennene var allerede i fullt firsprang mot vinbodene. Kvinnene var ikke langt etter, men de hadde alle tydeligvis et ærend før de forlot bussen. Den ene etter den andre tok tak i hodepynten og kastet den på gulvet. Deretter var det opp med lommespeil, og fram med sminken. Jeg hadde aldri trodd at de var så vakre under all innpakningen. De så ut som de vakreste armenske kvinner man legger merke til over alt i Armenia. Og selvfølgelig gikk de ikke kledd med klær made in Iran. Her var det klær av alle mulige sossemerker.

Jeg var litt i tvil om jeg skulle dra underholdningskortet for disse

Armensk ungdom tar intet for gitt. Det var visst meldt regnvær. Derfor ble festen etablert under tak. Foto: Sven-Erik Rise

damene. På mine turer til Borneo, der jeg eier en liten leilighet, har jeg etter hvert blitt kjent med mange muslimer. Det er en glede hver gang. De har masse selvironi. Når jeg tar et håndkle på hodet og sier at jeg er muslim jeg også, ler de hjertelig. Dersom jeg tuller med å spise gris, kose med hund eller drikke alkohol, har de masse humor på det. Jeg har i grunnen forstått at muslimer ikke nødvendigvis er så krenket som man skulle tro når man hører om Muhammedtegninger og annet. Nå hadde jeg lyst til å lage litt show med dem. Forhåpentligvis ville jeg lykkes, men her var det ingen garantier. Min armenske venn prøvde å hindre meg i å gå inn i bussen, men nå var jeg ustoppelig. Jeg tror ADHD-en var på vei tilbake.

Jeg løp inn i bussen, presenterte meg for damene, og spurte om de kunne ett eller annet språk jeg kunne forstå. Det eneste et par av dem kunne var fransk. Så tok jeg opp en hijab fra gulvet og dro den over hodet. Jeg tror aldri jeg har opplevd så mye latter fra noe publikum jeg har underholdt. Så tok jeg neste hijab og så neste. Dette var fest. De spurte meg hva jeg het og hvor jeg kom fra. Norge var ukjent, men Tigran kjente de godt til. De dro meg ut av bussen og bort til stedet der man kjøper seg et vinglass og bonger. De iranske kvinnene nektet å ta imot halvfulle glass. Her ble det kylt innpå. Ingen begrensninger. Ikke noe alkoholpoliti der i gården. Ektemennene var forsvunnet til ett eller annet sted på festivalen. En gjeng av kvinnene ønsket at jeg skulle bli med dem rundt omkring på festivalen. Det var ikke meg imot.

På en av scenene var et band med saksofonspiller, keyboards og diverse i ferd med å sette i gang med underholdningen. Den ene velkjente låten etter den andre strømmet ut. Her var alt fra Steely Dan, via Elton John til Johnny Hates Jazz og ABBA. Damene bød opp til dans. «Hmmm, danser muslimer også nå?», tenkte jeg i min enfoldighet. Gjett om de gjorde. Det var de som danset mest av alle. Hvis jeg ikke tar feil, tror jeg det var de som drakk mest av alle også, men der kan jeg ha tatt feil etter at jeg møtte flere av guidens venner som holdt det nærmeste jeg har vært i nærheten av en russefest natten igjennom.

Faren for regn er liten, men i 2018 ble festivalen virkelig rammet av uvær. Folk strømmet inn i teltene, inn i nærmeste butikk og til restauranter og ble der så lenge regnet varte. Smarte hoder kjøpte opp paraplyer og gjorde god butikk på å selge til dem som ville fortsette å drikke vin. Store deler av Jerevan var fylt med farger av alle slag, Disse kunne man nyte synet av dersom man betalte for en tur i en av de store varmluftsballongene. Regnet kom og gikk med jevne mellomrom, men jeg la ikke merke til at noen ga opp og reiste hjem. På kvelden var det opphold og full fest med flere band som spilte opp til dans. Og det ble danset ut i de små morgentimer.

Vinfestivalen i Areni

Hver første lørdag i november er det duket for årets største evenement i den lille vinbyen Areni. Areni blir omtalt som vinens hovedstad fordi den ligger midt i Armenias største vindistrikt. Stadig flere vingårder etableres i denne provinsen på grunn av lett tilgang på endemiske kvalitetsdruer. Jordsmonnet egner seg ypperlig, og i de trange dalene og de langstrakte slettene vokser det vintyper som ennå ikke har blitt utprøvd. Et godt potensial for videre utvikling med andre ord,

Tiden var kommet for at jeg skulle på festivalen. Desperat forsøkte jeg å få med meg noen venner denne lørdagen, men det var ingen enkel sak. Jeg inviterte på Facebook, og regnet med at i det minste én armener kunne tenke seg en tur, men den gang ei. Jeg følte meg litt som Viggo Venneløs der jeg forsøkte å finne en eller annen transportmulighet til Areni og tilbake til Jerevan etter vinfestivalens avslutning ut i de små nattetimer.

Det går ingen tog til Areni, og ingen visste noe om busser eller drosjer. En drosje ville komme på 900 kroner tur-retur, noe som vel ikke er spesielt dyrt, gitt at det tar to timer å kjøre dit. I tillegg kunne drosjen vente på meg der til jeg var klar for å reise tilbake. Jeg var på nippet til å gjøre en avtale med en fyr med intet mindre enn en Mercedes Benz, da resepsjonisten på Holiday Inn kom løpende mot meg og viste med voldsomme fakter at jeg måtte avslutte mobilsamtalen og ikke gjøre noen avtale. Jeg avtalte at jeg skulle ringe opp igjen. Resepsjonisten så lettet ut. Jeg forstod overhodet ikke hvorfor og ba om en forklaring. Han stotret seg fram på engelsk om at han hadde undersøkt for meg og funnet ut at det fantes en svært billig løsning. Han var riktignok ikke sikker på hvor og hvordan, men foreslo at jeg skulle ringe til Hin Areni, en av hovedaktørene bak vinfestivalen, og spørre om de visste om noen som drev transport for en rimeligere penge enn drosje. Jeg fikk snakke med øverste leder og fikk svar. Jeg kunne komme til Areni for 2000 dram én vei, og 2000 dram tilbake når jeg måtte ønske. Det skulle da bli 240 kroner!

Jeg måtte møte på jernbanestasjonen i Jerevan og se etter bilen som skulle ta meg til Areni. Den ankom til avtalt tid. Selvfølgelig var det en ni-seters Toyota uten sikkerhetsbelter og med en kjederøykende taxisjåfør som jeg nok anså som prototypen på arrogant. En rimelig stor mage bar han på seg i tillegg til at han tente den ene sigaretten med stumpen fra den forrige. Han henviste meg til en plass bakerst og innerst og ba meg sette meg. Det luktet svette i hele bilen. Han åpnet gudskjelov bakluken, men det hjalp lite ettersom han satte seg ned rett bak meg og tente seg nok en sigarett. Det ble stille en stund, før en gjeng med kameratene hans kom og det ble snakket og skreket. Han gjorde ingen tegn til at vi var klare for avgang. Jeg ble sittende en halv time før jeg bestemte meg for at dette gidder jeg ikke. Jeg prøvde å åpne sidedørene, uten hell. Tydeligvis hadde de en slags barnesikring. Så «stupte» jeg over baksetet og ned i bagasjerommet. Da kom sjåføren med sinte skritt mot meg. Jeg bestemte meg for å være tydelig. Jeg tilbød meg å betale de 2000 dram for å slippe å sitte hele dagen i bilen hans mens festivalen var i full gang. Han tente seg nok en sigarett og ba meg roe hodet mitt. Vi var snart klare til avgang. Som ut av intet kom det ene mennesket etter det andre og fylte opp bilen. Sjåføren bestemte hvem som skulle sitte hvor. Jeg fikk beskjed om å krype tilbake til min plass. Ni personer var på vei til verdens trolig flotteste vinfestival. Én person gledet seg som et barn på julaften. Åtte stykker så ut som om de skulle i begravelse. Jeg prøvde meg på spillopper, men her var det ikke mulig å få noen reaksjon annet enn mumling. Jeg må si at jeg var en smule bekymret dersom det var denne typen festblanketter som skulle prege vinfestivalen. Men jeg ble beroliget. Sjåføren ga full gass, kjørte i sikksakk forbi den vanlige køen i Jerevan. Han roet seg litt ned ved Araratfjellet. Så stoppet han ved noe som så ut som et nedlagt busstopp. Han trengte en røykepause. Jeg ville ut og ta bilde av Ararat, men det var det ikke tid til. Sjåføren røykte to sigaretter.

Til min store glede var det ingen av de andre passasjerene som skulle på vinfestival. Den ene etter den andre gikk av til små landsbyer langs veien. Til slutt var det bare meg igjen bakerst i bilen. Jeg spurte om jeg kunne få sitte foran, men det var det ikke tid til.

Vi hadde brukt en og en halv time til Areni, og altså tatt igjen den tiden sjåføren hadde brukt på kjederøyking før avgang. Jeg fikk avtalt møtested på kvelden, tok bilde av nummerskiltet og av møtestedet og sprang av gårde til en stor eiketønne som markerte inngangen til festivalen.

Det var fullt av folk i alle aldre overalt. Å snakke om parkeringskaos er ikke en dekkende forklaring på begrepet med tanke på alt rotet med personbiler, små busser og politibiler som forsøkte å løse en slags gordisk knute slik at alle kunne få satt fra seg kjøretøyet sitt. Gudskjelov slapp jeg dette og kunne begynne med min vandring nedover en bred vei til vinprodusentenes utstillinger. Det tok sin tid å komme fram til målet. På begge sider av veien befant det seg små og store stands med all slags mat, drikke, klær, leker og så videre. Jeg ble bare gående og nyte synet av begeistrete voksne og barn som virkelig nøt dagen. Innimellom snakket jeg med dansende ungdommer som hadde installert seg midt i veien med digre høyttalere og arrangert dans. På hver side av veien satt gamle koner og stekte lavash i bærbare tonirer. Det mest oppsiktsvekkende for min del var at flere kvinner bakte *jingalov hats*. Jingalov hats er en slags lefse på linje med lavash med en haug av spesielle urter som har sitt opphav i Artsakh. Her stod altså flyktninger fra Artsakh og stekte jingalov hats til den store gullmedalje. Og jeg måtte snakke med samtlige. De ble rørte og glade da jeg fortalte dem om mine opplevelser i Artsakh. Jeg fikk forklart dem om mitt engasjement og min beundring for dette stolte og sterke folket som har klart tå motstå hat, trusler, krigføring og blokade i årevis før de ble etnisk renset fra sitt hjemland. Det falt flere tårer. De nektet å ta betalt for jingalov hats. Den minnet om mine to reiser til fantastiske Artsakh. Jeg venter fortsatt i spenning på om verdenssamfunnet har tenkt å gjøre noe med overgriperen Aliyev og hans regime med despoter, eller om dette overgrepet kommer til å ties i hjel.

Det mest imponerende er kanskje at gatene er fulle av barn og ungdom i skjønn forening med voksne og eldre. Alle er med på vinfestivalen, og alle danser, smiler og virker som de koser seg. For de minste er det laget til egne lekeplasser. Jeg merker meg at pengene sitter løst når foreldrene kjøper leketøy på diverse leketøystands som dukker opp mellom matstasjoner, fruktutstillinger, vin på plastikkflasker produsert av lokale bønder, vodkastands og så videre. Dette er dessuten et paradis for den som liker grillmat. Det bugner av lekker *khorovats* i alle varianter. Det lukter grillmat og det ryker fra grillene som styres av unge menn som tydeligvis vet hva de driver med. Jeg bestemte meg for å vente med mat til jeg hadde smakt et par viner, så jeg hastet forbi fristelsene langs veien. Det var ikke bare enkelt. Påkledd bukse, halskjede og genser med armenske flagg og riksvåpen, ble jeg et lett bytte for den som ønsket å vite hva slags fyr som gikk rundt som et levende reklameskilt for Hayastan. Jeg ble stoppet stadig vekk og tilbudt gratis måltider. Men jeg takket høflig nei og tok heller en prat. Slikt blir det gratiskurs i armensk av. Jeg nøt!

Mot slutten av den mer enn kilometerlange veien fram mot vingårdenes presentasjoner så jeg en hel gjeng som danset intenst og sang med til teksten. Dette måtte jeg få med meg, og jeg klatret over et par gjerder for å komme fort fram. Her var det fest. Vinflasker stod fordelt utover et digert bord. De dro meg med i dansen, og vi holdt det gående en og stund. Jeg la plutselig merke til at det var en keyboardspiller som sto for musikken og sangen. Jeg ble mektig imponert. Det hørtes faktisk ut som om dette var en liste fra Spotify med de største armen-

Ingen fest og ingen festival i Armenia arrangeres uten mengder av khorovats. Foto: Sven-Erik Rise

Her vanket det både ett, to og tre glass med påfyll. Jeg fikk påfyll med en annen vin også. Foto: Sven-Erik Rise

ske hits. To vinglass gikk ned på høykant. For hvordan er det fatt, folkens? Er det meningen at man kun skal drikke på kveldstid og så gå å legge seg for å sove ut rusen, eller er det mer fornuftig å starte klokken 12.00 på formiddagen og ha glede av rusen hele dagen? For min del foretrekker jeg det siste. Festen var i gang, og dansingen fortsatte.

Inne i en liten pergola la jeg merke til to eldre damer som satt og

En flyktning fra Artsakh baker og selger jingalov hats. Dette er en slags lavash med helt spesielle urter som innbyggerne i Artsakh fant i fjellene, og som de i århundrer har benyttet seg av i matlaging. Noen av urtene er endemiske i Artsakh. De prøver å finne lignende eller gode erstatninger for de tradisjonelle urtene. Foto: Sven-Erik Rise

koste seg med medbrakt mat og kaffe. De hadde fulgt med på dansen og satt og klappet og sang med. Den ene av dem vinket til meg at jeg måtte komme. De ville gjerne dele maten sin med meg. Denne gangen klarte jeg ikke å takke nei. Det var svært rørende. De la fram en diger lavash som de fylte med tomat, agurk, basturma (armensk kjøttpålegg), ost og diverse annet. Så lagde de wraps som jeg skulle spise. Det var så utrolig godt. Armensk kaffe fra termos ble servert. Vi ble sittende og prate lenge før de ba meg gå og nyte festivalen. Hvilken gjestfrihet!

Strake veien til vinsmakingen. Men først ble jeg møtt med orkester og en diger danseplass der folk danset runddans. Massevis – og jeg ble dratt med, selv om jeg ikke kunne ett eneste trinn. På ett eller annet vis fungerte det. Orkesteret spilte tradisjonell musikk og nyere armensk musikk i skjønn forening. Innimellom var vakre kvinner kledt i armenske nasjonaldrakter. Jeg forstod igjen hvorfor disse kvinnene anses som verdens vakreste, ifølge diverse meningsmålinger. Nei, ikke alle ser ut som Kim Kardashian. Mange er vakrere.

Det begynte å bli enda mer folksomt. Jeg talte ti digre ringer med folk som danset, og enda flere utenfor den tiende ringen som stod og så på og danset for seg selv. Hjelpe meg! Dette tok helt av. Nå ville jeg drikke mer vin. Det fantes ikke en eneste grunn til å la det være. Jeg presset meg fram mellom folk og kom meg fram til billettkontoret. Et flott vinglass med holder og en bong til fri benyttelse kostet 5000 dram. (150 kroner). Det var bare å komme i gang. Og her var det mye å velge i. Ny gate som ingen ende ville ta. På begge sider store og små utstillinger av vin fra kjente og mindre kjente vingårder. Flere av dem kunne vise til internasjonale utmerkelser. Noen var helt nyetablerte. Igjen andre satset 100 prosent økologisk. Det var et utvalg uten sidestykke. Rødvin, hvitvin, rosévin, fruktviner av bringebær, granateple, morbær, jordbær, fersken og fiken. Flotte utstillinger og svært imøtekommende og hyggelige servitører.

Etter første hvitvin som jeg brukte bongen til å betale for, kostet

Medbrakt armensk matpakke er noe helt spesielt. Dette var nydelig.
Foto: Sven-Erik Rise

hvert vinglass 500 dram (15 kroner). Men, det interessante var at når jeg bestilte en eller annen vin kom alltid spørsmålet: «Taste or full glass?» Dersom jeg svarte taste fylte de glasset slik man får det i Oslo. Hvis jeg betalte 500 dram, ble glasset fylt til randen. Jeg valgte meg ut noen av de nye vingårdene og fikk full opplæring i hvor, hvordan og

Armensk runddans med fengende musikk. Foto: Sven-Erik Rise

Bongen ble løst inn her. Servitøren falt for mine armenske gloser og ga meg påfyll. To glass for én bong. Foto: Sven-Erik Rise

Denne vinen er Armenias første heløkologiske hvitvin. Først en smaksprøve. Så betalte jeg 500 dram for et fullt glass. Så fikk jeg påfyll. Da var det på tide å finne drosjen og komme meg av gårde til Jerevan. Foto: Sven-Erik Rise

Damer ikledd folkedrakt gjør seg klare for å danse for å feire Armenias vin. Foto: Sven-Erik Rise

så videre. Og det ble drukket. Og det ble gratis påfyll. Et band stod i en gleppe mellom vinutstillingene og spilte kjente og ukjente hits fra de siste 40 år. Det var saxofon, keyboard, synthesizer, trompet, trommer og piano. Full underholdning. Flere sangere med stemmeprakten i orden tok mikrofonen og kjørte på med vakker sang på armensk, russisk, engelsk og fransk. Det ble danset, det vanket klemmer og det ble ledd.

Leveregelen om at det lønner seg å drikke på formiddagen for å få full uttelling for rusen i løpet av dagen virket utmerket denne dagen. Den ble avsluttet med at jeg spanderte en flaske armensk sprudlende vin på to vakre damer som fascinerte meg til de grader ved å tråkke barbeint rundt i et eikefat der de lagde druesaft med føttene mens de danset og sang. Når man blir en smule beruset, blir det enda lettere å vise sin glede og sin fascinasjon over andre mennesker. Og jeg forsikret dem om at min legning var trygt forankret på motsatt side. Dette ble nye venner!

Vinmonopolets boikott av landet der vinen ble født

Hver eneste gruppe jeg har tatt med til Armenia har fått et sterkt engasjement for landet og folket. Når deltakerne får øynene opp for den armenske vinen, blir det nærmest et krav at jeg må gjøre noe for å få Vinmonopolet til å selge de forskjellige slagene. Systembolaget i Sverige satte i gang med import for lenge siden. Der tilbys et bredt utvalg av armenske viner, selv om mange av dem må bestilles et par dager på forhånd. Dette er jo greit for dem som reiser på harrytur til Sverige. Men alle nordmenn bor ikke langs grensen, og for mange blir ikke den armenske vinen tilgjengelig. Det har til tider føltes som en borgerplikt, både for Armenia og for Norge at Vinmonopolet tar inn vin fra Armenia.

Med hver ny gruppe som ble med til Armenia økte presset på Vinmonopolet. Vi ble nemlig enige om å etterspørre armensk vin på alle vinmonopol vi var innom. Polene fra Kristiansand, via Oppdal og Rissa til Kirkenes ble kontaktet av armeniareisende med spørsmål om hva slags type armensk vin de kunne tilby. Svaret kunne vi utenat. Ingen armensk vin. Ingen planer om å kontakte importører for å få inn vinen fra verdens første vinland. Jeg begynte min egen kampanje på vinmonopolet på Aker Brygge. Flere av mine kolleger stakk innom med jevne mellomrom og maste om armensk vin. Min datidige sjef gikk innom og bare forutsatte at de hadde armensk vin i sitt utvalg. Hun spurte ganske strengt om hvor hyllen for armenske viner var plassert. Kundeveilederne begynte å foreslå viner fra Georgia, Hellas og Libanon. «Nå var det Armenia jeg spurte om, ikke alle mulige naboland», svarte min sjef rimelig oppgitt.

Det kom stadig tekstmeldinger om hvordan de forskjellige armeniaentusiastene hadde blitt møtt på de forskjellige polene rundt om i landet. Summa summarum hadde de fleste fått beskjed om at hvem som helst kunne importere vin og at Vinmonopolet hadde plikt til å selge den. De ivrigste hadde satt seg inn i prosessen. For min del hadde jeg rett og slett ikke tid og ork til å sette i gang det som virket som en slags kafkaprosess. Men jeg kom på en annen idé som kanskje kunne inspirere til at noen i Vinmonopolet etterlyste armenske viner hos sine leverandører.

Frekkhetens nådegave

Med et sterkt ønske om å kunne gå på et vanlig vinmonopol i Norge for å få tak i vin fra verdens første vinproduserende land satte jeg i gang med tiltaket mitt. Aller først forfattet jeg et brev til øverste leder i Vinmonopolet A/S der jeg beskrev vinproduksjonen i Armenia. Jeg forklarte opp og i mente det spesielle ved vinlaging i Armenia, om historien og om eksporten av vin til de fleste av verdens møblerte land. Jeg forklarte at to land boikottet alt fra Armenia og at Norge var i ferd med å bli det tredje, og det syntes jeg ikke vi kunne være bekjent av. Rett og slett stille opp på Tyrkias og Aserbajdsjans side for boikott av et lite land som har vært utsatt for folkemord og etnisk rensing. Det var det.

Men av og til gjelder det å være kreativ. Jeg tør nesten ikke tenke på hva jeg holdt på med, men det ble i grunnen ganske underholdende å fortelle om min innsats i selskapslivet etter hvert. Jeg begynte nemlig å ringe til kundeservice sentralt. Der sitter det en veldig hyggelig mann som prøver så godt han kan å være imøtekommende og hjelpsom. Ved første oppringning forklarte han at armensk vin ikke er aktuelt for Vinmonopolet fordi den nok ikke er så spesiell som jeg tror. Han kunne i stedet anbefale god vin fra en rekke andre land. Han avsluttet med at ingen før meg hadde etterlyst vin fra Armenia. Jeg tror faktisk han ikke helt visste hva han snakket om. Av og til snublet han når han skulle uttale Armenia og kalte landet Armania. Som om det skulle vært hjemlandet til et kjent motemerke.

Jeg ble så forfjamset over svaret hans at jeg glemte helt å argumentere med verdens eldste vinland, endemiske druer og alt annet skyts jeg hadde forberedt. Dagen etter ringte jeg samme nummer igjen, og den samme mannen svarte. Jeg hadde ikke forutsett at det skulle være den samme mannen. Jeg kvakk til, og la på. Men, så kom idéen om å prøve med forskjellige dialekter. Jeg ringte opp igjen og etterlyste armensk vin på klingende trønderdialekt. Ikke noen fintrønder, men heller mer i retning av Indre Fosen. Det ble samme langsvar tilbake, men denne gangen forestilte jeg meg inni hodet at jeg var en skikkelig akademisk trønder og fortalte mannen at jeg var ønolog og kunne ett og annet om vin. Før jeg la på, fortalte jeg ham at det var skandaløst at det ikke var armensk vin å oppdrive på polet.

Videre utover de neste par ukene fortsatte jeg å ringe. Jeg spurte meg om det bare er én som jobber på kundeservice, eller om de kunne se hver gang jeg ringte, og dermed lot denne mannen ta samtalen. Jeg begynte derfor å ringe fra hemmelig nummer, fra jobbtelefonen, fra ektefellens nummer og så videre. Hver dag i ti dager ringte jeg og presenterte en ny dialekt. Det verste var at jeg ikke ble avslørt. Han svarte høflig og ordentlig hver gang, men etter hvert begynte han nærmest å beklage at han ikke kunne berolige innringer med at de vurderte å ta inn armensk vin.

I midten av oktober hadde jeg simpelthen ikke flere dialekter å ta av, men jeg ville prøve en gang til. Jeg hadde forberedt en historie om at min vordende kone var armensk og at hennes familie skulle komme til Norge i bryllupet og at vi skulle gifte oss på Prekestolen. Dersom jeg ikke fikk tak i armensk vin, ville vi måtte flytte hele bryllupet til Danmark. Der har de nemlig armensk vin.

Men hvilken dialekt skulle jeg dra denne gangen? Jeg visste om to til, Brønnøysund og Haugesund, men de er umulige og jeg ville ha blitt avslørt. Så da fikk det bli dansk. Jeg ringte opp, presenterte meg høflig på så godt dansk jeg kunne og la fram mitt ærend. Jeg merket meg at mannen på den andre siden av linjen begynte å bli litt hissig. Plutselig utbrøt han: «Det var det fælt til mas om armensk vin her for tiden.» Jeg ble veldig lattermild og måtte rett og slett legge på røret. Men om mine framstøt hadde virket eller ikke, får jeg nok aldri svar på. Det gikk uansett bare et halvt år før vi fikk en rødvin og en hvitvin fra Armenia på utvalgte pol og som bestillingsvare.

Shaki-fossen i nærheten av Sisian, Syunik. Foto: Winfried Dallmann.

Del IV:

Reisen sørover

Et nesten håpløst prosjekt

Etter krigen i Artsakh, der Armenia hadde lidd store menneskelige, økonomiske og territorielle tap, begynte Aserbajdsjan med småoffensiver i Syunik. Syunik er Armenias sørligste provins med grense til Iran i sørøst. Resten av provinsen har grense mot Aserbajdsjan fra to sider, med Nakhitsjevan i sør. Det betyr at Aserbajdsjan har en eksklave sør for Armenia, et område som Stalin ga til Aserbajdsjan da de tre transkaukasiske Sovjetrepublikkene ble opprettet på 1920-tallet. Nakhitsjevan var fra gammelt av alltid bebodd av et flertall armenere, riktignok med innslag av flere minoriteter som iranere, kurdere, jesidier og tyrkere. Allerede i 1918 drepte osmanske styrker 10 000 armenere i Nakhitsjevan og jevnet 45 landsbyer med jorden. De klarte de å forhindre at Nakhitsjevan ble innlemmet i den første republikken Armenia.

Etter innlemmelsen av Nakhitsjevan i Sovjetrepublikken Aserbajdsjan, klarte myndighetene å kvitte seg meg hver eneste armener i området ved å gjøre livene deres så problematiske at de nærmest var tvunget på flukt. Hele den armenske befolkningen flyttet til den armenske sovjetrepublikken. Mange armenere hadde to valg: Du flytter, eller du blir drept.

For å sikre seg mot ethvert krav fra Armenia i framtiden har Aserbajdsjan sørget for å viske ut hvert eneste spor av armensk sivilisasjon. Jeg tør påstå både fysisk og psykisk i menneskenes forestillingsverden. Kirker, klostre, khatsjkarer, armensk skrift på boliger – alt er jevnet med jorden. Det verste er nok at 10 000 håndlagde khatsjkarer i Old Julfa ble lagt i grus av gigantiske bulldosere, og det ble bygd et gedigent militæranlegg på området. Iran var faktisk det landet som varslet FN, UNESCO, Russland og Armenia om hva som foregikk i Nakhitsjevan. Til tross for klareprotester fra verdenssamfunnet fortsatte aserbajdsjanske myndigheter med et fullstendig eget narrativ om at ingen hadde rørt de armenske minnesmerkene fordi de aldri hadde vært der. I den grad noen hadde sett eller hørt noe om slike minnesmerker, hadde armenerne fjernet dem selv. En diskusjon om saken er umulig. Prøver man, provoserer man fram en stor porsjon aggresjon og kan risikere utskjelling og sågar vold. Aserbajdsjanerne er hjernevasket til å tro at armenerne er deres verste fiender og kun er ute etter å ta dem. Det finnes så altfor mange eksempler på slike uttalelser fra høyeste hold i landet. Den som forsvarer armenere eller ønsker forsoning, risikerer fengselsstraff.

Jeg har vært i Nakhitsjevan, og jeg har blitt fengslet i Nakhitsjevan. Det var til og med før jeg ble så opptatt av Armenia. Jeg mener at jeg ikke gjorde noe kriminelt, annet enn å spørre folk på gata hvor de armenske kirkene befant seg, hvor ett eller annet kloster jeg hadde lest om var, og om det fortsatt bodde armenere og kurdere i området. Og som om det ikke var nok tok jeg en drosje for å se på de eventuelt

Khatsjkarer finnes over alt i Armenia. De dukker opp når man minst aner det. De mest spennende er de som ligger der man vanligvis ikke ferdes. Foto: Privat

gjenværende khatsjkarene i Old Julfa. Og den gangen stod det igjen en del, som jeg fotograferte.

Det hviler en angst over en del mennesker som befolker Nakhitsjevan. En angst som tydeligvis er innprentet fra barnsben av. Angsten for å bli avslørt. Den samme angsten jeg opplever dersom jeg tar opp folkemordet på armenerne med en del tyrkere. Jeg har alltid opplevd tyrkere som vennlige, gjestfrie, nysgjerrige og rause. Men når samtalen dreier seg mot den tyrkiske historien og man kommer inn på folkemord, etnisk rensing, kyproskonflikten eller kurdernes situasjon i dagens Tyrkia, får pipen en helt annen lyd. Straks trekkes rasismekortet. Vestens hat mot det tyrkiske, konspirasjonsteorier og en fornektelse uten sidestykke. Jeg opplever trusler dersom jeg sier rett ut at jeg ikke har noe imot verken tyrkere eller aserbajdsjanere, men at jeg derimot har noe imot folk som fornekter sin egen historie. Spesielt når det gjelder folkemord. Dette har ikke ført til annet enn trusler. Jeg har fått kastet granatepler i hodet, en iPhone i panna, et lite slag i magen og jeg har blitt spyttet på. Ikke noe veldig alvorlig, med andre ord.

I Nakhitsjevan er det så forbudt å prøve seg på å stille spørsmål ved det aserbajdsjanske historienarrativet at jeg tror de fleste går rundt med hurtigknapp til nærmeste politistasjon på mobilen.

Etter et ti minutters opphold i Old Julfa kom det to politibiler kjørende med ulende sirener. Det var visst meg de var på jakt etter. Håndjern og masse vrøvl på tyrkisk jeg ikke skjønte noe av. Deretter med ulende sirener inn mot politistasjonen, rett inn på et sterilt avhørsrom med tre betjenter jeg syntes lignet på olme okser. Jeg ble plassert i en stol. Betjentene tente hver sin sigarett og dampet i vei mens de seg imellom bablet av gårde med aggressiv mine rettet mot meg. Jeg viste med gester at jeg ikke tålte røyk og ba dem slukke sigarettene. Med sterkt gule tenner og med en ånde som stinket gammel katteurin, tok en av mennene tak i halsen min og klemte til. Hva han sa forsto jeg ikke. Sigarettene ble røyket til siste drag før alle tre tente en ny.

Jeg ba om advokat og om å få låne telefonen. Svaret var nei. De fyrte løs med spørsmål jeg til en viss grad forsto, men jeg lot som jeg ikke hadde peiling på noe som helst. Stemningen ble dårligere og dårligere. Etter noe sånt som en time ankom bagasjen min fra hotellet. Alt ble pakket ut og lagt på bordet foran meg, inkludert stinkende sokker, gamle underbukser, svette joggeklær, en flaske tyrkisk øl, en bærbar CD-spiller og fire filmer klare for framkalling. Alt ble konfiskert, sammen med filmen jeg hadde i kameraet og selve kameraet. Men ikke de to filmene jeg hadde gjemt i underbuksa. Og de to var de viktigste for meg.

Da de skulle ta pass, reisesjekker, amerikanske dollar, aserbajdsjanske manat og norske kroner hadde jeg fått nok. Jeg skrek til dem på norsk om at dette fant jeg meg ikke i og at jeg kom til å rapportere det hele til Amnesty, FN, Leger uten grenser og alt som kunne krype og gå av menneskerettighetsorganisasjoner. Resultatet av mitt utbrudd var en natt i fengsel. Deretter deportasjon, flybillett til Oslo via Istanbul. Penger og pass ble returnert i en pose. Flere siders skriv som trengte min underskrift. Jeg nektet. Slag over nesen. Neseblod. Politimannen skrev like godt under selv, men stavet navnet mitt feil. Jeg hørte aldri noe mer fra Aserbajdsjan, og jeg vet ennå ikke hva galt jeg hadde gjort.

Syunik

Nå hadde det seg slik at jeg ville se Syunik, den armenske provinsen som deler Aserbajdsjan i to og som er under enormt press fra Aserbajdsjan. Daglig rammes armenerne av uttalelser om at de gjør krav på hele området fordi Syunik egentlig tilhører Aserbajdsjan. Ja, du leser riktig. Først tok Aserbajdsjan Nakhitsjevan. Deretter tømte de provinsen for armenere. Så var det Artsakh. Ingen armenere igjen. Aserbajdsjans øyne er nå på Syunik. Og det er mange grunner til å frykte det verste her. Hovedgrunnen er strategisk. Både Tyrkia og Aserbajdsjan ønsker fri tilgang mellom de såkalte tyrkiskspråklige områdene fra Middelhavet og langt innover i Asia. En slags gjenoppliving av den gamle drømmen om et sammenhengende Turan der alle med tyrkiskspråklig bakgrunn er samlet. Armenia har hele tiden vært i veien for dette. Et sammenhengende Turan ville betydd enormt for handel, samarbeid, forenklet transport, makt og så videre. Det ville kunne bygges jernbaner og motorveier fra Izmir til Kina. På grunn av det konfliktfylte og svært hatefulle forholdet til Armenia, kan ikke Armenia være en del av løsningen. Aserbajdsjan mener derfor at Armenia må avstå Syunik eller i det minste gi Aserbajdsjan en korridor med fri bevegelse gjennom hele provinsen. En korridor med togtransport og en motorvei som deler Armenias territorium i to. Dette er krav Armenia ikke kan innfri. Ikke minst på grunn av trusselen dette kan utgjøre mot hele regionen.

Jeg hadde gledet meg lenge til å reise til Syunik sør for Goris for å oppleve en del av Armenia dit nesten ingen reiser. I denne provinsen har naturen prioritet. Menneskene lever i pakt med omgivelsene.

Syunik ligger høyt over havet med fjell opp mot 4000 meter og dertil hørende gjel og daler. Det finnes en rekke små innsjøer, elver og dype skoger mellom fjellvidder og nakne fjellandskap. Fotturer i nærmest uberørt natur er hovedattraksjonen i Syunik, men provinsen har mye annet å by på.

En del av veien til Syunik går på snaufjellet der naturen er naken, men utrolig vakker. Den siste biten av Vayots Dzor ligger høyt over havet, men så begynner nedstigningen til Syunik. Man ønskes velkommen med to store søyler som strekker seg mot hverandre over veien og en stor bensinstasjon. Her stopper turistbussene for tissepauser, bensin og snacks. Et lite stykke sørover finner vi Wings of Tatev. Syuniks største og viktigste turistattraksjon må være Tatevklosteret og selve transporten til dette underet, som altså kalles Wings of Tatev. Tatevklosteret ble bygget på 800-tallet og ligger på et stort basaltplatå nær Tatev-landsbyen. Begrepet «Tatev» refererer vanligvis til

Tatevklosteret med sin dramatiske beliggenhet i Syunik. Verdens lengste taubane tar turistene over Vorotanelveleiet fram til klosteret. Foto: Mkhitar Movsisyan

klosteret. Klosterkomplekset står på kanten av en dyp kløft formet av Vorotan-elven. Tatev er kjent som Syuniks bispesete og spiller en viktig rolle i historien til regionen som et senter for økonomisk, politisk, åndelig og kulturell aktivitet.

I det 14. og 15. århundre var klosteret vert for et av de viktigste armenske middelalder-universitetene. Her ble fag som filosofi, etikk, religion, reproduksjon av bøker og utvikling av miniatyrmaleri fremmet. Forskere fra Tatev-universitetet bidro til bevaring av armensk kultur og trosbekjennelse i en av de mest turbulente periodene i landets historie.

Klosteret og den ville naturen er attraksjoner i seg selv, men hovedattraksjon er likevel verdens lengste taubane uten stoppesteder

Dramatisk og vakker natur i Syunik. Foto: Ani Hambaryan

som ble åpnet i 2012. Det var den russisk-armenske businessmannen Ruben Vardanyan som satte det hele i gang. Den er inkludert i Guinness Book of World Records. Han hadde ideen om å renovere Tatevklosteret. I tillegg kom han på at det ville være en super idé å lage en taubane for turister slik at man fikk oppleve den dramatiske naturen over ravinen fra 320 meter i luften.

Vardanyan satte i gang en storstilt kampanje for å få tak i donorer til prosjektet, og han lyktes i både renovasjonen av klosteret og i konstruksjonen av den fantastiske taubanen. Det måtte intet mindre enn 18 millioner dollar til for å konstruere den. Han hentet ekspertisen fra det landet som er best på taubaner, nemlig Sveits. I tillegg samlet han inn store summer til renovasjon av klosteret og til å sette i gang med annen infrastruktur slik at landsbyene i nærheten kunne nyte godt av turismen. Planene er å få satt i gang med hotellbygning, restauranter og kafeer, lage vandrestier og så videre. Syunikregionen har virkelig

En tønne for overnatting og spennende utsikt. Foto: Sven-Erik Rise

nytt godt av dette.

Selve turen i gondolen tar 11 minutter og tilbakelegger 5,7 kilometer, svevende over et svært flott og dramatisk landskap. Vi nøt både lufteturen og eventyrklosteret på den andre siden. Dette er det nærmeste man kommer et eventyrslott overhode.

Den lille landsbyen tilbyr de besøkende opplæring i vodkaproduksjon (oghi) og selvfølgelig så mange smaksprøver man ønsker seg. Man kan bestille en demonstrasjon en dag i forveien. Da rigger en av vodkaprodusentene opp apparaturen før man ankommer, og demonstrasjonen starter rett etter rundturen i klosteret

Det naturlige overnattingsstedet på veien mot den sørlige delen av Syunik er i Goris, en koselig liten by med et par gode restauranter og noen få hoteller å velge mellom. Det kanskje mest spennende overnattingsstedet er Harsnadzor Eco Resort. Her tilbys små hytter, som i grunnen er store tønner der man sover med stupbratte fjellvegger rett utenfor vinduet. Vinduet mot stupet kan ikke åpnes. På området løper høner, kalkuner, fasaner, ender og hunder fritt. Det tilbys både frokost, lunsj og middag.

Småbyer med masse personlighet

Sisian, en vakker småby, ligger på hver sin side av elveleiet til Vorotanelven. Byen kan by på vakker utsikt i alle retninger, inkludert fossefallet Shaki, som er en turistmagnet. De fleste turistene kommer for å se Shaki, og så reiser de videre. Men det kan være verdt å spandere en natt i Sisian, i hvert fall hvis man er interessert i eldre historie. Området er nemlig spekket av attraksjoner. Først har vi petroglyfene som visstnok er noen av verdens eldste. De kalles Ughtasarpetroglyfene og dateres tilbake til det 12. århundre før Kristus. Så har vi det armenske Stonehenge. Denne samlingen av store steiner som på en eller annen logisk måte er satt sammen slik at det må bety noe og ha hatt en eller

Vulkansk landskap i nærheten av Armenias grense mot Artsakh. Her finner man eldgamle petroglyfer. Foto: Winfried Dallmann

Zorats karer eller Karahunj er navnet på denne formasjonen som ofte kalles Armenias Stonehenge. Foto: Winfried Dallmann

Det arrangeres stadig folkedanskvelder i den lille studentbyen Sisian.
Foto: Jan Gregersen

annen nytte for folk tilbake til 3000 år før Kristus. Stedet kalles Zorats karer (Zorats-steinene) og befinner seg tre kilometer fra sentrum av Sisian. Ganske spennende og litt mystisk. Sisian kan også skryte av flere fort bygget i løpet av Middelalderen. De fleste av dem er i ruiner, men restene er vel bevarte.

Sisianerne er spesielt opptatt av musikk og kunst. I denne lille byen finnes både et kunst- og et musikkakademi. Studentmiljøet er rikt og sosialt. Møter man dem, får man gjerne en omvisning på kunstmuseet og et khorovatsmåltid på campus eller på en av restaurantene i byen. Jeg opplevde rimelig god engelskkompetanse blant ungdommen og stor interesse for Norge. Samtlige kjenner til Fridtjof Nansen og hans innsats for armenere, men de er like opptatt av Edvard Munch, Edvard Grieg og Henrik Ibsen. Morsom gjeng med mange interesser.

Dersom man ønsker mer spenning, kan man ta seg en tur til fots over den svingende brua som forbinder de to delene av byen Khndzoresk.

Fra hulelandsbyen Khndzoresk. Foto: Winfried Dallmann

Her bodde det en gang en liten familie. Foto: Winfried Dallmann

Dette er en 160 meter lang hengebru og egner seg dårlig for folk med høydeskrekk. Den går rett over et dypt elveløp, og den vaier i vinden mens du prøver å ta deg over. Brua er 100 prosent sikker. Den er konstruert etter alle mulige sikkerhetsforskrifter og veier 140 tonn. På hver side av brua finner man Nye Khndzoresk og Gamle Khndzoresk. I gamlebyen finner man en masse forlatte fjellhuler. Denne hulelandsbyen var bebodd fram til midten av 1950-tallet, før Sovjetunionen bestemte at ingen fikk lov til å bo i huler. Her ser man hulene som ble brukt til private hjem, husdyr, mat, oppbevaring, skole og så videre. En kirke og et kloster ser man også ruinene av. I nye Khndzoresk finner man også en del huler som i dag brukes som ly for husdyra når det er dårlig vær og til diverse oppbevaring. Hulene i begge bydeler er et spesielt skue, og dersom man har lyst og har med sovepose, er det ingen som nekter noen å overnatte i en av hulene Det eneste man risikerer er å bli vekket av en sau, ei ku eller en geit som vil ha litt ly for natten.

Oversatt betyr Khndzoresk Eplebyen, og det er ikke uten grunn. Her står produkter av eple i fokus. Store avlinger gir eplemost, eplekake, tørket eple, eplevodka, eplevin, eple meg her og eple meg der.

En blanding av det vakreste og det mest skremmende

Reisen til det sørlige Syunik var noe jeg gjorde på egen hånd. Ettersom jeg ønsket å gjennomføre reisen i 2023, var det ingen som ville bli med. Både armenske venner og venner fra andre land mente at man burde holde seg unna Syunik nå. Aserbajdsjanerne truet befolkningen, og stadig vekk stjal de små landområder ved å flytte grensene noen kilometer inn på armensk territorium. Deretter kom de trekkende med falmede kart fra 1970-tallet som skulle bevise at en del områder alltid hadde tilhørt Aserbajdsjan. Man kan jo tenke seg frustrasjonen

Syunik preges av vakre enger og solide beitemarker. Litt bortenfor disse beitemarkene lurer aserbajdsjanske soldater seg inn på armensk territorium og jager armenske bønder fra sine områder. Foto: Ani Avetisyan

Man møter dem over alt: Armenske soldater som stadig er utsatt for angrep de må slå tilbake. Foto: Jan Gregersen

når en av områdets bønder er ute på beite med flokken sin. Plutselig blir han truet på livet av soldater som kommer inn på hans eget beiteområde. Dette skjer helt lemfeldig med områdets bønder. Beitene har tilhørt armenske familier i generasjoner og har aldri tilhørt Aserbajdsjan. Aserbajdsjanerne gikk også inn og okkuperte deler av gjennomfartsåren som forbinder Iran med Armenia. De påsto at veien gikk gjennom aserbajdsjanske områder. Armenske myndigheter viste til kart fra 1920-tallet, da landområdene ble fastsatt av Stalin, men aserbajdsjanske myndigheter ønsket ikke å ta hensyn til dette. Derfor er noen områder av Syunik fortsatt i dag under aserbajdsjansk okkupasjon. Hovedveien gjennom Syunik måtte omgås da aserbajdsjanske soldater stoppet samtlige biler og trailere og krevde bompenger når de «kjørte inn på Aserbajdsjans territorium». Dette til sterke protester fra Iran. Armenske myndigheter bygde ny vei forbi de aserbajdsjanske bompasseringene for å få fart på import og eksport. Det ble satt ned komitéer som skulle samarbeide om å definere grensene en gang for alle. Saken står fortsatt uløst. Aserbajdsjanske soldater står fortsatt inne på anerkjent armensk territorium. Russland skulle hjelpe til og sørge for at problemet ble løst. Russland er nå helt ute av både det fredsbevarende oppdraget de hadde i Artsakh og ymse komiteer som hadde viktige oppdrag i fredsslutningen mellom Armenia og Aserbajdsjan.

Det hadde blitt rapportert trefninger, og enkelte sivile var blitt drept av aserbajdsjanske soldater, men dette var ikke noen daglig foreteelse, så jeg regnet med at jeg skulle overleve dette eventyret også.

Jeg leide derfor en jeep fra Goris og bega meg ut på en spennende reise mot et område som få kjenner til. Turistene snur gjerne etter en natt i Goris. Det bar av gårde gjennom naturskjønne omgivelser, fossefall og alle naturreservatene som lå på rekke og rad. Jeg stoppet i små landsbyer, pratet med innbyggerne, bestilte middag i private hjem der det ikke fantes spisesteder. Jeg fikk oppleve armensk gjestfrihet uten sidestykke.

Jeg hadde bestemt meg for å bruke god tid for å få med meg så mye som mulig. Jeg overnattet privat i Aghitu, en liten landsby med 400 innbyggere ved Vorotanelven. Bare naturskjønt rett og slett. Jeg ville gjerne vite mer om Syuniks unike natur og dyreliv. Familien, hvis gjestfrihet inkluderte en overnatting i middagen, fikk tak i en såkalt park ranger. Dette var Karen, en stor og sterk fyr med mer muskler enn man normalt finner på armenske menn. Han hadde så langt hår at det nesten subbet gulvet, og som om ikke det var nok, en stor ring i høyre øre. Med godt brukte og hullete sko, skjønte man at han jobbet ute, og at han brukte hendene og resten av kroppen på sitt daglige virke. Han rakte meg sin kjempestore høyre labb og hilste med et håndtrykk som ga meg smerter langt oppover armen. Så inviterte han på jeeptur off-road i områdets vernede natur. Han ba meg stille spørsmål som han forsto, så skulle han alltids klare å svare slik at jeg fikk med meg svarene.

En naturopplevelse

Vi kjørte fullstendig *off the beaten track*. Det ble slalåm mellom store trær og kryssing av elver og steinete områder. Jeg følte av og til at vi kjørte loddrett opp fjellsider, men jeg regnet med at han visste hva han drev med. Og det gjorde han. Vi hørte en merkelig uling som kom nærmere og nærmere. Karen forklarte at det var vi som nærmet oss ulingen, og at dette ikke var fra sjakaler som jeg trodde, men fra ulver. De finnes i området, men de er livredde for mennesker, så de holder seg alltid på avstand. Allikevel er beitedyra alltid beskyttet av en gjeter og flere gampere (armenske gjeterhund). Det hører med til sjeldenhetene at ulver tar husdyr i Armenia.

De digre kaukasiske brunbjørnene oppholder seg for det meste i Dilijan, men det hender en og annen forviller seg til Syunik. Den er som regel ikke aggressiv, men noen av dem er litt for nærgående. De vet at de alltid finner noe å spise der mennesker oppholder seg. Jeg svarte at jeg sikkert ikke kom til å se noe annet enn biller og mygg i disse skogene, ettersom de kuleste dyra befant seg langt unna eller i andre provinser. Karen lagde gråtemunn og gråtelyder og syntes veldig synd på meg. Tenk en nordmann i Armenia som ikke får sett de dyrene han ønsker seg. Vi slo leir da det begynte å mørkne. Karen tente bål, dro fram vodka og kaffekoker, og vi ble sittende ved bålet og prate mer. Karen er enslig og ønsker ingen familie fordi han har dedikert livet sitt til å ta vare på Armenias helt unike natur. Han forteller historier om kriger, om den sårbare naturen i fjellene og om utrydningstruede dyr. Han ramser dem opp alle sammen. Han er mest opptatt av den kaukasiske leoparden, som han beskriver som et vakkert kattedyr. Ifølge en gammel legende skal leoparden ha brakt med seg *chichkan*, tindved fra Noahs ark langt inn i de armenske fjellene. Han lyste litt rundt, og lyset falt ned på tindvedbusker som stod tett i tett i rikt monn. Han plukket bærene en etter en og stakk seg gang på gang på fingrene når han ble litt for ivrig. Tindved burde vært klassifisert som Armenias fjerde hellige frukt. Jeg skyndte meg å nevne de tre andre, og han ble litt imponert. Han la ut om tindvedens helende virkninger. Han sørget for å få i seg tindved i en eller annen form hver dag hele året. Og han hadde aldri vært syk. Hver morgen startet han med en kopp te brygget på tindvedens bær. Når han ble tørst, drakk han tindvedjuice blandet med vann rett fra kilden. Han lagde tindvedsyltetøy og salat med tindved oppi. Og han lagde tindvedvin og tindvedvodka. Virkelig storprodusent tenkte jeg. Da jeg fortalte ham at vi faktisk har tindved i Norge også trodde han ikke sine egne ører. «Nei, det har dere aldeles ikke», mente han. «Det er altfor kaldt ved polarsirkelen for tindved. Ikke prøv deg», murret han.

Tindveden trives nesten over alt i Armenia. Den trenger ingen gjødsling og svært lite vann, og den sprer seg raskere enn koronaviruset. Tindved er gratis mat for mange. Det er bare å gå ut i skogen, på vidda eller ved innsjøen og plukke. I sesongen står ungdommen langs veien med store bøtter med tindved som de selger til forbipasserende biler. Iranere som har vært på tur til Armenia, tar ofte med seg et par spann hjem. De plukker ikke selv, men betaler ungdommen godt. Det andre iranerne tar med seg er colaflasker som de tømmer for innhold og kjøper vin direkte fra vingården eller fra private produsenter. De kjøper kun rødvin, mørk rødvin. En uskreven avtale mellom iranske tollere og iranske hijabkledte kvinner sørger for fri innførsel av «Coca-Cola».

Mens vi satt der i skogen og drodlet, dukket det plutselig opp en hel gjeng av noen store sauelignende dyr med enormt store, fete horn festet til hodebunnen. Jeg skvatt til og spurte han om vi måtte løpe. Han satt bare helt rolig og ba meg sette meg ned. Det var en gjeng med kaukasisk muflon, en slags villsau som lever i området. «De er ikke aggressive med mindre de føler seg truet. Denne storfamilien er vant til tamme sauer og gjetere, så de ønsker bare å gå rolig forbi oss bort til de trærne du ser. De pleier å søke ly for natten der, sånn i tilfelle ulveangrep eller leopardangrep.» Jeg lo og sa at det ikke finnes leoparder i Armenia. Men der tok jeg feil. Den kaukasiske leoparden har sitt episentrum ved Meghriryggen. De finnes riktignok i begrenset antall, men vi vet at det skal være 44 stykker i området. Dessverre ble leoparden mest sannsynlig utryddet fra Artsakh da aserbajdsjanerne brukte hvitt fosfor for å tenne på omtrent alt av skog rundt Stepanakert. Det var der de holdt til, og etter at de tømte Artsakh for armenere finnes det ingen som bryr seg om å ta vare på naturen i Artsakh. Det var ingen observasjoner i de par årene som gikk mellom krigen og den etniske rensingen av resten av Artsakh.

Mens Karen satte over en kaffekanne på bålet, hørte jeg noen merkelige pipelyder. De kom ikke fra buskaset og trærne der muflonene oppholdt seg, men fra den andre siden, rett bak bilen. Jeg hadde blitt litt skvetten av historiene om ulv, gaupe og bjørn, så jeg hvisket: «Karen, kan gayl, arj?», som betyr finnes det ulv, bjørn? Karen satte fra seg kaffekanna. Han krøp lydløst mot meg mens han holdt fingeren foran munnen på sånn hysjmåte. Jeg var stiv. Om det var av skrekk, nysgjerrighet eller glede vet jeg ikke. Karen blunket lurt. Så krøp han bak bilen der lyden kom fra. Det ble stille i ett minutt. Fra forsiden av bilen dukket Karen opp igjen med noe i hendene. En liten lodden sak som ikke gjorde noe motstand mot å bli holdt. «Du heldige nordmann. I dag vant du jackpot». Her ser du en ekte ulveunge. «Nå er du morsom», svarte jeg. «Det der er en liten hund. Det er vel hunden din som er ute og leter etter deg.» Men det var det definitivt ikke. I neste sekund dukket enda en liten bylt opp, og bak denne en ganske stor skapning som i hvert fall minnet om en ulv. Jeg hoppet og løp mot bilen, åpnet døra og la meg ned i setet mens jeg dro døra etter meg til det sa klikk. Da jeg torde å stikke hodet opp mot vinduet, så jeg Karen og tre ulver som satt sammen, helt inntil hverandre. Jeg åpnet vinduet en liten smule. Karen smilte bredt. «Dette er ulver». Han gjentok tre ganger. «Dette er ulver jeg har reddet», sa han. «Men du kan bare bli i bilen, jeg garanterer ingenting hvis du kommer mot oss.». Jeg måtte vite hva han hadde reddet dem fra, og hvordan dette hadde skjedd. For meg var dette stort! Veldig stort. Og jeg lengtet etter å gå ut av bilen og bort til dem. Jeg ville ha en ulvekos. Når ellers ville det bli mulig? Det er ingen ulver i Østmarka. Det var nå eller aldri. Jeg spurte Karen om hvor farlig det ville være dersom jeg kom ut til dem. «Du kommer aldri til å tørre», sa han og lo godt. «Jo, jeg vil jo det», svarte jeg. «Men jeg vil jo ikke bli ulvemiddag i kveld», svarte jeg.

Da visste Karen råd. Han gikk bort til meg, og ba meg låse opp bilen. Han løftet meg ut av bilen. Så bar han meg bort til ulvefamilien. På en viss avstand satte han meg ned og krøp helt inntil meg liksom for å vise ulvene at jeg var den del av dem, og ingen trussel. Ulvemor stilte seg opp foran ungene. Hun betraktet meg med skakt hode. Så ulte hun før hun la seg ned på alle fire, og kom krypende mot oss. Jeg skjønte såpass at her var det ikke snakk om noe angrep. Det var heller et tegn på underkastelse. Ulven krøp helt inntil Karen. Der lå hun og kikket bort på meg. Så kom ulvebarna. De krøp ikke. De løp og de rullet. Og de hoppet opp på meg og begynte å lekeslåss. Jeg ante ikke at dette var

Vakkert og uberørt. Syunik har mye å by på. Foto: Ani Hambaryan

Stillheten om natten blir lynraskt avbrutt av ulvehyl, løpende smådyr på bakken og skrikende fugler i trærne. Like fort senker roen seg. Foto: Alik Yeranossian

mulig. Det var helt vilt. Karen ba meg bare sitte i ro. Dersom jeg ble litt vill, og lekte tilbake, kunne det bli bitt. Ikke sånn aggressivt, men ulver er nå en gang ikke hunder, så de styrer seg ikke så godt. Denne nærkontakten med et så fantastisk dyr glemmer jeg aldri. Ulvene forsvant inn i skogen etter ti minutter.

Så forklarte Karen at disse ulvene hadde levd i fangenskap i en dyrepark i et lite flatterende naboland. Han ville ikke fortelle meg hvilket. Moren ble fanget og fødte noen uker senere. I et skittent bur. Noen kontakter han har over grensen hadde informert ham om dyreplageriet. Dermed ble det satt i gang en aksjon. Alt Karen gjorde var å vente en mørk natt ved avtalt sted. Der ble mor og barn levert. Karen tok dem vel imot og holdt dem først i en innhegning i noen uker. Der foret han moren og etter hvert ungene, slik at de skulle bli vant til ham. Han var sammen med dem hele døgnet. Om natten sov han i innhegningen. Etter hvert kom de bort til ham og sov ved siden av ham. Da var tiden inne for å slippe dem helt fri. De siste dagene hadde han stadig støtt på dem og latt dem få oppholde seg rundt ham.

Jeg var helt himmelfallen over denne mannens kunnskap. Og jeg var enda mer himmelfallen over hans godhet. Ved midnatt kjørte vi tilbake gjennom en mørklagt skog, men jeepens sterke lyskastere gjorde det hele til en enkel affære for Karen. Han avleverte meg hos familien, og han lovte å hente meg dagen etter for flere utflukter. Han var svært uredd og kunne gjerne ta meg med dit hvor aserbajdsjanske soldater hadde infiltrert grenseområdene. Han ba meg ta det med ro. De skyter ingen. Vanligvis løper de feigingene når de ser en bevæpnet armensk soldat. «Ja, jeg er egentlig soldat. Jeg har både uniform og skytevåpen.»

Jeg la meg for å sove, men klarte ikke helt å slå meg til ro med at det var trygt å møte opp i området aserbajdsjanske soldater holdt okkupert. På den ene siden følte jeg en sterk dragning mot å utforske mer av dette området, og Karen var den beste guide og forteller jeg hadde møtt. På den andre siden ... Jeg har ingen ting å gå på når det gjelder

Bonde som stolt viser fram de sist ankomne lammene.
Foto: Jan Gregersen

Av og til møter man ei ku eller flere langs veien. Det normale i
Armenia er at husdyra går fritt ute. Men bonden eller gjeteren har
som regel full oversikt. Jeg banket på hos en bonde hvis ku tydeligvis
hadde gått seg bort. Det ble latter i familien. Den kua går alltid langs
veien og ender opp der du fant den var svaret. Foto: Alik Yeranossian

noe som helst i Aserbajdsjan. Jeg har ifølge aserbajdsjansk lov forbrutt meg på det groveste ved å reise til Artsakh da det var fritt. Det er fengselsstraff for sånt, og Aserbajdsjans utsendte spion i Norge har prøvd å anmelde meg til politiet for hatefulle ytringer mot den aserbajdsjanske republikken. Det handlet om at jeg tok kraftig til motmæle mot denne kvinnens løgner og bagatelliseringer av både folkemord og Aserbajdsjans herjinger i Armenia. Vi vekslet innlegg et par ganger. Da aserbajdsjanske soldater beviselig halshugde armenere, valgte hun å anmelde meg i stedet for å argumentere. Egentlig en interessant historie. Politiadvokaten henla anmeldelsen med øyeblikkelig virkning. Jeg hørte ikke noe mer enn et brev hvor det stod at anmeldelsen var henlagt fordi det ikke var noe rettslig grunnlag for dette. I grunnen var det jo greit å få vite at jeg ikke på noen måte hadde gått over streken. Etter dette har jeg ikke hørt et pip fra aserbajdsjanske myndigheter. Men privatpersoner har kontaktet meg og ytret med tydelighet at Aserbajdsjan vet hvem jeg er. Da svarer jeg: «Så fint. Jeg vet også hvem Aserbajdsjan er.»

Nå blir det alvor

Det ble morgen og Karen var klar med bil, lunsjpakke, militæruniform, maskingevær og ammunisjon. Jeg rakk nesten ikke å tenke før vi satt der i jeepen og han ga full gass innover sletten mot det aserbajdsjanske flagget.

Jeg hadde vel egentlig ikke noe stort behov for å befinne meg på området annet enn å dokumentere med et par bilder hva Aserbajdsjan holdt på med. Karen lovet meg at vi skulle dra innom en av de lokale bøndene som hadde måttet selge en del av buskapen sin fordi han mistet et stort beiteområde. Aserbajdsjanske soldater hadde tilbudt ham en skammelig dårlig sum for å overta all buskapen. De hadde argumentert med at han aldri ville få tilbake beitemarkene. Dette provoserte meg til de grader, så jeg tror ikke jeg kan ha tenkt klart. «Kjør på», skrek jeg, og Karen tråkket gassen i bånn. Vi fór over steiner og leirete jord før vi plutselig stod parkert en meter fra det aserbajdsjanske flagget. Ikke det første, men flagg nummer to. Jeg hoppet ut av bilen, og ved hjelp av mobilen knipset jeg flere bilder. Jeg beveget meg enda nærmere flagget for å ta noen bilder motsatt vei, altså mot flagg nummer en. Det var da jeg la merke til at et digert område var omringet av aserbajdsjanske flagg. Svære greier som flagret rundt over alt. Solen skinte intenst. Jeg svettet og merket at angsten for å bli konfrontert med noe fylte kroppen min. Jeg følte med uvel og gikk mot jeepen. I det jeg snudde meg så jeg tre bevæpnede soldater i fullt firsprang mot meg.

Jeg ble helt nummen i beina og tanker om halshugging fór gjennom hodet mitt som små intense meteoritter som dunket harde slag. Jeg så etter Karen. Bilen var tom. Der ble jeg truffet av et geværhylster i bakhodet. Jeg vaklet og tenkte at nå dør jeg, men slaget var ikke hardt nok til å få meg til å besvime en gang. Jeg ble kjeftet på av tre soldater på en gang. Samtlige bablet i munnen på hverandre på russisk og bare russisk. Jeg forstod ikke helt hva vi skulle med det språket her nå, men så la jeg merke til russiske flagg på uniformene. Dette var tydeligvis ikke aserbajdsjanere, men derimot russiske fredsbevarende styrker. Noen av de få som var igjen, tydeligvis. De var ikke blide, og de var ikke medgjørlige. De ville se pass, bankkort, førerkort og forsikring. Jeg dro fram de kortene jeg hadde bak iPhonen. Den lille lommen inneholdt flere kort enn man trenger for en reise og en alvorlig gjennomgang av ens liv midt i et okkupert område i Armenia.

Men russerne ga seg ikke før de hadde sett på alt som var der. De fikk sjekket et t-banekort fra Brussel, businesskortet til Chang møbelhandler på Borneo, mitt spanske førerkort som utgikk for to år siden, fortsatt gyldig norsk førerkort, kortet fra Telia der et par viktige koder står oppført, trumfkortet fra Coop, EØS trygdekort og tre forskjellige visakort. De virket fornøyde med gjennomgangen. Så dro de meg av gårde til en slags krigsdoning og plasserte meg mellom seg bak sjåføren. Det var umulig å forstå noen som helst. Jeg kunne ikke noe russisk, og de kunne ingen av de språkene jeg kan. Altså kommunikasjonsmessig umulig. Det eneste jeg var opptatt av var å få formidlet at jeg gjerne kunne være med dem bare jeg ikke på noen måte skulle presenteres for noe som helst Aserbajdsjan hadde noe med. Jeg lagde alle slags forestillinger med armer, bein og kropp. De trakk litt på smilebåndet, men om de forsto noe aner jeg fortsatt ikke. Hvor Karen var ante jeg heller ikke, og jeg begynte å bekymre meg.

Soldatene så ikke spesielt sterke ut, og de satt og røyka den ene russiske stinkende sigaretten etter den andre. Dessuten hadde de dårlig ånde hele gjengen. Jeg måtte prøve å unngå enhver kontakt med noe aserbajdsjansk. Jeg skjønte at vi for lengst var inne på aserbajdsjansk område da telefonen min spilte en liten trudelutt og kunne opplyse meg om at jeg var tilkoblet Aserbajdsjan Telekom, og om hvor mye Telia tok betalt for bruken av den. Jeg så på telefonen. Fullt 4G og mange streker. Men jeg ante ikke hva jeg kunne finne på å bruke telefonen til. For å vinne tid ba jeg om å få tisse. Og kanskje bæsje. Lett for dem å forstå når jeg pekte på penis og sa *voda, voda* (vann, vann), og deretter viste dem bakenden og sa *tuvalet* (toalett, trodde jeg). Endelig så jeg dem smile. Svaret var «*njet*»! Da ble jeg virkelig fortvilet. Jeg prøvde meg på å vise dem at jeg kom til å tisse i buksa. «*Voda, voda Levis*», sa jeg og pekte på der vannet kommer ut i det jeg lagde en slags slyngende bevegelse, som skulle forestille en liten bekk av vann nedover buksebeinet mitt. Etter hvert brøt den ene ut i full latter, og de to andre fulgte med. Jeg lo jeg også. De slengte til meg en dorull, som minte mest om sandpapir, stoppet bilen og pekte på et tre. «*Tuvalet*» sa sjåføren og de to andre dyttet meg ut av bilen. Jeg gikk bak treet, fikk tisset, men måtte ikke bæsje. Så da måtte jeg late som. Jeg lagde noen typiske bæsjelyder, og hørte latter fra soldatene som nå sto klare for å følge meg opp utenfor bilen. Jeg fikk forfattet en SMS i full fart om at jeg var i Aserbajdsjan, fanget av russiske soldater, og at utfallet var usikkert. Jeg var i ferd med å legge til flere i mottakerfeltet da en av disse Pjotr eller Igor dro meg i nakken. Han helte vodka på hendene mine for vask. Jeg rakk å trykke sendknappen før han geleidet meg tilbake til bilen.

Det ble litt bedre stemning etter dobesøket, og da jeg viste dem google translate på telefonen skjønte de plutselig at vi kunne kommunisere. De ba meg skrive noe, så jeg skrev – og jeg skrev mye. Jeg ba dem på mine knær om at de ikke måtte ta meg med til noen fra Aserbajdsjan. Og så leste jeg opp det jeg hadde skrevet da oversettelsen kom opp. Gudskjelov med latinske bokstaver, og en slags liten aksent som viste hvor trykket skulle legges. Jeg er ganske god på å etterligne språk og dialekter, så på ett eller annet hvis klarte jeg å imponere disse gutta med rimelig god uttale. De så rart på hverandre og skrev tilbake hvorfor jeg ikke kunne møte dem. Det var jo tydelig at jeg ville det ettersom jeg befant meg på grensen. De var altså enige med aserbajdsjanere i at jeg hadde krysset grensen. I hvert fall tolket jeg det slik. Jeg tenkte at fra nå fikk det briste eller bære. Jeg ba dem stoppe bilen, gå ut av den, og følge med på mitt lille rollespill. Jeg spurte google om det ene og det andre, og brukte ord om hverandre for å forklare at jeg hadde publisert bøker mot Aserbajdsjan. Bøker som støttet Armenia og Nagorno-Karabakh. Jeg lagde et tau med hendene, og viste at de ville kvele meg. Deretter forklarte jeg dem at hvis de bare ville hjelpe meg ut av denne situasjonen, skulle jeg med glede bli med dem til deres kontorer og fortelle alt som hadde skjedd og overbevise dem om at jeg var et uskyldig menneske. Og hvis jeg kom ut derifra i live, skulle jeg synge en russisk eurovisionsang som jeg var sikre på de kunne. Den som de gamle tantene sang og som het *Party for Everyone*. Jeg husket bare den engelske teksten, men jeg visste at de ikke sang den på russisk fordi det ble sagt at de brukte et finsk-ugrisk språk under framførelsen. Jeg sang av full hals i Olga Marie Mikalsen stil og bare fant på noen finske ord og noen svenske med finsk aksent.

Det er lenge siden jeg har fått noen til å storflire slik de gjorde. En av dem begynte å taste i Google Translate. Jeg forsto at det var streng protokoll å sikre at ingen uvedkommende kom inn på aserbajdsjansk område. Det være seg armenere eller andre, uinteressant om området var omstridt eller ikke. Dette var en del av deres oppdrag, nemlig å sørge for at ingen skulle bli drept. Jeg var allerede rapportert til hovedkvarteret deres, og de kunne ikke bare kjøre meg tilbake til utgangspunktet. Jeg måtte inn til avhør. Men de hadde ikke for vane å overlevere grensekrenkerne til aserbajdsjanske myndigheter så langt jeg forsto vår kommunikasjon.

De stakk hodene sammen, og det hørtes ut som om de prøvde å finne en eller annen god løsning.

Det ble til at jeg måtte møte på hovedkvarteret. Etter «intervjuet» skulle de sørge for at jeg ble transportert tilbake til Armenia. De lovte høyt og hellig at jeg ikke kom til å bli utlevert til noen som helst, ikke en gang til Moskva dit andre «forbrytere» vanligvis ble sendt.

Hovedkontoret befant seg i Stepanakert. Der geleidet de meg inn til en morsk og tjukk dame med brystet dekorert med medaljer. Hun så på meg og smilte faktisk, tydelig informert om mitt gjøremål inne på aserbajdsjansk territorium. Så åpnet hun de knallrøde leppene, og viste fram en perlerad av tenner jeg ikke har sett maken til. Det spratt ut følgende av munnen min: «*Babusjka, khorosjije zuby*» . Idet jeg sa det kom jeg på at babusjka betyr bestemor. Men dette tok hun fint. Hun lo og slo seg på knærne. Og dermed var Svennies show erklært for åpnet. Jeg sa alle russiske ord jeg kunne: Hode, vann, vannhode, vodka, bestefar, takk, tjukk, toalett, hvit, svart, rød, USSR. Og hun gjentok for å gjøre uttalen bedre.

Så var det tid for intervjuet. Det ble servert te, og det ble servert russiske kaker. Hun snakket et slags engelsk så «intervjuet» gikk bra. Jeg fortalte hele sannheten om Karen, om mitt engasjement for Armenia, om bøkene mine og om mitt problem med Tyrkia og Aserbajdsjan. Så takket jeg henne fordi Russland hadde erkjent folkemordet på armenerne. Hun noterte ned for hånd og så over teksten flere ganger før hun ba meg lese den for godkjenning. På papiret var alt skrevet ned med kyrilliske bokstaver, men nå fikk nok være nok. Jeg signerte og hun stemplet og sa at jeg var frikjent. Hun lurte på om jeg var sulten, og da jeg svarte bekreftende på det, fikk hun en av soldatene til å hente varm suppe. En nydelig varm suppe av typen borsjtsj. Den var kokende, fyldig og utrolig god. Hun satt og så på meg mens jeg spiste og lurte på om jeg kanskje hadde en mynt eller et eller annet fra Norge hun kunne få som en suvenir. Ingen mynt og ingen seddel. Men jeg hadde med min egen bok i engelsk versjon og en underbukse som fortsatt var i pakken, og som var produsert av Dovre. Jeg ga henne alt dette, og hun neiet. Så kom gutta og fikk transportert meg av gårde til Armenia. De leverte meg langt inne i Armenia, faktisk der jeg hadde sovet natta før. De takket for besøket, og jeg måtte love at det aldri skulle skje igjen.

Jeg var nå opptatt av å finne ut av hva som hadde skjedd med Karen. De russiske soldatene hadde forsikret meg om at de ikke visste noe om ham. De hadde forutsatt at det var min bil som stod parkert der de fant meg og regnet med at noen hadde konfiskert den da de så at den ikke lenger var ved grensen. Men, neida. Karen hadde klart å komme seg unna før russerne hadde sett ham. Han satt på god avstand og fulgte med på hva som skjedde. Han hadde tatt kontakt med hovedkvarteret til russerne og forklart min «venninne» hva som hadde skjedd. Det var i grunnen han som burde få en reprimande. Han kjente damen personlig fordi han hadde fått lov til, under tilsyn av de russiske styrkene, å hente ut husdyr og kjæledyr som hadde forvillet seg inn i okkupasjonssonen. Karen ville ikke at jeg skulle fortsette sørover i Syunik. Det var stadige hendelser langs grensen lenger sør, og han var oppriktig redd for at det skulle skje meg noe.

En dårlig erfaring er bedre enn ingen erfaring

Karen insisterte på å være med meg som en slags bodyguard. Jeg var svært tydelig på at jeg ville reise alene. Jeg ønsket ingen bodyguard, og spesielt ikke han, som hadde dratt meg inn til okkupert område. Sjansene for at det skulle skje noe, ville være større med to galninger enn med én. Målet med denne reisen var å oppleve livet i Syunik på egen hånd og bli kjent med de menneskene som bor der. Og det uten anstand. Jeg merket at han ble skuffet, men han hadde forståelse for det jeg forklarte ham. Jeg måtte love å ta kontakt hvis jeg trengte hjelp. Han kom til å ha mobilen skrudd på hele tiden så lenge jeg vaset rundt i Kapan og Meghri. Han skyldte meg ellers et besøk hos bonden som mistet beitemarkene sine og ville gjerne levere på det. Men dersom det var OK for meg kunne han sette meg i kontakt med en annen bonde, som hadde opplevd noe av dem samme i Kapan. Det takket jeg ja til. En fantastisk mulighet for meg.

Den smale fjellveien gjennom Kapan. Foto: Sasoon Movsisyan

Jeg kjørte sakte og behersket gjennom skogkledt terreng, dype dal-søkk, langs elver med fiskere på rad og rekke i flere kilometer. Av og til så jeg en bondegård, av og til noen små hus med en liten armensk kirke sånn cirka i sentrum. Dette var vakkert og stille. Det skjedde ingen ting. Radioen hadde sluttet å virke, og det var ingen dekning på mobilen. Alt jeg hadde var meg selv og en masse tanker som fløt rundt i hodet. Jeg begynte å repetere ord og vendinger på armensk. Gjentok dem høyt med litt forskjellig toneleie. Så lagde jeg fiktive samtaler i hodet og prøvde å si dem høyt også.

Jeg var rikelig utstyrt med mat og drikke. Ingen mennesker å se. Ingen dyr heller. Jeg trengte å hvile, så jeg stoppet bilen på en dårlig sidevei. En trailer raste forbi, og et par mopeder med tre personer på hver av dem hanglet seg forbi. Så ble det det stille igjen. Jeg våget meg ut av bilen, satte meg ned på et medbrakt håndkle og dro fram all maten jeg hadde fått. Her var det nok mat til å fore en liten bataljon av soldater. Men sulten gnagde, så jeg lagde wraps og fylte munnen med stadig større biter. I buskene i nærheten la jeg merke til bevegelse. Etter hvert veldig mye bevegelse. Og ut av busken stormet to møkkete hunder. De kom bjeffende mot meg og virket truende. Jeg skvatt til og prøvde å komme meg opp og inn i bilen.

Det varte ikke lenge før de var en halv meter unna. De stoppet der og gikk i ring rundt noe som hveste fryktelig, rett ved der jeg stod. Jeg så til min skrekk at her var det snakk om en slange. Så langt jeg visste var det en *viper*, og en giftig en uten tvil. Ganske lik den jeg ble bitt av første gang jeg var i Artsakh. Jeg ble stiv av skrekk, men husket at slanger er nervøse for bevegelser i bakken. Bjeffing og hyling hjelper ikke. Disse har æresmedlemskap i et hvert døveforbund. De hører ingen ting. Jeg begynte å trampe med beina. Slangen sluttet å hvese og sluttet å ligge i angrepsposisjon. Den forsvant like raskt som den var kommet. Og hundene satt pent på bakken og så på meg. De hadde reddet meg! Jeg hadde ikke lagt merke til denne slangen som krøp rundt beina mine. Jeg merket at gråten satt løst. Hundene lagde pipe-

Syunik byr på et turterreng helt utenom det vanlige. Dette er stedet jeg satte meg ned for å spise da plutselig mine to venner Togh og Hadrut kom. Foto: Ani Hambaryan

lyder og kom mot meg. En av dem slikket hånden min. den andre la seg ned ved beina mine. Jeg ga dem all den maten jeg ikke hadde spist. De fikk drikke vannet mitt, og de plasserte seg begge to så nær meg de kunne komme. De luktet ikke godt, og pelsen var ganske infisert av god gammeldags møkk. Jeg kom på at jeg hadde med en såpe og litt sjampo i ryggsekken. Jeg tok med dette og håndkleet mitt ned til elven med hundene på slep. Jeg fjernet klærne unntatt underbuksa og gikk ut elven til den var dyp nok til at jeg kunne dukke under. Det var ikke akkurat badetemperaturer, men det fikk holde. Hundene fulgte gladelig etter og lot meg skylle vann over dem og gni bort så mye møkk jeg kunne. Jeg brukte opp hele såpa og all sjampoen. De syntes å nyte den behandlingen jeg ga dem. Det store spørsmålet var om de hadde gått seg vill eller om de var forlatt. Jeg merket at de var i godt hold vektmessig, men de hadde ikke noe halsbånd.

Det var ikke noe mer å lure på. Hundene hoppet villig inn i baksetet på jeepen og sovnet ganske raskt. Jeg var ikke i tvil om at noen eide dem.

Kapan

Vi kjørte til Kapan og fant gården til bonden som Karen hadde satt meg i forbindelse med. Han møtte meg på gårdsplassen med hele storfamilien og utbrøt fornøyd: «Har du med deg hunder? Hva heter de?» Jeg måtte bare innrømme at jeg ikke visste. At jeg bare hadde funnet dem. Bonden mente at de ikke var så gamle. De var visst en slags blanding av gampr og noe annet. Han var enig i at de tilhørte noen, særlig ettersom de tydeligvis var trent opp til å reagere på slanger og skjønte hvordan de holdt seg på såpass avstand at slangen ikke rakk fram til dem med bittene sine.

Bonden introduserte seg. Navnet var Vaghe og kona het Lavash. «Hun kan vel ikke hete et armensk flatbrød», sa jeg. «Neida, hun kalles

Vakkert beliggende i et lite dalsøkk, Kapan. Foto: Mkhitar Movsisyan

bare lavash fordi vi har en diger tonir i hagen der vi lager lavash til omtrent hele byen. Hun heter egentlig Angelica.» Godt å få det avklart, tenkte jeg. Det ble servert dolma, vin og lavash rett fra toniren. Mine nye venner hundene fikk vann og et kjøttstykke hver. Vi ble sittende å prate i flere timer om Artsakh, okkupasjonen og den etniske rensingen. Flere flyktninger hadde bosatt seg i Kapan også. De hadde nettopp hatt en familie boende på gården, men de hadde nå fått ordnet seg med en leilighet i byen. Han tilbød meg overnatting og opphold «indefinitely», som han sa. Jeg hadde allerede bestilt hotellrom nede i sentrum. Vaghe mente at jeg aldri kom til å få med meg hundene dit, så han tok opp mobilen, ringte til hotellet og avbestilte. Jeg insisterte på å betale de avtalte nettene, men det ville ikke hotelleieren gå med på. Vi avtalte at dersom det kom noen forbi som trengte overnatting de nærmeste dagene, kunne han la dem overnatte og sende regningen til meg.

Historien til Vaghe var mer enn bare tap av beitemarkene. Han måtte også selge samtlige sauer og geiter til andre bønder. Uten gress overlever ikke buskapen. Det så ikke ut til at det kom til noen fredsslutning med Aserbajdsjan med det første, så han ga opp saue- og geitehold. Han hadde overtatt gården etter sin far og drev med birøkting, lavashbaking, saue- og geitehold og av og til litt hotelldrift for sånne som meg. Han elsket å få besøk av turister og ville høre om Norge, om Nansen og om hva jeg holdt på med. Vi ble enige om å bytte historier. Vaghe var elendig i engelsk, men han overrasket meg da han plutselig avslørte at han kunne fransk. Og ganske flytende også. Han hadde nemlig studert agronomi i Frankrike som ungdom. Den franske staten delte ut stipender til armenere for å gi dem sjansen til både språkopplæring og sårt tiltrengt kunnskap om moderne metoder i landbruket.

Det ble hentet mer vin, lokalprodusert sådan, med egenproduserte klistremerket på flaskene. Det var ikke noe å være skeptisk til. Vinen smakte utmerket, så her gjaldt det å passe på så jeg ikke gikk i fyllefella.

Vaghe forteller

Dette skjedde kort tid etter at Aserbajdsjan hadde kastet ut armenerne fra Artsakh. Under blokaden hadde alt vært rolig. Noen smuglet inn mat og medisiner. Det var en risikosport med livet som innsats. Noen av landsbyboerne hadde blitt ferset, og straffen for noe sånt var døden. Og det øyeblikkelig. Likevel var det noen helter som ikke ga seg. Blant dem var Vaghe selv. Han hadde gravd tunneler fra beitemar kene sine over grensen til Artsakh, sørget for å krype inn midt på natten og etterlate seg diverse forsyninger. Smuglingen økte etter hvert som det omtrent bare var poteter igjen til å mate 120 000 mennesker. Han fikk sendt diabetesmedisiner, migrenemedisiner og astmamedisiner donert av den lokale apotekeren, som igjen ble hentet av armenere på den andre siden. Smugling inn og henting av varene skjedde aldri på samme natt. Det var alltid to døgn mellom hver operasjon, og når nettet var tilkoblet, hadde de diverse koder som ble brukt for å være 100 prosent sikre på at ingen ble tatt. Dette hadde fungert i flere måneder, men en dag sluttet det hele brått. Vaghes eldste sønn ble skutt av en aserbajdsjansk snikskytter. Ingen vet hva som skjedde etterpå. De andre smuglerne kom seg unna, men de var usikre på om Vaghes sønn var død eller overlevde skuddene.

Dette var en stor sorg for hele familien. De hadde etterlyst ham uten noe resultat. Armenske myndigheter regnet med at han var død. Det var flere som hadde blitt drept for å prøve å hjelpe sine landsmenn i nød i Artsakh. Det hørte med til sjeldenhetene at aserbajdsjanske myndigheter rapporterte om dette til armenerne. Vaghe hadde allerede mistet en bror, en fetter og minstesønnen i krigen. Han fortalte så levende og med så mye smerte at vi gråt begge to etter hvert som han snakket. Jeg sa at han hadde måtte ofre mye. Svaret hans var at alle armenerne hadde ofret mye. Han virket lei seg, men jeg så en styrke og en stahet i øynene hans.

Aserbajdsjan var igjen i gang med å true armenerne. Etter at Artsakh ble klinisk renset for armenere og de 120 000 flyktningene hadde blitt fordelt rundt omkring i resten av Armenia, var mange sikre på at truslene nå måtte ta slutt. Denne gangen var det en fullstendig omskriving av historien. Det ble holdt taler av president Aliyev. Disse handlet om at Jerevan, Sevan og Syunik egentlig fra gammelt av tilhørte Aserbajdsjan. Han ville ikke nøle med å gjøre krav på disse områdene hvis armenerne ikke føyde seg. Til informasjon oppsto Aserbajdsjan for første gang i 1918 (uavhengighetserklæring i 1918, ble sovjetisk repu-

Kona til Vaghe, Lavash, er litt av en mester i faget. En fryd for øyet å se hvordan hun mestrer denne kunsten. Foto: Unni Fonneland

Flyktning fra Artsakh som tok med seg alt han kunne over grensen til Syunik. Foto: Eva Gregersen

blikk i 1920), i et område der det bodde en god blanding av kurdere, tyrkere, iranere og ikke minst armenere. Det finnes ikke en eneste historiker i verden som mener at omtrent hele Armenia er aserbajdsjanske historiske områder. Vel, med mindre man tok graden sin i Baku.

De stadige truslene som kom, og kommer, med få dagers mellomrom, gjør folk i Syunik veldig nervøse. Flere små områder holdes okkupert. Det er så vidt man kan bruke flyplassen utenfor Kapan, fordi det har vært hendelser der armenske fly har blitt beskutt fra aserbajdsjanske posisjoner. Denne flyplassen er en av de minste jeg har sett. Én landingsstripe, en liten stue som avgangshall og to flyankomster og avganger i uken. Flyene går kun til Jerevan og tilbake. Den ligger utrolig vakkert til omringet av vakker natur med en fjellvegg bak seg.

Vaghe ble ivrig. Han fortalte om livet sitt, om sønnene han hadde mistet og om sorgen han bar inni seg hvert minutt hver dag. Slektningene og vennene hans lå alle begravet i Yerablur, en krigskirkegård i Jerevan. Han orker ikke reise dit og frarådet meg å gå dit. Jeg har blitt frarådet av flere. «Du kommer til å bryte sammen», er den vanlige kommentaren. Jeg tror de har rett. På denne kirkegården ligger 6000 soldater begravet. Unge menn som hadde hele livet foran seg, som ble beskutt av droner, angrepet med hvitt fosfor, som ble halshugget, torturert til døde. Alt dette på grunn av en fullstendig korrupt leder som ikke skydde noen midler når det gjaldt å okkupere Artsakh. Og deretter fjerne samtlige innbyggere ned til den siste.

Etter krigen i 2020 hadde Vaghe brukt mye tid på å bygge om gården. Han hadde investert i utstyr, husdyr og ikke minst kjøpt opp beitemarker. Han hadde flere avtaler med Iran om levering av sauehoder, ull og kjøtt. Han slaktet dem på halalvis med en imam til stede når den tiden på året kom. På et lite øyeblikk forsvant det meste av næringsgrunnlaget. En morgen da han reiste opp til beitemarkene, noe han gjorde hver dag for å avløse gjetergutten, ble han møtt av et aserbajdsjansk flagg og flere bevæpnede soldater. De ba ham om å snu og ikke vise seg på området. Dette var nå en del av republikken Aserbajdsjan, slik det hadde vært før Armenia ble opprettet. Han ble tilbudt noen skarve dollar for buskapen, og dersom han ikke aksepterte, ville de beholde sauene hans uansett.

Det soldatene ikke hadde fått med seg, var at gjetergutten hadde dratt av gårde med dyra. Hver eneste sau og hver eneste geit var trygt plassert utenfor okkupasjonsområdet. Han satt der og ventet på Vaghe med flere hundre brekende sauer rundet seg. Vaghe hadde selvfølgelig ikke akseptert tilbudet han hadde fått av Aserbajdsjan. Armenske og russiske myndigheter var tydelige på at Aserbajdsjans egenrådige grenseoppmåling ikke gjaldt og at Vaghe om kort tid ville få områdene tilbake. Ett år etter, og ingenting har skjedd. Vaghes buskap ble fordelt på andre bønder i området som hadde beitemarkene intakt. «Vi hjelper hverandre», forklarte Vaghe. «De passer sauene, og jeg får litt penger av det de tjener på eksport av produktene fra dem. Mye mindre enn jeg ville tjent selv, men bedre enn at de forsvant til Aserbajdsjan.»

Vaghe hadde satset på flere muligheter for gårdsdrift etter at beitemarkene forsvant. Honningproduksjon, hundepensjonat, lavashproduksjon og dyrking av granatepler. Etter at Artsakh ble okkupert, var det vanskelig å møte etterspørselen etter den populære og nærmest hellige nasjonalfrukten. Det var i Artsakh man dyrket det meste av granateplene i Armenia. Flere bønder i Syunik satser nå på dyrking av denne frukten og på videreforedling av den. Både syltetøy, juice, vodka og vin er gode og sikre inntektskilder for den som driver stort.

Det ble langt over midnatt. Utenfor hørtes ulvehyl. Jeg gikk ut på tunet for å se etter dyreliv. Det var fullmåne. En eventyrlig setting med intense månestråler som lyste opp trærne, fjellene i det fjerne og ulvehyl som fortalte at de var i nærheten.

To hunder hadde okkupert sengen min og sloknet for natten. Jeg hadde ikke hjerte til å vekke dem. Det ble en natt på gulvet.

En rundtur i Kapan

Kapan er ikke byen man reiser til for å rote rundt på nattklubber. Det er en stille by med noen få lokale restauranter og et par kafeer med tidlig stengetid. Folket som bor her er stolte og uredde. De står samlet og hjelper hverandre når det kommer dårlige nyheter fra nabolandet. Og det har skjedd litt for ofte de siste årene. På ett eller annet vis har menneskene fått det til å gå rundt. Innbyggertallet er på 43000 og viser en synkende trend. Det er ikke alltid like lett å være innholdet i en sandwich som ligger under konstante trusler og press på begge sider. Noen yngre familier gir opp og flytter til Jerevan eller til utlandet.

Jeg var nødt til å finne en løsning for hundene. Jeg hadde ønsket å ta dem med meg hjem til Norge, men et par telefoner til Mattilsynet og Tollvesenet fikk meg raskt på andre tanker. Det er for så vidt en god regel å ringe disse etatene hvis man tenker at noe kan være problematisk. Jeg garanterer: Etter samtalen er problemet løst. Man innfører ikke et eneste levende vesen fra noe land som ikke er medlem av EU med mindre man har fritidsproblemer.

Jeg tok derfor med hundene til byen, og gikk rundt for å vise dem fram i håp om at noen kjente dem igjen. Dette skulle vise seg å være en genial måte å bli kjent med folk på. Jeg hadde en grunn til å stoppe folk på gata, i parken i butikkene for å spørre om de visste noe om hundene. Ikke bare kom jeg opp i flere morsomme situasjoner, der folk samlet seg rundt meg og lurte på hvorfor jeg snakket et hjelpeløst armensk. Folk ville hjelpe og gjerne vite hva jeg gjorde i Kapan. Min kjærlighet for Armenia brant som aldri før. De gjorde alt de kunne for å finne ut av hvor hundene kom fra, og hvem eieren kunne være. Jeg ble invitert på kaffe, øl, vodka og lunsj. Det var som en drøm der jeg plutselig levde et liv som kjendis. Ikke minst fikk min beskjedne armensk en boost. Ingen, absolutt ingen, snakket engelsk. Jeg tror armensken min var svært mye bedre etter denne dagen.

En dag i en by der man har et viktig oppdrag er en god måte å bli kjent med selve byen på. Kapan ligger naturskjønt til med en elv som deler byen i to. Det er bygget en del blokker i toffstein som gjør at bebyggelsen glir harmonisk inn i naturen som omgir byen. Et par kirker dominerer bybildet, og et par enorme statuer viser innbyggernes dedikasjon til deres store helter. Litt utenfor byen, høyt oppe på et fjell, har noen laget en gedigen skulptur av en brunbjørn. De få turistene som kommer til Kapan, får alltid med seg denne. Jeg fikk servert mange historier denne dagen og fikk igjen et tydelig inntrykk av samhold og stolthet i en vanskelig tid.

*

Jeg fant ingen løsning på hundespørsmålet, så jeg tok de to kosebamsene med til en veterinær. Jeg syntes å huske at man i Norge kan identifisere hunder via en liten datachip. Den skal implanteres rett under huden. Det ble også gjort i Armenia, men ikke alltid, mente veterinæren. Hun sjekket begge hundene med en slags datapistol og de beepet positivt på begge. Computeren hennes viste at de hadde samme eier og at adressen var i Stepanakert. Stepanakert i Artsakh. Armensk eier. Dette tydet ikke på noe bra. I beste fall var eieren en flyktning som hadde mistet hundene på veien. I verste fall var eieren død, og hundene hadde forvillet seg eller blitt jaget over grensen. Blodprøver viste at de var vaksinerte mot det meste, inkludert rabies. De var ellers i toppform, og veterinæren mente at de måtte ha fått mat ett eller annet sted. Nå fikk jeg virkelig et problem. Jeg hadde lekt fosterpappa for to hunder i Armenia, og nå stod vi hos veterinæren. Ifølge henne hadde jeg to valg: Det ene var å ta vare på dem og prøve å finne noen som kunne adoptere dem, eller så var avliving det eneste alternativet. De ville mest sannsynlig få en grusom død ettersom vinteren var på vei, og hun innrømte glatt at armenere generelt ikke var særlig villige til å påta seg ansvar for hunder de fant løpende rundt i gatene.

Jeg så ned på hundene. De kom bort til meg og la hvert sitt hode på fanget mitt. Jeg så inn i to par vakre øyne. De lagde noen pipelyder

Armensk ungdom synes turister er spennende. Foto: Unni Fonneland

Hadrut og Togh, mine reisekamerater i Armenia.
Foto: Sven-Erik Rise

som om de ba meg fortsette å ta vare på dem. Det var ikke noe å lure på. En midlertidig adopsjon ble foretatt og feiret med hundekjeks og masse kos på gulvet. Veterinæren felte en tåre. Vi ble enige om å kalle dem Hadrut og Togh, to av de fineste byene i Artsakh. Sånn ble det. Jeg hadde fått ansvaret for Hadrut og Togh. Hva jeg skulle foreta meg etter oppholdet i Armenia, var usikkert. Jeg kunne ikke ta dem med hjem til Norge. Med fem stykker sjalu papegøyer i huset ville det hele ende i katastrofe. Jeg fikk nyte disse ukene. Det ble litt den tid, den sorg-innstilling akkurat nå.

Meghri

Neste mål for reisen var Meghri, Armenias sørligste by rett ved den iranske grensen. Denne lille byen ligger i en helt egen klimasone helt uten sammenligning med resten av Armenia. Her er stedet for dyrking av alt man kan ønske seg. Noen bønder dyrker bananer, andre holder på med kiwi, fiken, pasjonsfrukt og ikke minst granatepler. Granatepler trives kun få steder i Armenia. Det var Artsakh som var det egentlige episenteret for granatepler, men ettersom Artsakh er okkupert, blir granateplene fra Meghri og området rundt enda viktigere for armenerne. Mange fruktdyrkere kjører nå på med flere granatepleplantasjer. Man merker godt at det er mindre tilgang på frukten i Jerevan. Granateplejuice, ferskpresset sådan, har steget med 150% i pris, så det er ikke billig lenger.

Granateple en av de tre hellige frukter for armenerne. Dette handler om flere gamle legender. Armenerne snakker om gudegaver, om hvor sunt granateple er, hvordan granatepler inneholder like mange frø som det er dager i året. Ifølge jødedommen inneholder et granateple 613 frø, like mange frø som det er forbud og påbud i Toraen. Jeg vet ikke om noen som har gått nærmere inn på dette, som eventuelt har telt antallet i Israel eller Armenia. Men de som har telt antallet frø

Meghri. En vakker liten by med Iran rett rundt hjørnet.
Foto: Unbdaveable – Flickr, Wikimedia Commons

i resten av verden, har kommet fram til et antall på mellom 200 og 1400. Selvfølgelig vil størrelsen på frukten ha en viss innflytelse på antall frø. Granateplet symboliserer fruktbarhet. Vestarmenere som gifter seg, knuser gjerne et granateple for å symbolisere at de ønsker seg mange barn. Granateple symboliserer armensk blod som har flytt, men også nytt blod og stadig nye armenere.

Ernæringsmessig inneholder granateple flere gode virkestoffer mot diverse sykdommer. Det brukes derfor ofte i matlaging til sauser, salater og svært ofte til juice. Ser man på armensk kunst, finnes granateple i en rekke utforminger, i malerkunst, i skulpturform og i armenske tepper.

Ordet Meghri betyr honning. Navnet ble visstnok gitt til byen nettopp på grunn av utsøkt honningproduksjon. Meghri betyr også søt, og byen og befolkningen er bare ekstra søte. Jeg kom kjørende inn i byen med to hunder i baksetet. Jeg hadde ingen peiling på hvor vi

Syunik er kjent for sin store granatepleproduksjon. Etter tapet av
Artsakh der granatepletrærne trives aller best, satser man for fullt på
nye plantasjer. Et glass ferskpresset juice krever mange granatepler.
Prisen per glass synker drastisk jo lengre sørover man kommer i
provinsen. Foto: Sven-Erik Rise

kunne overnatte. Jeg stoppet et par fotgjengere i byen og spurte dem
hva de kunne anbefale. Det var full klaff med en gang. «På gården
vår», svarte ekteparet, som så veldig hyggelige ut. «Hva med hundene
mine», spurte jeg. «De får bo på rommet ditt», svarte mannen. Så vi
dro av gårde til gården hans. Det skulle vise seg at ekteparet driver

områdets eneste olivengård. Mest sannsynlig den eneste i Armenia. Armenia er ikke egnet for oliventrær. Her virket det imidlertid som om oliventrærne hadde fest hver dag og vokste til de ble kjempestore. Det hadde han arvet av sin far, og oliven og olivenoljen herfra er så populære i hele Armenia at han ikke klarer å levere til alle som ønsker. Armenere er ville etter produktene hans. Folk kjører i to dager for å møte opp på gården når han presser oliven og gjør oljen klar for salg. Det står kø oppover gårdsveien av biler og små busser med folk som vil sikre seg de edle dråpene. Innhøstingen foregår i september. Da er det full pakke med produksjon hele dagen, hele natten og i helgene. Litt av et sammentreff! Tenk at jeg skulle få se Armenias eneste olivenlund. Vel, svært mange olivenlunder.

Meghri lever opp til sitt navn. Det er en svært søt by. Fra de fleste vinkler minner den om et vakkert maleri. Som vel de fleste er klar over, er Armenia full av helt spesielle kirker bygget i de forskjellige periodene av landets historie. Man kjenner som oftest igjen den karakteristiske arkitekturen, både utvendig og innvendig. Det er derfor ikke noe stort poeng i å se hver eneste kirke i landet. Med mindre de har noe helt spesielt å by på. Og det har hovedkirken i Meghri. Johannes døperen har gitt navn til denne arkitektoniske perlen. Jeg måtte se den og befant meg plutselig på en kirkekonsert med utrolig vakker korsang til tider akkompagnert av armenske instrumenter, til tider a cappella. Forestillingen var magisk, men dette var feil kirke. Tre kvinner og to menn sang, og det lød helt ubeskrivelig med tanke på akustikken i denne kirken. Samtlige vegger er dekorert med fresker med motiver fra Bibelen, og man observerer at freskene og det fargevalget man har gjort er inspirert av nabolandet Iran. Freskene er godt bevart. Jeg nøt hvert minutt av denne konserten.

På kirketrappen stoppet jeg og takket korsangerne og presten for en guddommelig opplevelse. Jeg burde heller ha ligget lavt, sneket meg ut til bilen og kjørt hjem til olivenfarmen. Dette koret besto av armensk-amerikanere fra Glendale i Los Angeles, bydelen som med

Stort sauehold mot den iranske grensen. Bøndene i Meghri-regionen eksporterer mengder av «smalahove» til Iran, noe som gir gode inntekter. Foto: Sven-Erik Rise

rette kalles Little Armenia. Denne bydelen befolkes av etterkommere av folkemordofrene. Innbyggerne er veldig klar over sitt opphav. De snakker alle vestarmensk, går i sin armenske kirke på søndager, spiser armensk mat, sender barna sine på armensk skole og alt mulig annet man kan tenke seg for å holde sitt opphav og sin kultur levende.

Én av dem stirret lenge på meg før han nærmest ropte: «*I know who you are. You are the guy who totally fell in love with Armenia and really wanna be Armenian.*» «*Well, yeah*», kommenterte jeg. «*Right now, I am settling for Armenian by choice, but yeah, I would proudly accept an Armenian passport.*» Dermed åpnet det seg nye muligheter for dristige påfunn. Jeg ble invitert med på canyoning. Denne gjengen var i Armenia for å praktisere denne type ekstremsport, og de insisterte på at jeg måtte stille dagen etter. Jeg visste lite om denne sporten, men skjønte at dette egentlig ikke var noe for meg. Men, så var det bare at jeg ble smigret og smittet av deres entusiasme, Jeg takket ja under et visst press, og angret umiddelbart. Jeg sov ikke den natten. Hundene merket min uro og lå tett inntil meg.

Canyoning

Jeg hadde latt meg overtale til å bli med på verdens såkalt vakreste *canyoning challenge*. Canyoning er et nytt påfunn i ekstremsportgenren. For å få dette til må man finne en canyon (et gjel, et trangt dalsøkk) med et elveleie som stort sett består av fosser. Man skal ikke på noen måte kunne passere uten å følge strømmen liggende på

Mets Tagh, Den hellige Guds mors kirke. Nok en helt spesiell arkitekttonisk perle i Meghri. Så vakker at jeg ble sittende en hel søndag formiddag og høre på preken, korsang, salmesang og lovprising av Herren. Det ble nattverd og velsignelse med hellig vann. Så startet festen med mat og drikke. Foto: Vahagn Hovannisyan

Før canyoning fikk jeg presten til å velsigne meg. De to ba en bønn sammen for at canyoning skulle bli en glede. Foto: Jan Gregersen

magen. Stort sett må vannet renne gjennom speilglatte fjellsider på hver side. Man blir dratt med nedover av den sterke strømmen. Der strømmen avtar kan man ta et par svømmetak for å komme videre. Dette er i praksis det motsatte av fjellklatring. Vanligvis går og klatrer man oppover til man når toppen. Her starter man øverst oppe og skal komme seg stadig lengre nedover til man når enden av dalsøkket. Det var grunnen til at disse koristene var i Armenia.

De hentet meg tidlig på morgenen. Hundene fikk være med. Det var ingen grunn til at de ikke skulle klare seg gjennom gjelet. Vi kjørte på noen trange grusbelagte veier til Lichk, en liten landsby uten noe annet enn et par gårder og et sted man kunne kjøpe proviant. Det hadde ingen hensikt å ta med seg mat. Den ville vi klare å ødelegge gjennom elveløpet uansett, og vann fikk vi drikke gratis fra elven. Rent bortsett fra at jeg skjønte at jeg nå fikk oppleve Armenia også fra landets absolutt villeste side, var jeg overbevist om at dette ville bli min siste tur til Armenia. Mest sannsynlig min siste tur til noe som helst slags reisemål.

Jeg ble utstyrt en solid våtdrakt i størrelse XXL, solide hansker og gummifottøy, samt en beskyttelseshjelm på hodet. Det var det hele. Jeg lurte på om vi skulle ha en slags gummibåt, men fikk tydelig beskjed om at rafting var *yesterday's news* og ikke noe for aktiv ungdom. Så her var det bare å «følge med og prøve å overleve best mulig». Vi kjørte en skikkelig jeep på noe som i beste fall kan kalles en sti, men det var i det minste plass til jeepen helt til vi kom fram til høyeste punkt. Derfra var utsikten nedover elveløpet noe av det mest dramatiske jeg har sett. Dypt der nede skulle vi til slutt havne, via noe sånt som tretti fossefall, svært smale passasjer, av og til kun elven og bratte fjellsider som sank ned i den. Dette var canyoning. Klokere hoder ville mest sannsynlig kalle dette for et sakte selvmord, men her gjaldt det å overleve hele den ville turen. Og med et motto som «en dårlig erfaring er bedre enn ingen erfaring», kunne jeg ikke snu nå.

Jeg dro på meg våtdrakt og festet hjelmen godt til hodet. Briller opp-

Her egner det seg godt for canyoning. Det blir brattere og tøffere når man setter utfor. Foto: Sven-Erik Rise

bevares i lomma, ble det sagt. Det vil si hvis du ikke vil miste dem i elven. Sånn var det, og vi startet ferden. Hadrut og Togh elsket dette og løp nedover i forveien. De hoppet uti elven, svømte litt og kravlet seg opp på land når det var mulig. Vi andre skulle legge oss på magen omtrent som på en vannsklie på ett eller annet badeland. Jeg ble dyttet av gårde først, slik at de andre kunne se hvordan jeg klarte det. Første runde gikk bra. Jeg klarte å styre nedover med egen kropp. Jeg havnet med et gigantisk plask i en stor dam der elvevannet samlet seg før strømmen førte det videre ut av dammen. Deretter gikk det nedover med fri fart. Fri fart uten veiskulder. Her var det smalt. Det gjaldt å konsentrere seg.

Denne gangen fikk jeg to foran meg og to bak meg. Tanken var at jeg skulle gjøre det samme som de to foran, og dersom jeg feilet, skulle de to bak «pick up the pieces». Det ble dramatisk. Jeg ble hengende fast

Tatt fra canyoning-løypa. Foto: Ani Hambaryan

i ett eller annet. Både de foran og de bak forsvant videre nedover, og jeg så ikke noe mer til dem. Det bruste i elven. Jeg så en foss litt lenger nede. Jeg røsket og røsket, og kom ikke løs. Var dette mine siste minutter? Jeg grep tak i en nut som stakk ut av fjellsiden. Der fikk jeg holdt meg fast. Utrolig nok var det hundene som ble redningen.

De kom løpende og bjeffende. Togh begynte å grave febrilsk rundt ankelen min. Det var den som satt fastlåst mellom to steiner. Hadrut kom løpende til. Med ett var jeg fri og kunne fortsette på magen ned mot fossen. Jeg var så lettet at jeg ikke tenkte på flere farer. Jeg kom meg fint gjennom fossen. Nedenfor sto de andre og virket svært lettet over å se meg. Herfra nektet jeg videre deltakelse i denne galskapen. «Jeg går herfra», sa jeg bestemt. Det var nok dessverre lettere sagt enn gjort. Jeg merket en svært sår ankel. Ralph sjekket den for «injuries» som han sa, men mente at det kun var en skikkelig strekkskade. «Nothing is broken, just a twist.» Ankelskade eller ikke, det var ikke mulig å følge dette elveløpet nedover på land, og man kunne heller ikke klatre oppover. Altså var det kun én utvei: Fortsette med badeland til enden av elveløpet. Det ble gjort, men på resten av turen sørget jeg for å holde Togh og Hadrut i nærheten og passet på at de svømte sammen med meg. Jeg brukte god tid, skled så sakte jeg kunne, og da vi kom til enden av elveløpet, var jeg så glad at jeg felte tårer. Ekstremsport er ikke noe for meg.

Men jeg angret ikke på dette. Joda, jeg var livredd, og jeg trodde jeg skulle dø. Men med tanke på denne utemmelige naturen var dette et vakrere eventyr enn jeg har opplevd noe sted. Det å faktisk være midt i den, ikke bare se fra et utkikkspunkt. Helt vilt, men kanskje noe jeg ikke tenker å kjøre reprise på i nærmeste framtid.

En deilig armensk khorovats med fersk lavash og nystekt brød rett fra toniren ventet oss i en av olivenlundene til Vaghe. Det ble servert lokal vin, lokal brandy og lokal vodka. Jeg hadde god samvittighet etter dagens innsats. Nye venner hadde jeg også fått.

Silva fra Togh

Jeg prøvde å finne en eller annen måte å komme inn i Iran. Det var ikke enkelt. For nordmenn kreves visum, og vet noen at man ikke har helt rent mel i posen, er løpet kjørt. Islamic Republic of Iran tillater ikke innreise for hvem som helst. Stiller man i klassen «skeiv» er det kanskje best å ikke prøve seg en gang. Men jeg hadde så intenst lyst, rett og slett for å kunne si at jada, jeg har vært i Iran også. Det ville da bli nok et land å ramse opp i rekken av land som jeg kan skryte av å ha vært i. Og jeg så jo rett over til Iran.

Jeg fant ut at det finnes et slags konsulat i Meghri. Der sitter det en hijabkledt dame som veileder armenere og iranerne om reiser til og fra Iran. Samtlige statsborgere i de to landene kan reise over grensen ved å vise pass. Innreise og utreise registreres, så hvis noen får mistanke om antimuslimske handlinger eller annet snusk, kan det bli bråk.

Det første jeg ville gjøre var altså å oppsøke denne damen, Det var ikke så enkelt. Ingen i Meghri syntes å vite noe om denne tjenesten. Jeg måtte derfor ringe til et eller annet departement i selveste Teheran for å finne ut av adresse, telefonnummer og åpningstider. Etter mye om og, men fikk jeg tak i alle disse opplysningene. Telefonnummeret virket ikke, så da var det bare å møte opp på riktig adresse. Kontoret var merket med en liten lapp på persisk og et iransk flagg. Sånn var det, og ingen hijabkledd dame i sikte. Jeg gikk inn i nabobutikken og spurte dem om de visste noe. Og som i en syk drøm stod min venninne Silva foran meg. Denne flotte damen som jeg hadde bodd hos i Hadrut da jeg var i Artsakh før krigen. Jeg måtte spørre tre ganger. «Det er deg?»

Joda, Silva hadde kommet seg ut av Artsakh allerede i 2020, da hjembyen hennes ble hærtatt. Hun hadde fått tilhold i Meghri hos kjente og startet sin business på nytt, tre dager etter ankomst. Hvilket råskinn! Og her i Meghri hadde hun gjenåpnet sin lille business med tørkede frukter, syltetøy, juice og sin store spesialitet: Alt det var mulig å lage av tindved. Jeg ble så forfjamset at jeg glemte helt hva jeg skulle spørre henne om. I stedet gikk jeg rundt og så på alt hun hadde å selge i den lille butikken sin.

Hyllene var fulle av alle slags syltetøy. Aprikos, bringebær, morbær, fiken, fersken, drue og granateple. Samtlige glass med etiketter hun hadde produsert selv. Nydelige små malerier og de armenske bokstavene under som fortalte hva glassene inneholdt. Rene kunstverkene hvert eneste glass. På neste hylle var det nok en kunstutstilling. Her hadde hun tørket frukt. Sirlig dandert i vakre formasjoner og deretter pakket inn i gjenbruksplast med et lite maleri som viste hvilke tørkede frukter hver pakke inneholdt. Hun forklarte kort prosessen hun brukte for å tørke frukt. Det var i hvert fall ikke noe jeg hadde tenkt å begi meg ut på.

Meghri bugner ikke av butikker og kjøpesentre. Men, verktøy er i hvert fall lett tilgjengelig. Foto: Jan Gregersen

Silvas delikate og sunne produkter. Foto: Sven-Erik Rise

Hun hadde også et stort kjøleskap med forskjellige typer juice. Som. sist var hyllene fulle av tindvedjuice i alle mulige størrelser. Hun forklarte at de hadde tatt med seg stiklinger fra Artsakh for sikkerhets skyld, men tindveden trives også godt rundt omkring i Meghri, så her var det bare å plukke de guloransje bærene fra tindvedbuskene som har forelsket seg i Armenia. De vokser som ugress, og det blir bare flere og flere av dem. Og dette ugresset er hjertelig velkomment i hele Armenia. Tindved er en svært undervurdert plante i Europa. Den er i hvert fall undervurdert i Trøndelag. Ja, du leser riktig. Denne fantastiske busken preger store deler av trøndelagskysten. Den trives best der jorda er skrinn, der vinden blåser hardt og gjerne i nærheten av saltvann. Den klorer seg fast i en liten jordstripe mellom solid fjell, og den vokser raskt. En utrolig busk. Bærene den produserer i rikelig monn er fulle av C-vitaminer og en haug av antioksidanter.

Problemet oppstår når bærene skal plukkes. Tindvedens tynne og relativt korte grener er fulle av lange og svært spisse pigger. Kommer man borti en pigg er det som et lite knivstikk ned i huden. Og bærene sitter alltid slik til at de er omringet av pigger. Folk som plukker tindved, har alltid med seg rikelig med plaster. Etter noen dager ser hendene ut som om de er kjørt gjennom en food-processor. Hun fortalte at folk med store frysere kuttet av grenene med bær og fryste dem ned. Dagen etter var det enkelt å bare riste bærene av grenene og man sparte seg for blod og irritasjon. Men de fleste sverget til gamlemåten. Plukke, stikke seg, plukke, stikke seg og så videre. Hun kunne masse om tindveden og var helt klar på at denne fantastiske buskens produkt burde klassifiseres som Armenias fjerde nasjonalfrukt i tillegg til aprikos, drue og granateple. Jeg mintes at Karen hadde ment det samme, «Se her», sa hun, og viste meg et digert kjøleskap fullt av tindvedjuice i flasker som hun også hadde skjenket sine kunstneriske evner og utstyrt med et lite maleri av tindved.

Silva fortalte om savnet av Togh, om venner hun hadde mistet, om mange mennesker som hadde flyttet fra Armenia for godt. Hun trivdes godt i Meghri, men har et håp om en dag å få vende tilbake til sitt hjem i Artsakh. Endelig husket jeg hva jeg egentlig var kommet for og spurte henne om hun visste noe om dette iranske kontoret. Hun kunne bekrefte at det var noen som jobbet der av og til, men at det var lenge siden hun hadde sett denne damen der. «Det er mulig hun har reist tilbake til Iran. Jeg vet ikke,» svarte Silva.

Ikke helt rent mel i posen

«Nei, da ser det dårlig ut for min planlagte svipptur til Iran», tenkte jeg, Så slo jeg fast at det ikke var verdens undergang å ikke ha vært i Iran. Det er mange som ikke har vært der, blant annet enhver israeler som per definisjon ikke har adgang til riket. Dessuten – en homofil som ikke er spesielt opptatt av røverhistoriene om Muhammeds fordømmelse av homofile, at hunder er haram og at det er forbudt å drikke vin, har kanskje ikke så mye i Iran å bestille. På den annen side har jeg altså møtt så mange ekstremt kule iranere, både i Armenia og i Norge. Det ville vært en stor glede å kunne fortelle dem at jeg faktisk har vært i Iran.

Galskapen lenge leve. Jeg bestemte meg for å dra til Iran, koste hva det koste ville. Man er vel ikke på grensen til et spennende land for bare å snu før man i det minste har prøvd. Så da satte jeg meg ned hos Silva og begynte å ringe rundt til diverse iranske ambassader. Svaret var nei, nei og atter nei. Ingen får visum på en dag. Velkommen tilbake, *inshallah*. Så mye for et par anstrengende timer. Men jeg er ikke opprådd for innfall, så da jeg hørte at det gikk en buss gjennom Meghri og til grensen som bare var for armenere og iranere, tenkte jeg at her er min mulighet. Det eneste jeg trengte var et armensk pass. Og det passet måtte ha et bilde som lignet meg.

Jeg kan og bør ikke komme inn på løsningen her, men jeg kan fortelle dere at jeg har vært i Iran. Buss nummer 202, som jeg trodde stoppet i Meghri, gjorde ikke det, og ingen annen buss gjorde det heller. Det finnes ett checkpoint langs hele den 44 kilometer lange grensen mot Iran. Det ligger i Agarak. Man havner da i Norduz på iransk side. Så det ble taxi til Agarak, en liten vandring til fots til grensepasseringen og et svært irriterende møte med grensevakter og tollere. De stilte en haug av spørsmål på armensk. Jeg forstod halvparten av dem, men fikk forklart at jeg var en spjurk som ikke behersker språket så godt. De ba meg sitte ned og vente. Så der satt jeg i to timer og ventet. Så fikk jeg beskjed om å gå videre til tolleren som ikke forstod hvorfor jeg bare hadde en bærepose i plast som bagasje. Jeg forklarte ham at jeg bare skulle besøke noen i Tabriz for en dag og komme hjem igjen til Armenia dagen etter. Til slutt var det en egen luke der det satt en morsk dame og stemplet meg ut av Armenia. Jeg tror det er første gang jeg har møtt så sure armenere at de går en del kronisk sure nordmenn en høy gang. Jeg prøvde meg selvfølgelig med en del morsomheter, men neida. Det er mulig de ikke flirte fordi de ikke hadde noen tenner i munnen, men jeg er litt usikker.

Så måtte jeg gå en liten kilometer til fots for å komme til grensepasseringen inn til Iran. Der var det ingen å se. Helt tomt i alle luker. To iranere bare passerte, så jeg ropte etter dem og spurte hva jeg skulle gjøre. «Bare kom igjen», svarte de. «Grensekontrollen ligger og sover». «Eller så drikker de konfiskert brennevin.» Slik kom jeg til Iran. Javisst, jeg var nervøs, Jeg hadde vel ikke akkurat så rent mel i posen, men jeg så ingen grunn til å snu nå. Før jeg visste ordet av det, så jeg den første iranske grensestolpen. Så et gigantisk iransk flagg. Deretter gikk jeg til Nordruz. Der så jeg fem hus. Jeg banket på første dør og hilste: *«Asalamaleikum, Allahu akhbar».* Jeg hørte latter fra stuen, og ut kom en hel liten armensk familie. Ingen bombe. Det bor i dag mellom 60 000 og 150 000 armenere i Iran. Om lag halvparten i Teheran, men også mange i Isfahan og i den iranske provinsen Aserbajdsjan i landets nordvestlige del med grense mot Armenia og Aserbajdsjan.

Selvfølgelig kom den armenske gjestfriheten fullt fram i lyset. Det ble

Javisst kom jeg meg til Iran. Foto: Privat

Iran har mye å by på. Foto: Privat

disket opp med mat og vin. «Vin»? spurte jeg forundret. «Er det lov?» Dermed ble det en rask læringskurve, der jeg fikk et litt mer nyansert syn på Iran. Jeg skriver litt mer nyansert. Det er fortsatt dødsstraff for skeive som meg, hvis jeg skulle komme til å inngå noe som helst homofilt forhold. Men det til side. Jeg var ikke der for å kjempe for oss skeive. Det ville vært et fullstendig nytteløst prosjekt. Men når det gjelder andre minoriteter, var jeg nysgjerrig.

Armenerne forklarte at de hadde mange rettigheter i Iran. Disse rettighetene hadde de hatt i flere hundre år. Blant annet får de lov til å dyrke vindruer til eget bruk, til å lage vin av disse vindruene og til å drikke den. De har full religionsfrihet og egne kirker. Den eneste begrensningen er at de ikke får lov til å misjonere. Det er helt greit for armenerne. De bedriver ikke noen misjon. Armensk er, ved siden av persisk, offisielt språk i områder der armenere bor. De får lov til å holde hunder og spise svin. Svært få begrensinger altså, rent bortsett fra at kvinner må gå tildekket i det offentlige rom og homofili er like straffbart for armenere som resten av befolkningen i Iran. De må lære persisk på skolen, og de må lære om islam og om Koranen. Jøder i Iran har de samme rettighetene, så langt de visste. Armenerne er ansett som den største ikke-muslimske minoriteten og har derfor to av fem minoritetsplasser i parlamentet.

Denne flotte familien ønsket at jeg skulle overnatte. Jeg hadde virkelig lyst til å avsløre hvem jeg var og hvor jeg kom fra, men var redd for å sette dem i fare i tilfelle mitt ikke så rene mel i posen skulle bli oppdaget. Jeg var fullt klar over at jeg ikke befant meg på et sted der man kunne forklare seg bort fra realitetene. Jeg ble over natten og fikk en nydelig dag i Iran hvor de viste meg andre armenske småbyer og armenske kirker. Så måtte jeg bare få se grensen til Aserbajdsjan. På iransk side står en vakker armensk kirke, bygget for 500 år siden og fullstendig renovert. Denne kirken er en av de to tvillingkirkene som ble oppført på likt fordi så mange armenere bodde i området. Den andre tvillingen ligger på den andre siden av grensen, rett over elven. Eller det vil si den lå der. I dag er det bare grus igjen. Men man gjenkjenner den karakteristiske brunfargen på den kirken som fortsatt eksisterer. Aserbajdsjan har klart å ødelegge alt av det armenske i landet sitt. Det kulturelle folkemordet har pågått siden 1920-tallet og fram til i dag. Nå for tiden er det Artsakh som opplever dette folkemordet. Alt det armenske avskaffes – både fysisk og psykisk.

Iranske myndigheter med sin forkvaklede tro på Koranen og Islam er til tross for dette svært bekymret for Aserbajdsjans stadige destruksjon av armensk kulturell arv. De tar det opp i FN og har kritisert Aserbajdsjan kraftig for dette.

Familien som kjørte meg rundt var veldig engasjert, og jeg var flere ganger på nippet til å avsløre meg, men jeg holdt tett. Den yngste sønnen foreslo at vi skulle besøke presten i denne ene tvillingkirken. Han hadde mye kontakt med armenerne fra de forskjellige landsbyene og kunne helt sikkert fortelle meg mer om armenernes liv i Sør-Aserbajdsjan. For den som nå sitter og lurer på om Vest-Aserbajdsjan egentlig er en del av Aserbajdsjan, er svaret nei. Dette er egentlig en litt latterlig historie. Aserbajdsjan er et iransk navn på en iransk provins. I 1920 da republikken Aserbajdsjan så dagens lys som en sovjetrepublikk, bestemte man at landet skulle ta navnet Aserbajdsjan. Det ble bare gjort, og i ettertid har presidenten i Aserbajdsjan selvfølgelig prøvd seg med å gjøre krav på iranske områder. De kravene tror jeg han kan se langt etter.

Vi oppsøkte presten. Han bor like ved den kirken han bestyrer. I dette fruktbare området har han etablert en vakker hage, full av blomster og vindruer. Han har en diger hund og tre gjess. Presten er en hyggelig ung mann som har flyttet fra Armenia for å tjene menigheten i dette området. Han ønsket å snakke om hvordan det er å være armener. Ikke nødvendigvis i Iran, men hvordan det er å være spjurkarmener i utlandet dersom man bor med tyrkiske og aserbajdsjanske naboer. Denne samtalen ble tøff. Jeg merker at jeg blir veldig emosjonell og deretter sint når jeg hører om armenernes situasjon – ikke bare i Tyrkia og Artsakh, men hvordan tyrkiske og aserbajdsjanske minoriteter behandler armenske naboer.

Det er ingen tvil om at flere er oppdratt til et enormt hat mot armenere. Jeg spør meg gang på gang hvordan dette i det hele tatt er mulig. En ting er å fornekte forfølgelser og folkemord. En annen er å legge alt som kan minne om armensk for hat og trakassere armenere som ikke har gjort annet enn å ha armensk opphav. Jeg har hørt om armenere i Norge som har løyet om sitt opphav til tyrkiske naboer. Jeg har hørt om armenere som har blitt truet på livet fordi de har våget å bruke ordet folkemord og etnisk rensing i Artsakh. Men det jeg fikk høre om situasjonen mange steder i Iran overgår det meste.

Armenske barn blir mobbet på skolen. Foreldrene til de aserbajdsjanske barna velsigner mobbingen og argumenterer for at det er helt i orden. Aserbajdsjanere boikotter bedrifter dersom de ansetter en person med armensk navn. Bedrifter vil tape mye på å ikke ha aserbajdsjanske kunder. Voksne blir skjelt ut på gata. Av og til blir de angrepet. Iransk politi gjør så godt de kan for å stoppe dette, men mye foregår i det skjulte, og armenerne er redde for videre represalier dersom de anmelder. Jeg fikk hakeslepp og tårene rant. Jeg blir som sagt emosjonell. Disse beretningene bidro kraftig til at jeg ønsket å skrive enda en bok om Armenia.

Jeg forlot Iran den kvelden. Oppdraget utført, og nervene i høyspenn. Jeg var virkelig redd for melet i posen. Iransk grensepassering var åpen denne kvelden. En trøtt lompe gadd ikke å sjekke stempel for innreise til Iran, så dermed var det bare den lille kilometeren til de sure armenske grensevaktene som gjenstod, Ja, og selvfølgelig selve grensepasseringen.

Tollen gikk greit. Ingen gadd å bry seg med plastposen jeg hadde med meg. Utspørringen om hvor jeg hadde vært og hva jeg hadde gjort gikk strålende. Jeg fortalte akkurat det som hadde skjedd. Armeneren hadde tydeligvis ikke noe problem med det. Men han smilte ikke. Det kan hende at han faktisk var tannlaus. Det eneste som nå sto igjen, var stempleren av pass. Dersom hun var en av de ivrige i tjenesten, betydde det at hun ikke ville finne noe stempel for innreise i Iran. Jeg var spent på om hun ville lage noe stort spetakkel av det.

Jeg ble stemplet ut. Hun fortrakk ikke en mine. Hun sa ikke et ord. Bare stemplet. Jeg sa *Bari Galust* til henne. Det er armensk og betyr velkommen. Da trakk hun først på smilebåndet. Så lo hun. Da fortsatte jeg «*Du unes geghetsik atamner*», som betyr du har pene tenner. Da smilte hun fra øre til øre. Og ja, det var en skikkelig perlerad. Får håpe hun har lært å bruke dem til noe annet enn å spise i framtida.

*

Tilbake til Armenia og tilbake til olivengården og Togh og Hadrut. Min evigvarende hodepine. Jeg ante ikke hva jeg skulle gjøre med dem, og jeg hadde flybillett til Norge om kort tid. Dette var virkelig helt forferdelig. Det virket som om de kom for å kose ekstra hver gang hodet mitt spant rundt og jeg lagde lange disputaser om hva jeg skulle gjøre med dem. Konklusjonen ble å prokrastinere. Gang på gang.

Jeg ble liggende å tenke på dette enorme hatet en del tyrkere og aserbajdsjanere er opplært til å ha mot armenere og hvor fullstendig urimelig og forkastelig det er. Min erfaring med tyrkere har alltid vært positiv. Tyrkere er svært gjestfrie, imøtekommende og positive. Men dersom jeg nevner noe om armenere og folkemord, er det mange som går fullstendig i vranglås. Det hele blir aggressivt og truende. Og argumentene mot folkemordet blir forskjellige fra gang til gang, fordi det ikke er så lett å diskutere på grunnlag av et narrativ som er fullstendig snudd på hodet. Jeg blir nesten alltid beskyldt for å være rasist og muslimhater i denne type diskusjoner. Jeg understreker at nei, jeg er ingen av delene. Men som de aller fleste mennesker her i verden tar jeg avstand fra folkemord og fra folk som fornekter dem. Det finnes høyt utdannede mennesker som setter spørsmålstegn ved om Holocaust skjedde. Er det meningen at man skal akseptere den type holdninger? Fornektelse av folkemordet på armenerne er på linje med fornektelse av folkemordet på jødene.

Når dette er sagt, kjenner jeg flere tyrkere som har studert og lært seg hva som virkelig skjedde da Det osmanske riket utførte sine fire folkemord. All ære til dem. De blir til tider ansett som landsforrædere av de forskjellige tyrkiske regjeringer. At man skal få lov til å fornekte folkemord og i tillegg spre så mye falsk propaganda om armenere, er rett og slett motbydelig. Dette er ikke den vanlige tyrker eller aserbajdsjaners feil. Det er hele systemet, parlamentet, regjeringen og presidenten. Et helt folk er rett og slett lurt opp i stry.

Den siste dagen i Meghri gikk jeg rundt i gatene for å se om noen ville adoptere to flotte hunder. Noen var faktisk interessert, men de ville bare ha en av dem. Det syntes jeg var urimelig, og det ble til at jeg satt meg i jeepen og kjørte de 400 kilometerne til Jerevan.

Denne flotte gampren heter Noy.
Noy er én av de få gamprene i
Norge. Foto: Levon Tadevosyan

Del V:

Med respekt for kjæledyr

Et stort hjerte for hunder

Dyrevern i Armenia er ikke en fanesak for myndighetene. Det foregår svært lite sikring av dyrs velferd og dyrs rettigheter. For å begynne med det positive driver Armenia husdyrhold der både kyr, griser, sauer og geiter er ute på beite mesteparten av året. For beskyttelse av dyra følger gjetere med dem. De vandrer fra beiteområde til beiteområde. Ulv og bjørn skremmes vekk av gampre – altså gjeterhundene som alltid er med.

Jeg hadde påtatt meg et stort ansvar. Jeg var blitt oppriktig glad i to vakre vesener. Mine to hunder, Hadrut og Togh. Å ta med disse til Norge ville være et lite helvete for både meg og hundene. Ikke minst ville nok mine fem papegøyer angripe hundene av ren sjalusi, eller for å vise hvem som er sjefen. Mine papegøyer er verdens søteste, men de går ikke av veien for å vise hvem som bestemmer, og de har angrepet både mennesker og andre dyr tidligere. Dype kutt har forekommet. Hunder og papegøyer er en dårlig kombinasjon. Jeg måtte derfor få noen til å passe mine hunder de neste ti til tjue årene. Denne noen måtte gi meg besøksrett og rett til å ta vare på dem når jeg kom på ferie til Armenia. Dette syntes å være en nærmest umulig oppgave, særlig ettersom jeg insisterte på at de måtte få være sammen.

Jeg utsatte hjemreisen på ubestemt tid. Jeg grein meg til å få ha hundene på hotellrommet og satte i gang med å jobbe. Problemet i Armenia er at det ikke er helt vanlig å ha hund sånn for kosens skyld. Hunder er oppfattet som noen som gjør en gratis jobb med å passe på husdyr, for å beskytte, eller for å være en sint bjeffemaskin som skremmer tyver som måtte nærme seg.

Det er faktisk interessant å merke seg forskjellene på Armenia og Georgia når det gjelder hvordan man behandler hunder. I Tbilisi finnes et stort antall hunder som ingen har eid noen gang. De bare lever der og er en naturlig del av bybildet. Man finner alle salgs raser, i parker, under broer og i gatene. I det hele tatt, der folk møtes, møtes også

Alik blir bestevenn med to gjeterhunder i fjellet. Begge er gampre.
Foto: Privat

hundene. Tbilisis administrasjon sørger for mating av hunder. De sørger også for vaksinasjon, kastrering, dyrlege og så videre. Folk flest er oppriktig glad i disse hundene som de kan kose med, fore eller ta med hjem for en stund, eller for alltid dersom de ønsker det. Og det er ikke bare kjøtere og billighunder. Blant Tbilisis løshunder finner man rasehunder – så her er det bare å forsyne seg.

I Armenia er det ikke fullt så enkelt for løshunder. Administrasjonene i byene gjør lite for løshundene annet enn å avlive dersom noen av dem begynner å bli vanskelige. Mange snille sjeler sørger for å fore hundene for egne penger. Det finnes noen organisasjoner som faktisk bruker mye tid på å ta vare på løshunder, vaksinere, kastrere, ta dem til veterinær og prøve å finne adopsjonsmuligheter for forlatte hunder. Armenere flest er litt smånøytrale til disse hundene, men jeg har funnet ut at en del restauranter i Jerevan forer dem med all maten som blir til overs. En del mennesker tar med seg «doggiebags» og forer hunder på veien hjem. Hundevenner fortviler når flotte og friske hunder avlives fordi de er for mange. Ifølge folk som forer løshunder daglig har de ønsket å kastrere hunder i stedet for å drepe. Myndighetene har ikke levert på det området.

Nå er antallet løshunder svært mye lavere i Jerevan sammenlignet med Tbilisi. Det rapporters om svært få tilfeller av at hunder angriper folk eller biter noen som prøver å få kontakt. Men jeg fikk en svært foruroligende rapport fra Gyumri her om dagen som gikk ut på at noen hunder hadde formet såkalte *packs* der de opptrådte sammen og faktisk hadde angrepet mennesker som bar på mat. Det er tydelig at en del løshunder ikke får nok mat. Hunder i Armenia trenger hjelp.

Armenia er klassifisert som et rabiesutsatt land ifølge oversikter fra WHO og andre. Det betyr at det kan forekomme rabies. Det har derimot vært svært få rapporterte tilfeller av smitte til mennesker. I flere år var antallet rapporterte rabiestilfeller 0. Status i 2023 var åtte rabiestilfeller for hunder. Samme år ble et barn smittet av et hundebitt. Loriprovinsen har hele tiden vært mest utsatt. Grensen mot Georgia bidrar ganske bestemt til større smittespredning akkurat her. Armenske myndigheter prøver å løse problemet med for mange løshunder. Det har vært snakk om å opprette statlige hundeasyl, men hittil har det skjedd svært lite. De private organisasjonene som driver hundeasyl, melder at de er proppfulle og at de ikke har plass til én eneste hund i tillegg til det store antallet de allerede har.

Og takk og pris for at det finnes mennesker med et stort hjerte for dyr i nød. To av de mest aktive organisasjonene er Hrant's Ark og CAToo. Førstnevnte fokuserer mest på hunder. Den sistnevnte er best på katter, men begge organisasjonene hjelper alle dyr. Jeg kom på at jeg hadde vært bidragsyter til begge disse under krigen i Artsakh i 2020. Da var situasjonen for Artsakhs hunder svært prekær. Førti tusen armenere måtte forlate sine hjem etter at Aserbajdsjan hadde brukt alle mulige lovlige og ulovlige midler på å knekke armenerne. Flyktningene måtte rømme raskt. De som våget å bli igjen, risikerte å bli halshugget. Det kom berettelser om at aserbajdsjanske soldater og syriske og pakistanske fremmedkriger mottok 100 euro for hvert armensk hode som ble levert inn. En del familier måtte flykte hals over hode, og de fikk ikke alltid med seg sine kjæledegger ut av Artsakh på grunn av bomberegnet. Når det faller bomber, blir de fleste hunder livredde, og mange hadde flyktet bort fra huset de bodde i. Menneskene hadde valget om å reise eller dø med umiddelbar virkning. Dermed ble hundene satt igjen.

Få dager etter at fredsavtalen var signert, ble det publisert hjerteskjærende videoklipp på Facebook og You Tube som viste hvilken behandling etterlatte hunder ble utsatt for da aserbajdsjanerne inntok områdene.

Jeg fikk raskt kontakt med Astghik Harutyunyan. Hun jobber frivillig med å redde både hunder og katter. I løpet av krigen sendte CAToo store pakker med hundemat til gjenværende hunder i hele Artsakh. Mange hunder overlevde på grunn av denne innsatsen. De tok også imot hunder etter krigen, som de klarte å få adoptert bort til familier i Armenia og i USA. Astghik forteller om en hund som ble skutt i benet. En hund ingen ville vite av. En skikkelig armensk gampr. CAToo fikk hentet henne, og hun ble operert. Nå bor hun på en gård i landsbyen Masis. Dette er nok hjertebarnet til Astghik. Hun besøker denne hunden en gang i uken.

Når videoen av hunder med halsbånd, og for så vidt uten, ble publisert, spredte fortvilelsen seg blant dyrevenner i hele verden. Hunder løp hvileløst omkring på jakt etter sine eiere. Flere hadde allerede lidd sultedøden, mange var skadet – og mange ble mishandlet av aserbajdsjanere. Sist jeg sjekket er hund *haram*, altså forbudt i islam. Er man da hund og i tillegg en armensk hund, er vel ikke sjansene store for at aserbajdsjanere viser deg særlig omsorg eller interesse. Jo forresten, interessen består i å plage hundene og eventuelt ta livet av dem. Flere øyenvitner bevitner at det skjedde, og spesielt én video fikk meg til å ta affære. Den viser en aserbajdsjaner som tar tak i en liten hund,

Dimats-fjellet i Tavush. Dette er et område der man kan vandre i timevis uten å møte på mennesker. Dyr derimot er det mange av.
Foto: Alik Yeranossian

som tydeligvis var i huset sitt. Han ventet med lengsel på familien sin og prøvde å få kontakt med soldaten. I det hunden prøver å gi labb til soldaten, griper soldaten tak i nakkeskinnet og rister den opp og ned flere ganger. Soldaten banner og skriker til hunden så den blir livredd. Hunden er forsvarsløs. Den piper og gråter høylytt. Til slutt blir den brutalt kastet i gulvet. Dette ble altså filmet og lagt ut. Til glede for mange kyniske mennesker av samme kategori.

Jeg kontaktet umiddelbart Hrant's Ark i Jerevan. Hrant driver et tilfluktssted for hunder. Jeg ba dem om å få organisert en rednings-aksjon med flere store biler for å få hentet ut så mange hunder som mulig. Hrant hadde allerede tenkt tanken selv, og nå ble det fortgang i planene. Penger ble sendt nedover, og sammen med flere sponsorer leide de store biler med god plass til mange hundebur.

Oppdraget var risikofylt i og med at dette var i dagene rett før Aser-bajdsjan skulle overta disse områdene i Artsakh. Mange soldater var allerede på plass. Men Hrant og de andre heltene som jobber frivillig i

Hrant's Ark trosset alle farer og dro av sted på redningsaksjon. Synet som møtte dem, var et mangfold av hunder. Mange var helt friske og fine og lot seg lett lokke av en godbit. Andre var alvorlig skadet og lå langs veikanten. Atter andre var tydeligvis blitt truffet av kuler og hoppet rundt på tre bein. De fleste var utsultet. De ble foret der og da. Mot kvelden kjørte de tilbake til Jerevan der dyrleger stod klare til å sjekke samtlige og yte hjelp til dem som trengte det.

Vi oppfordret folk i Jerevan til å adoptere, og mange meldte seg. Hunder som var så skadet at de mest sannsynlig ikke kom til å kunne bruke bakbeina igjen, ble sydd sammen, og noen av dem ble sendt til hjem i USA.

Jeg ringte til Hrant flere ganger og fikk full oppdatering på arbeidet disse heltene gjorde, og gjør, hver dag for hunder i Armenia. Hrant er av armensk slekt og altså en etterkommer av ofrene for folkemordet. Men han hadde aldri vært i Armenia før den dagen han bestemte seg for å flytte fra New York til Jerevan og sette i gang med sitt hundepensjonat. Han lever så fattigslig han kan. Alt han eier går med til å hjelpe hunder, og han hjelper dem hele døgnet. Han ber folk ringe uansett når på døgnet dersom en hund trenger hjelp.

En gang jeg ringte hadde han nettopp funnet en blind gampr i en søppelkasse i Jerevan. En annen gang hadde han nettopp vært i Gyumri og hentet ei lita jente som ble påkjørt av en bil. Begge bakbeina var knust. Hun var allikevel en av de heldige. Hrant fikk tak i et hjem til henne i Los Angeles.

I løpet av flere samtaler med Hrant føler jeg at det egentlig er hos ham jeg burde vært. En slags dragning mot å hjelpe dem som virkelig er nederst på rangstigen.

En spesiell historie om en soldat og en hund

Det er spesielt en historie som har satt seg fast i hodet mitt, og den har jeg tenkt mye på. Min kritikk av armenere som ikke bryr seg om hunder på samme måte som georgiere, stilnet noe etter et innslag som gikk som en farsott i alle nyhetskanaler i Armenia.

Denne historien ble først vist på armensk TV 3.desember 2020, og hele Armenia ble forelsket i den lille hunden Jonny. Romik vervet seg som frivillig til krigen og ble utplassert i forsvaret av Martakert. Ved fronten fant Romik den lille klynkende hunden i et område som var bombet. Jonny lå fastklemt under en haug av stein. Romik fikk ham ut, og fra den dagen hadde han og de andre soldatene med seg Jonny i skyttergravene.

Jonny reddet livet til Romik og resten av troppen minst ti ganger. Hver gang aserbajdsjanske tropper nærmet seg eller prøvde å snike seg innpå dem, bjeffet Jonny høylytt. Romik og de andre soldatene skjønte hva som var i ferd med å skje. De kunne ligge i forkant og ta soldatene, eller finne skjulesteder og ta dem derfra.

Da Romik ble skadet og måtte på sykehus i Jerevan, spurte han de andre soldatene om de kunne passe på Jonny til han ble utskrevet. Det ville ta tid. Romik hadde mistet et bein i kampene og trengte intensiv behandling. Han var også forespeilet en lang rekonvalesensperiode. Soldatene tok med Jonny til Bagratashen i Artsakh, Romiks hjemby. Da vennene hans hadde planlagt å besøke Romik på sykehuset i Jerevan, løp Jonny etter bilen i timevis helt til de ankom sykehuset der Romik var innlagt.

Etter denne mange timers lange løpeturen nektet Jonny å flytte seg fra inngangen til sykehuset. Han snuste på alle som kom fra Romiks rom. Av og til fikk Jonny komme inn til Romik. Da ble Jonny helt i ekstase. Det samme ble Romik. Romik kjempet seg tilbake til et rimelig normalt liv. Han ble spesielt godt motivert med tanken på at han kunne flytte hjem med Jonny. Jonny skulle bli hans følgesvenn hele livet. Da Artsakh ble etnisk renset i 2023 måtte Romik og Jonny forlate sitt hjem. De ble flyktninger over natten. I dag gjør Romik en god innsats for å sette søkelys på hva hunder betyr for mennesker med sin lojalitet og kjærlighet.

Jeg hadde lenge ønsket å møte Romik og Jonny og tenkte at han kanskje kunne hjelpe meg med Hadrut og Togh. Men for en gangs skyld kjente jeg min besøkelsestid. Jeg stod foran Romiks leilighet. Jeg var på nippet til å banke på, men tok til fornuften da jeg fikk en telefon.

Hrant's Ark

Det var Hrant som ringte. Vi avtalte å møtes dagen etter. Jeg håpet han kunne hjelpe meg. Jeg klarte ikke å vente til dagen etter, så jeg møtte opp på direkten. Ingen svarte da jeg banket hardt på inngangsporten, men jeg må ha hørt et hundretalls hunder som bjeffet av glede over bankelydene. Etter noen minutter åpnet en meget trøtt lompe døren, og sto som frosset. Hun gikk rundt i slitte tøfler, og hadde et intenst stirrende blikk. Så ytret hun følgende: «Hvilken hund skal du hente?» «Jeg skal snakke med Hrant.», svarte jeg litt oppgitt. «Hrant er i Gyumri. Han henter fire aggressive hunder. Det er jeg som styrer butikken til han kommer tilbake.»

Jeg ba om å få audiens i «butikken», og det fikk jeg. Så la jeg fram problemet mitt med Hadrut og Togh. Hun lyttet interessert, og hun skulle gjøre det hun kunne for å få dem omplassert. I mellomtiden kunne hun tilby dem plass på senteret. Selvfølgelig hadde jeg ikke hjerte til å plassere dem der. For meg gjaldt det å bli kjent med en ny eier som jeg kunne lage en avtale med. Lompa og jeg laget en avtale. Senteret skulle tilby gratis hundefôr i to år, finansiert av meg. Motytelsen var at jeg skulle få ukentlige oppdateringer og bilder av hundene. De gangene jeg kom til Armenia, skulle jeg få ta vare på hundene. Etter to år skulle avtalen reforhandles. Det hørtes ut som en bra deal. Lompa tødde opp. Hun ga meg en klem og begynte å bla i en bok der hun tydeligvis hadde noen interessenter.

Det varte ikke lenge før telefonen ringte og jeg hadde fått en interessent for avtalen med hundene. En vinmaker fra Karas Wineries, som elsket hunder og ikke hadde noen hund for tiden. Hundene og jeg dro ut til vingården og møtte ham. Jeg følte meg som Barnevernet i en alvorlig adopsjonssak. Narek viste meg leiligheten sin, uteområder og hvor hundene skulle sove om natten, som var hans gigantiske dobbeltseng. Jeg var solgt. *Done deal.* Hundene skulle være min hver gang jeg kom til Armenia. Jeg betalte for to år. Ikke veldig dyrt i Armenia, så jeg la på litt for leker og ekstra hundegodteri. Jeg trodde jeg kunne puste ut.

Et smug i gamlebyen i Dilijan med sin tradisjonelle arkitektur.
Foto: Winfried Dallmann

Del VI:

Utforskning med Tigran

Tigran – min armenske bror og navnebror

Jeg møtte Tigran da jeg var i Armenia i 2015, og vi har etter våre eventyr sammen med min tyrkiske venn Ergin holdt kontakt helt siden den gang. Jeg har møtt ham flere ganger på reiser i Armenia, og han har ved et par anledninger slengt seg på og blitt med turistene som jeg har guidet gjennom Armenias historie og severdigheter. Det er ingen overdrivelse å si at min armenske navnebror er så klassisk vakker at alle faller for ham. I tillegg er han et flott menneske på alle måter som bare vil alle vel. Et utrolig sterkt vennskap. Jeg møtte ham ved en tilfeldighet den første dagen jeg var i Armenia, da jeg sto i kø i en nyåpnet skobutikk som kun solgte armensk-produserte sko. Selvfølgelig bare måtte jeg ha et par. De var av høy kvalitet og til Armenia å være veldig dyre. Det var ikke bare jeg som var opptatt av å sikre meg et par sko. Disse var det rift om.

Spjurk-armenerne ønsket tydeligvis å få med seg armenske varer hjem. Damer og menn sloss om størrelser og design, og jeg kunne ikke dy meg: Jeg trengte meg fram og fikk tak i betjeningen. Størrelse 44, sa jeg optimistisk og pekte på et par skikkelig lekre eksemplarer. «Glem det», svarte damen. «Dere spjurk-armenere har 44 hele gjengen, og nå har jeg ikke flere igjen. Kom tilbake neste uke.»

Det var da jeg møtte Tigran og fikk en ny venn. Han hadde stått litt bak meg og observert. Han kom fram til meg, strakte ut hånden og presenterte seg. Jeg skjønte hva han sa og svarte like godt at jeg het Tigran jeg også. Dette syntes han var artig. Han lurte på om jeg var en eller annen type armener. «Armenian by Choice», svarte jeg. Det uttrykket forsto han og dermed tentes en liten gnist i øynene hans. Fra posen han hadde i hendene dro han ut en skoeske hvor det befant det seg et par flotte sko i størrelse 44. Akkurat dem jeg ville ha. «For you, Tigran». Og så smilte han bredt. «50 000 dram. (850 kroner, vekslekurs 2015). Same I pay», fortsatte Tigran. Var dette mulig? Og kunne jeg takke ja til det? En annen armener blandet seg i samtalen for å for-

På middag hos Tigrans familie. Khorovats fra toniren.
Foto: Sven-Erik Rise

sikre meg om at Tigran ikke prøvde å lure meg. Skoene kostet faktisk 50 000 dram. Jeg visste jo det siden jeg nettopp hadde prøvd å kjøpe de samme av butikkdamen. «Han er bare hyggelig med deg», fortsatte damen. *«This is Armenia»*, sa hun og hun forsvant i folkemengden som fortsatt fylte opp den lille skobutikken.

Tigran var en velkledd ung mann, og jeg skjønte at han var av typen som gjerne ville gå rundt med disse skoene. Han forklarte med hender og føtter at han kunne kjøpe en annen dag. Dermed geleidet han meg ut i bilen, som var en ganske nedslitt drosje, ba meg ta plass og kjørte meg til nærmeste minibank. Jeg hadde fått tak i et par armenske sko på overtid. Og jeg hadde skaffet meg en drosjesjåfør.

Tigran var med meg gjennom hele oppholdet i Armenia. Han vekket meg om morgenen, kjørte dit jeg ville, var med på alle krumspring jeg fant på, ble bestevenn med tyrkiske Ergin og inviterte oss hjem til foreldrenes hus på middag. Han var den beste armensklærer man kunne få. Jeg glemmer aldri at han nektet å svare før jeg kunne si ordene på armensk med god uttale. Han var ingen kløpper i engelsk heller, så armensk ble en dyd av nødvendighet.

Kort tid før krigen var Tigran og jeg på nye eventyr og spennende opplevelser. Da ble jeg igjen i Armenia etter at reisefølget fra Escape hadde forlatt åstedet. Denne tiden ville jeg bruke på meg selv. Jeg ville henge med armenere, og hvem annen enn Tigran stod klar for daglig samvær og spennende utflukter.

Jeg må opplyse nye lesere om at min venn Tigran ble innkalt i forsvaret av Artsakh i 2020. Han ble tatt til fange av aserbajdsjanske soldater, torturert og holdt fengslet i flere måneder. Han ble ydmyket på det verste av aserbajdsjansk TV, der han måtte ta avstand fra sitt opphav, fra sin familie og fra sitt hjemland. Sendingene ble lagt ut på YouTube og spredt i Armenia. Tigran fikk flere tenner slått ut, og ankelen fullstendig knust, noe som gjør at han fortsatt halter. Han så ut som en fange fra Sachsenhausen da han ble reddet ut av Aserbajdsjan. Aksjonen var livsfarlig for flere enn Tigran. Min gode tyrkiske venn, Ergin, klarte å smugle Tigran ut av Aserbajdsjan. Hadde det ikke vært for ham, ville jeg nok ikke ha hatt min beste venn lenger. Det har tatt tid å få Tigran på fote igjen. Han har virkelig slitt psykisk etter fangenskapet. Litt etter litt har situasjonen bedret seg. Fortellingene om Tigrans og mine reiser i Armenia foregikk alle før 2020, altså før Aserbajdsjans og Tyrkias invasjon av Artsakh.

På nye eventyr med Tigran

Først og fremst ville jeg til Dilijan. Dilijan er en idyllisk småby i Tavushprovinsen, som også kalles Armenias grønne lunger. Dette området minner om en kombinasjon av Borneos tette regnskog og de sveitsiske alpers landsbyer. En armensk perle man ikke kan gå glipp av. Gruppen jeg hadde reist dit med tidligere bestod for det meste av litt eldre reiseglade mennesker. Det er jo den eldre garde jeg liker best å ta med på sånne turer. De er svært interesserte, og de stiller opp på alt når de først er ute på reise. De er alltid fornøyde. Det er svært sjeldent jeg opplever klager i løpet av turen eller på evalueringene i ettertid. Dermed har jeg vel reist på ti turer med samme type klientell. Og mange av dem har meldt seg på både to og tre ganger. Hvis jeg skal være helt ærlig, tror jeg at det er jeg selv som har det absolutt morsomst på disse turene. Her får jeg gratis reise og opphold og til og med litt betalt for å få lov til å vise fram Armenia. Og ikke et hvilket som helst Armenia. Det Armenia jeg setter så stor pris på og den historie jeg så sårt ønsker å formidle og få folk til å engasjere seg i. Helt unikt.

Tigran hadde fått en nyere bil siden sist. Denne gangen virket vindusviskerne og blinklysene, men passasjerdøren satt bom fast. Det gjorde ingen ting. Jeg fikk bare klatre over førersetet for å komme meg på plass. Dagens gave fra Tigran var en slags kompilasjon av de to Tigranenes største hits. Altså armensk popmusikk vi begge elsket å høre på og synge til. Tigran hadde fått med nistemat av moren sin.

Han var nå etter hvert blitt 32 år, men bodde fortsatt hjemme. «Sånn er det i Armenia hvis man ikke gifter seg», fastslo Tigran med den største selvfølgelighet. «Det er slutt med dama, og nå er jeg singel og stolt av det», fortsatte han. «Og snart kommer jeg til Lille Armenia i Norge.» Der skulle han ha vært sommeren 2020, men både coronaviruset og angrepet på Armenia i juli satte en stopper for planene. Jeg snakket mye med Tigran den sommeren. Han var så skuffet og lei seg. Vi planla at han skulle komme til høsten, Corona eller ikke. Han kunne tilbringe karantenen hos meg.

Sevansjøen

Det eneste Armenia har som kan minne om havtilgang, er Sevansjøen. Den er til gjengjeld så stor at den dekker 5 prosent av Armenias samlede areal. Sevansjøen er en av de tre armenske innsjøene, men den eneste som ligger innenfor grensene til dagens armenske republikk. De to andre heter Umria og Van. Førstnevnte ligger i Iran, og den andre ligger i Tyrkia. (Etter at tyrkerne renset området for samtlige armenere under folkemordet). Det sies at da innbyggerne fra Van så Sevansjøen, syntes de den så svart ut. Derfor kalte de sjøen *Sev* (armensk for svart) og *Van* som var navnet på innsjøen de forlot. Siden den tid har innsjøen blitt hetende Sevan. Innsjøen ligger 1900 meter over havet og dekker 1272 kvadratkilometer. Sevansjøen er habitatet for en mengde fiske- og skalldyrarter. Armenerne klarer å forsyne seg selv samt eksportere fisk til Russland, Ukraina og Kazakhstan. De har riktignok noen oppdemmede innsjøer og flere små fiske- og skalldyrprodusenter som driver sunne og økologiske oppdrettsanlegg i Araratdalen. Sevan står for mer enn 80 prosent av all produsert sjømat. Armenias produksjon av kaviar, som ikke står noe tilbake for den russiske, er også på full fart oppover.

Men sevanområdet byr på utrolig mye mer. På vestsiden av innsjøen

Den lille byen Sevan med beliggenhet ved Sevansjøens bredde.
Foto: Sven-Erik Rise

ligger verdens største samling av khatsjkarer. En khatsjkar er en minnestein, en gravstein, en hyllest til et menneske som har bidratt til noe spesielt. Khatsjkarer er flotte kunstverk. De kan minne om irske crosstones, men det er store forskjeller. De som hugger ut steiner til flotte og høyreiste khatsjkarer, har et imponerende håndlag og en imponerende tålmodighet. Dette tar tid! På kirkegården i Noraduz finnes 900 khatsjkarer. Her ser man flere forskjellige stiler og metoder for å lage khatsjkarer med en lang rekke motiver.

Khatsjkarer må velsignes av en kompetent person. Tradisjonelt i Armenia tror man at en khatsjkar kan gi beskyttelse, et langt liv, seier og hjelp til å bli frelst. I dag regner man med at det finnes rundt 50 000 khatsjkarer i Armenia. Av dem finnes det ikke to like. Samtlige har forskjellige motiv og utforminger. Ellers står khatsjkarer på UNESCOs

Kvinner i Noraduz blant khatsjkarene. De selger egenproduserte suvenirer. Foto: Jan Gregersen

liste over beskyttet kulturell verdensarv.

På veien mot strandsonen har det nylig blitt åpnet et slags bakeri som inneholder alt fra alle mulige matvarer, ferskvarer, matservering og kafeer. Disse såkalte bakeriene popper nå opp over store deler av Armenia, langs hovedveiene og på steder der turister vanker. Hele konseptet går ut på at man har bygget en enorm tonir midt i lokalet. Unge menn jobber med å feste deigen til tonirveggene, og det gjør de med livet som innsats. De holder deigen i en hånd, bøyer seg langt ned i den glovarme toniren og fester så deigen på plass til steking. Under denne stekingen køer det seg opp folk som vil følge med på disse akrobatene. Brød og lavash stekes noen minutter før salget begynner. Alt som hentes ut fra toniren blir revet vekk av tilskuerne, og akrobatene setter i gang på nytt og på nytt. Supermarkedet tilbyr alle mulige og

På veien til Sevansjøen ligger et senter med dagligvarer, restaurant, café og et storslagent bakeri. Bakeren lager armensk brød (*hats*). Folk står i kø for å kjøpe det rett fra toniren. Foto: Unni Fonneland

umulige varer. En masse importprodukter fra hele verden er tilgjengelige i skjønn forening med armenske matvarer. De små bodene som er fordelt langs veggene tilbyr små og store retter til trailersjåfører, lokale og turister. Konseptet går så det suser, og det finnes flere. Jeg

Bakeren slenger nærmest hele kroppen ned i den glovarme toniren for å feste brøddeigen til veggene. Foto: Unni Fonneland

kan spesielt anbefale bakeriet i Aparan, ved foten av Aragatsfjellet.

Det storslåtte ved Sevansjøen er ikke bare at den ligger i bunnen av stupbratte fjell og tar imot fossefall derfra. Her er det også farge-spillet man opplever når man nyter utsikten man ikke kan få nok av. Fargen skifter etter temperatur og tid på døgnet, og ofte møtes farge-

Sevansjøen viser seg av og til fra sin beste side. Mange kunstnere kommer til området for å skildre den spesielle naturen.
Foto: Sven-Erik Rise

Fargen på innsjøen skifter med årstidene og med været.
Foto: Shushan Petrosyan

Klosteret og kirken Sevanavank. Når vinteren setter inn blir hele området forvandlet til et vakkert julekort.
Foto: Idar Alfred Johannessen

nyansene midt ute i sjøen eller mot land. Landskapet rundt er relativt goldt, men man har utsikt til høye fjelltopper pyntet med snø på toppen, områder med busker og små trær og ikke minst tindved som bare eksploderer langs veien og ned mot de mange strendene man finner rundt innsjøen. I løpet av noen hektiske sommeruker fylles Sevansjøens landsbyer og strender opp med turister. Det kan se ut som om hele Jerevan har inntatt området for å få kjølt seg ned når varmen i hovedstaden blir uutholdelig. Når badetemperaturen når 20 grader, forvandles hele området til en slags sydenfeber med brune kropper og gledesstrålende barn. Av og til ser man ikke barna på grunn av store badeender, badekrokodiller og badegriser.

Hoteller, kaffe-restauranter, barer, idrettsanlegg, strandaktiviteter og ikke minst dykking og surfing preger sommeren her. Fjell, frukthager og små landsbyer pynter bildet av sjøen til det perfekte.

På Sevanøya, halvøya som tidligere faktisk var en øy, ligger klosteret Sevanavank. Det lille klosteret er en vakker bygning som ser ut som et postkort, men å komme dit koster kalorier. Det er en del trappetrinn å forholde seg til, og jeg fant ut at det var like greit å løpe opp, som det var å bruke tid på å gå dem. Sist gang Tigran og jeg var der løp vi om kapp opp samtlige trapper. Denne gangen gikk vi litt roligere og nøt utsikten og snakket sammen som siviliserte mennesker. På veien opp-over står det kunstnere og selger verkene sine. Jeg må si at de faktisk har ganske så mye bra å by på. Jeg pleier å kjøpe noe hver gang jeg er der, og det har etter hvert blitt noen ganger. Ingen reise til Armenia er komplett uten en tur til Sevansjøen. Innimellom badeliv og andre aktiviteter innbyr området til utrolig flotte vandreturer.

Fjellvandringen med den beste utsikten

Mount Armaghan (2829 moh) er en utdødd vulkan med en helt spe-siell atmosfære. Denne vulkanen er lite kjent, og svært få turister kom-mer seg hit. Det er kanskje derfor man nettopp skal ta denne turen. Man kjører først gjennom en rekke med små landsbyer. Folk vinker og kommer ut av husene sine for å se hvem som måtte være på vei opp-over til fjellet. Stopper man, blir man bydd på ett eller annet. Vi inn-gikk et veddemål på om hvorvidt vi ble tilbudt noe når vi så mennes-ker utenfor husene, og stoppet for å hilse. Jeg vant. Jeg tok sjansen på at vi ble tilbudt noe fra samtlige. Armensk gjestfrihet. Her var det kaldt vann, armensk kaffe, lavash, eple, fersken, aprikoser, tørket frukt og nøtter. Så da var saken klar. 1000 dram fra Tigran til meg. 1000 dram var den gangen hele 16 kroner.

Vi stoppet bilen der veien sluttet. Da var det bare å begynne å gå eller av og til klatre oppover i fjellet. Stigningen merkes etter to skritt. På veien ser man vakre blomster i alle mulige farger, og busker og gress preger fjellsidene. Ender flyr over, og man ser stadig nye fugler man ikke er vant til hjemmefra. Måkene er annerledes, men like frekke som måker i Norge. Brødet jeg hadde i hendene ble brutalt revet vekk. På toppen av fjellet, eller vulkanen, finnes en innsjø uten navn og en utsikt over hele Sevansjøen som er helt uvirkelig. Det var en solrik dag, og jeg tror ikke jeg har sett maken til utsikt. En liten kirke er blitt bygget på ruinene av noe som skal stamme fra mange hundre år tilbake, mest sannsynlig et tempel fra førkristen tid. Ved alteret er det gule stearinlys og fyrstikker. Vi tok oss god tid, tente lys og ba små bønner. Tigran hadde tatt med niste. Så satt vi der og beundret Sevansjøen og området rundt, før vi stormet ut i den lille innsjøen og holdt på å fryse i hjel.

Deretter jogget vi ned til bilen.

Mange gleder i Tavush

Tigran og jeg fortsatte bilturen forbi en haug av tindvedbusker, fiskeselgere, fruktselgere og bruktselgere. Vi kjørte langs hele nordsiden av Sevansjøen. En tunnel ledet oss fra Geghardprovinsen til Tavushprovinsen. Fra det relativt golde landskapet vi forlot, var det som å komme rett inn i et vakkert maleri malt av en eller annen impresjonist. Tavush er preget av nyanser i grønt og høye fjell som forsvinner nedover i slakke bakker. Veien svinger til høyre, så til venstre og så til høyre igjen. Den fikk på en måte ikke helt bestemt seg for hvor den skulle føre oss. Vi kjørte etter hvert forbi vakre små landsbyer før veien tok oss til en oase av et parkanlegg preget av små dammer med ender og svaner. Tigran kunne fortelle at mye av den skogen vi så var ungskog. Årene etter det kraftige jordskjelvet i desember 1988 som stoppet landets eneste atomkraftverk, samt under krigen mot Aserbajdsjan 1992-1994 som hindret importen av gass, var landet nærmest helt uten strøm i årevis. Skolebarna hadde med seg varmt tøy på skolen og et obligatorisk stearinlys. Det var harde tider. Det gikk hardt ut over armenske skoger. Folk frøs ekstremt om vinteren, og dermed ble det ulovlig hogst. Nå er store områder beplantet med opprinnelig skog, og det finnes flere frivillige organisasjoner som driver med skogplanting i hele Armenia.

Jeg hadde lyst til å bidra og foreslo for Tigran at vi kunne plante noen trær. Det var han med på. Han svingte av ved nærmeste restau-

Fra strutsefarmen i Dilijan. Foto: Sven-Erik Rise

rant, ba meg vente, hoppet ut av bilen og kom smilende tilbake etter kort tid. «Vi skal spise middag her», sa han og smilte lurt. «De har bare én rett, og jeg vet du liker den.» Dermed ble vi plassert ved vindusbordet med utsikt over Tavush' vakre natur. Og hovedretten var intet annet enn *jaylam* – struts! Tavush er kjent for sine strutsefarmer. Her drives det storstilt eksport av strutsekjøtt. Det smakte faktisk ganske godt, selv om jeg måtte slutte å tenke på at jeg satt her og spiste en stor og vakker fugl.

Eieren av restauranten, en skikkelig spreking med større muskler enn Tigrans og mine til sammen, slo seg ned ved bordet og lurte på hvorfor jeg ville plante trær. «Mer av nysgjerrighet enn noe annet», svarte jeg. Han kunne ordne en treplantingsdag for oss sammen med en gruppe ungdommer fra United World College i byen. Jeg visste jo om at Dilijan var en av få byer i verden med eget United World College. Flere nordmenn hadde gått et år nettopp på denne skolen. Vi avtalte en formiddag med treplanting og en ettermiddag med besøk på strutsefarm. Jeg var spent på dyrevelferden. Jeg sa til Tigran at hvis de ikke behandlet strutsene ordentlig, kom jeg til å bli sint og si ifra. «Du kan ta det med ro», svarte han. «Jeg har vært der før».

Dilijan er mest kjent som et slags spasted der man kan få god behandling i alle former. Hit kommer reisende fra både Armenia og mange andre land for å nyte frisk fjelluft i en fantastisk natur. Mange kunstnere, musikere og forfattere har funnet inspirasjon nettopp her, og byen kalles ofte, med rette, for Little Switzerland. Beliggenheten og arkitekturen minner veldig om en sveitsisk småby lang inne i Alpene. Her ligger også intet mindre enn fire klostre i kjent armensk arkitektur.

Typisk armensk arkitektur i gamlebyen i Dilijan.
Foto: Winfried Dallmann

Yell Park – episenteret for naturopplevelser og ekstremsport

Nå var verken jeg eller Tigran veldig opptatt av kultur denne dagen. Vi skulle nemlig til Yell Park i Yenokavan, Armenias største fornøyelses- og naturpark. Yell Park ligger idyllisk til i hjertet av Yenokavanfjellene, og tilbyr i tillegg til ekstremsport et økovennlig miljø. I tillegg til ekstremsporttilbudet finnes også lavterskeltilbud og ikke minst spennende og flotte turer i vill natur samt opplevelsesferier med dyr og sport. Her er noe for enhver smak. Området er preget av grønne sletter og blomster. Rundt hver sving opplever man det dramatiske ved Armenias natur. Der har de slått til og fått bygget en zipline. En av dem er blant verdens lengste. Dette er solide saker, men så går den raskt av gårde over dype kløfter. Tigran har satset på profesjonelle medarbeidere som er mestere i adrenalinkick og tar sikkerheten på høyeste alvor.

Finansieringen av parken og de mest kostnadskrevende aktivitetene har blitt gjort gjennom crowdfunding, rett og slett et gigantisk spleiselag som har resultert i svært høy kvalitet på samtlige aktiviteter. Parken trekker titusenvis av internasjonale turister til området, og man må være ute i god tid for å leie hytter og bo på området mens man utforsker alle adrenalinkickene.

Jeg hadde jo nettopp vært der med tretti norske turister av den noe eldre garde. De var overbegeistret. Ikke for tilbudene de har, som for det meste dreier seg om ekstremsport, men derimot over beliggenheten, arkitekturen og dyrene som vandrer rundt som om de var en naturlig del av det hele. De var også veldig ivrige etter å gå tur i området, og vi fikk gå tur til gangs. Uansett hvor dårlig til beins noen av dem var, skulle de ut på tur. Jeg prøvde å tilby alt mulig annet som alternativ i frykt for at vi skulle ende opp på sykehus etter mulige knall og fall i løypa. Værgudene var heller ikke på parti med oss. Det striregnet. Jeg påstår ikke på noen måte at reisefølget led av demens,

Fra hyttene man kan bo på i Yell Park. Foto: Tigran Chibukchyan

men denne dagen var det ingen som hadde fått med seg beskjed om å ta med regntøy og gode tursko. Begge deler lå trygt bevart på hotellrommene.

Turistene, eller etter hvert vennene mine, var veldig oppsatt på å få mest mulig ut av den lille uken i Armenia. Flere hadde diverse plager som burde tilsi at de skulle holde seg i ro. Yell Park har flere tilbud til den eldre garde, for eksempel enkle gåturer, foring av dyrene, turer i fjellet med jeep og lignende. Men her var det ingen nåde. Tretti av tretti skulle ut på den lengste turen. Sånn var det, og sånn ble det. Min lokale guide, Gayane, som har fulgt meg i tykt og tynt på mine eskapader i Armenia, var helt oppgitt. Det var dessverre ikke mye hun kunne gjøre annet enn å sørge for at vi fikk med oss ekstra mannskap på turen. Yell Park har flere ansatte, stort sett unge friske menn med stor appetitt på natur, ekstremsport og ikke minst service.

Tretti stykker, altså, de fleste med slitte joggesko, gensere og tynne jakker. Et rimelig stort mindretall hadde ikke joggesko, men det jeg vil kalle pensko. Et par hadde med paraply. En dame gikk på krykker, en annen med stokk. Ingen ting spilte visst noen rolle på tur i Armenia. Så vi la ut på tur. Guidene fordelte seg foran, bak og i midten. Jeg gikk bakerst sammen med Gayane. Vi skulle gå den lange turen beregnet på 1,5 timer ned og litt mer tilbake. For gjennomsnittsmennesket. «Det kan jo være så mangt», mumlet en del av gruppa mi. Turen gikk først litt oppover, så litt nedover, så gjennom tett skog, så kom de bratte partiene og de smale partiene med stup rett ned og fjellvegg på mot-satt side Mot slutten skulle en dal åpenbare seg. Der ville vi endelig se fossen og den vakre elven som slynget seg gjennom dalen. Servering skulle det også bli på dalbunnen Hvis vi noen gang kom så langt.

Regnet hadde gitt seg for en stund. Vi gikk der i lang rekke langs sleipe steiner på stien og sang sanger og tullet. Alle var i kjempehu-mør. Det ble vitset med meg som hadde prøvd å sette fra seg de gamle i hyttelandsbyen, og med Gayane som ikke skjønte hva norsk styrke og utholdenhet var. Sånn holdt vi det gående en halvtimes tid. Ingen skled, og ingen ble tungpustet.

Så kom det bratte partiet. Jeg regnet med at pipa ville få en annen lyd. Den fikk ikke det, men jeg så med tydelighet at vi ikke var langt unna en mulig katastrofe. Regnet hadde sørget for en speilglatt sti. Det lå tjukk gjørme langs hele veien, og måten å unngå å skli på den med alt det kunne medføre, ville være å gå off-piste. Men det ble etter hvert umulig i og med at fjellveggen lå off-piste også. På den andre siden av stien lå stupet, Det var en bratt skråning som endte et par hun-dre meter nedenfor. «Da holder vi oss on-piste» bemerket deltakerne. Det gikk på et vis, inntil stien begynte å snirkle seg nedover omtrent som Trollveggen, bare smalere og betydelig glattere. Reisefølget satte seg like godt ned, grep tak i hverandre og lagde en lang slange som skled nedover stien. De skrek og lo. Dette var som å jobbe i barnehage. Vi skyndte oss ned for å ta dem imot når de ankom dalbunnen. Fin-skoene ble fulle av møkk, både utenpå og inni, og krykkene fløy ned-over fjellsiden og forsvant langt der nede. «Da får jeg klare meg uten dem en stund», lo damen med leddgikt.

Hans-Petter, Ola, Kjell og Kenneth, samtlige hadde bukser og jakker gjennomsmurt av leire etter aketurene. Guidene hadde sin fulle hyre med å hjelpe turistene på rett kjøl og unngå at de falt til feil side og dermed ned over skrenten.

Gleden var stor da vi endelig, etter 2,5 timer havnet nede i dalen, og vi fikk tatt bilder i alle mulige posisjoner. Møkkete klær, kropper gjennomvåte av svette og sko fulle av leire. Det var noe å sende hjem til familie og venner. Jeg var nærmest overbevist om at evalueringene på denne turen kom til å bli katastrofale og at jeg kom til å reise til Armenia uten turister i framtida. Men jeg var usikker. Ut fra humøret å dømme var det bare latter og morsomt det hele.

Kaffe og te ble brygget, øl og vin ble tatt fram. De hadde sjokolade, frukt, rosiner og kjeks. Alt forsvant ned i sultne mager.

Returen gikk mest i oppoverbakke, så her ble det mye krabbing. De tøffeste la på sprang for å komme til hyttelandsbyen først og få bestilt seg en kald øl, men dessverre gikk de feil og forsvant inn i ulendt terreng. Bak dem fulgte en liten katt. En vankatt faktisk. Den hadde fulgt oss hakk i hæl hele veien, og nå valgte den å legge etter gjengen som gikk seg bort. En vankatt er en armensk hvit og fluffy katt med forskjellige farger på øynene. Den er en av de katteraser som elsker å bade og svømme. Etter at armenerne ble utryddet fra Van-området har mange entusiaster prøvd å oppdrette vankatter i dagens Armenia. Disse kattene er svært sære og stedbundne, så kun noen få huskatter av typen er å finne i Armenia i dag. Vi rakk ellers hyttene en halv time før vankatten og dens følge. Restauranten hadde varme pledd og en egenkomponert armensk spagettirett på vent. Ølet var iskaldt, og de som valgte å innta mat og drikke på terrassen fikk besøk av hunder, katter, ender, påfugl og kalkun. Det var fortsatt ingen klager.

Gründeren fra Yenokavan

Det finnes visst en Tigran over alt. Yell Park ble grunnlagt av en av de mer kreative og aktive av oss. For noen år siden satte han i gang planene han hadde gått og ruget på lenge. Poenget hans er at ekstremsport blir mer og mer populært i hele verden. Flere og flere oppsøker steder som kan tilby forskjellige ville aktiviteter. Jo mer ekstremt desto bedre. Og hvor i verden kunne det vel passe bedre enn i Armenia? Her er det det høye og ville fjell, dype gjel, vill natur, elver og fosser. Alt dette er nærmest uberørt av Det finnes visst en Tigran over alt. Yell Park ble grunnlagt av en av de mer kreative og aktive av oss. For noen år siden satte han i gang planene han hadde gått og ruget på lenge. Poenget hans er at ekstremsport blir mer og mer populært i hele verden. Flere og flere oppsøker steder som kan tilby forskjellige ville aktiviteter. Jo mer ekstremt desto bedre. Og hvor i verden kunne det vel passe bedre enn i Armenia? Her er det det høye og ville fjell, dype gjel, vill natur, elver og fosser. Alt dette er nærmest uberørt av menneskelig aktivitet. Tigran er født og oppvokst i landsbyen Yenokavan, som ligger i nærheten av Lastiver og Yell Park. Han er selv veldig interessert i ekstremsport og snakker villig vekk om hvor og hvordan man kan få skikkelige adrenalinkick. New Zealand er vel egentlig ekstremsportens hjemland, med massevis av tilbud, men jeg tror ikke man skal undervurdere Armenia. Yell Park begynner å bli kjent blant entusiastene i verden.

Jeg har møtt Tigran flere ganger både i parken og i Jerevan. Han dukker gjerne opp på Wine Republic, en hyggelig restaurant i Kaskadeområdet i hovedstaden, der de har et bredt utvalg av armensk vin. Tigran er en skikkelig

Tigran Chibukchyan. Foto: Privat

machofyr på utsiden, men han blir som smeltet smør når man kommer inn på ham og snakker om følelser. Og han kan gråte. Jeg møtte ham under krigen i Artsakh. Vi gråt begge to. Situasjonen var uutholdelig. Men det hjalp å få snakket ordentlig med ham. Jeg har i grunnen alltid lurt litt på hvordan han kom på å starte dette eventyret med Yell Park. Jeg merket at jeg ble litt gladere av å høre på ham fortelle og fikk et optimistisk syn på at det faktisk går an i Armenia også. Her er hans historie:

«Alt startet fra et sånn sted man befinner seg mentalt der folk forteller «det er umulig». I 2001, da vi fremdeles bodde i Moskva, begynte faren min å tenke på prosjekter av ymse slag som kunne gjøre hjembyen vår, Yenokavan, til et av de mest berømte turiststedene i Armenia. Den gangen visste nesten ingen i Armenia hvor Yenokavan befant seg på kartet. I 2008 åpnet vi Apaga Resort, et feriested som tilbød hytter for opphold i hjertet av Yenokavan-fjellene. Her satset vi på rideturer (opptil 14 dager) samt vandreturer på bortgjemte stier til bortgjemte steder. På sju år lyktes vi i å skape et slags fellesskap av lojale kunder som var forelsket i Yenokavan og Apaga.

Etter endt utdannelse fra Moscow School of Management (SKOLKOVO) kom jeg tilbake til Armenia, og i 2015 nær Apaga Resorts startet jeg et nytt prosjekt – Yell Extreme Park. Det er en opplevelsespark som for tiden tilbyr mer enn ti forskjellige aktiviteter som zipline, fjellklatring, terrengturer og så videre. Yell Extreme Park brakte ikke bare flere typer aktiviteter for gjestene som bodde på Apaga Resort, men ble på fem år den største og mest berømte opplevelsesparken i Armenia med over 58 000 besøkene i året. Vi finansierte Apaga Resort hovedsakelig med familiens oppsparte midler og noen generøse givere. På slutten av 2019 tok vi et lån på 1,5 millioner dollar og er for tiden i gang med en stor rekonstruksjon? Utvidelse? Med sikte på å øke Apaga Resorts romkapasitet slik at vi kan ta imot 120 gjester til enhver tid. Vi satser på flere restauranter med både armensk og europeisk mat. The Cave Beefhouse er et av de mest unike prosjektene vi har iverksatt så langt. Det ligger inne i en ekte hule, dypt inne i skogen, og det er den første hulerestauranten i Armenia.

På grunn av både Covid19-situasjonen i Armenia og Artsakhkrigen har vi måttet sette mange av de nye investeringsplanene på vent, men vi er optimister og satser så snart det er mulig. Flere ekstremsportsaktiviteter er planlagt.

Kjære Tigran, Armenian by Choice. Jeg er ikke personlig involvert i krigen, men seks av våre ansatte ble innkalt undermobiliseringen. Takk Gud for at de alle er tilbake uten skader. Selv om både Apaga Resort og Yell Extreme Park har lidd store tap på grunn av nedstengning, prøver vi å gi best mulig hjelp til landet i disse vanskelige dagene. Vi er nå vertskap for sju forskjellige familier fra Artsakh på Apaga Resort. Vi organiserer gratis zipline for barn og familier fra Artsakh.

Vi hadde nesten kommet tilbake til vårt vanlige liv etter vanskeligheter knyttet til Coronavirus-pandemien da Artsakh-krigen snudde alt på hodet. Vår generasjon lever sine vanskeligste dager med tristhet, skuffelse, usikkerhet og smerte. Uansett er vi også generasjonen som må overvinne alle utfordringene og kjempe for et sterkere Armenia og Artsakh og et mer utdannet samfunn. Hver av oss bør tenke på hva vi kan gjøre for å bringe det beste til landet vårt, gjøre det til et fantastisk sted, hvor folk kan være kreative, skape det de vil og leve i fred.»

Adrenalinkick

Det var ikke mulig å komme utenom full pakke med ekstremsportaktiviteter når vi først var i Yell Park. Spesielt ettersom det var fjerde gang jeg reiste dit. Riktignok første gang uten tretti turister, som hadde helt andre interesser enn å prøve en av verdens lengste ziplines. Siste vandring kan vel klassifiseres som ett av adrenalinkickalternativene med gjengen jeg reiste med rett før oppholdet her med Tigran.

En av verdens lengste ziplines. Foto: Tigran Chibukchyan

Dilijan og omegn egner seg godt for rideturer.
Foto: Tigran Chibukchyan

Tigran ordnet med et slags billetthefte. Vi hadde billetter for alt som foregikk, inkludert paintball og ridning. Jeg var klar på at jeg ville gjennomføre alt, men hest syntes jeg var helt unødvendig. Dessuten hadde jeg funnet ut at hester ikke er særlig mottakelige for kos, så jeg var ikke veldig interessert. Det endte med et veddemål oss imellom. Om å gjøre å klare å gjennomføre flest aktiviteter i løpet de to dagene vi skulle oppholde oss der. Aktiviteter skulle inkludere bruk av samtlige billetter og alle andre aktiviteter vi kunne finne på hver for oss. Dermed hadde han vekket gutten i meg igjen. Dette skulle jeg vinne. Ferdig med det.

Jeg løp ned til ziplinene. Det var fem av dem i ulike lengder. Jeg valgte alle fem. Dermed hadde jeg brukt tre timer på fem aktiviteter. Men adrenalinkick, ja visst. Det er som om det går et lyn gjennom kroppen. En sitrende angst forbundet med en voldsom gjennomgående glede. Alle mulige tanker skaper fullt kaos i hodet. Plutselig merker man glede. Enorm glede. Og man nyter utsikten rett ned. Angsten forsvinner, men sitringen i hele kroppen vedvarer. Først når man er ferdig, kommer euforien. En utrolig deilig følelse. Jeg ble fulgt opp hele veien. Først gjennomgang. Alt ble nøye forklart. Sikkerhetsutstyr prøves, og de testes. Flere ganger. Deretter får man med en av guidene. Så er man på vei.

Jeg fikk prøve meg på off-roadkjøring med jeep. Deretter hinderløype der man henger i tau og prøver å komme framover ved hjelp av både armer og bein. Zorbing var noe nytt for meg. Der gjelder det å rulle rundt i store plastballer. Alt gikk greit unntatt rideturen. Hesten kastet meg av i fart. Godt jeg hadde hjelm. Jeg fikk være med på paintball mens Tigran måtte vente en runde. Dermed frigjorde jeg tid og kunne ta en joggetur. Den ble bevitnet av en av gutta på jobb. Så sørget jeg for en badmintonmatch og tapte mot en gammel dame. Jeg koste med grisene og foret dem, hentet egg fra de frittgående hønene, sloss med kalkunen og sovnet inntil ei ku. Alt ble skrevet ned og attestert.

«Hvem er mest barnslig», spurte Tigran etter at jeg hadde presentert alle mine aktiviteter. «Jeg har bare gjort det vi veddet om,» svarte jeg. «Haha, du har ført opp at du har sovet med ei ku, kost med en gris og spist lunsj. Hva slags aktiviteter er det?» Så la han fram sine aktiviteter. Sjakk, kortspill, quiz, fotball med grisungene og 200 armhevinger. Vi kom ikke til enighet. Det fikk bli et par øl før vi la oss for å sove.

På oppdrag i Dilijan

United World College er et konsept for ungdom som vil bo og studere et år i utlandet, men ikke som den vanlige utvekslingsstudenten. Det er etablert noen skoler på utvalgte steder i verden. Ungdom som søker UWC må ta den skoleplassen de får i det landet skolen ligger. Man kan altså få full klaff og komme til Eswatini, Armenia eller Bosnia. Alternativt havner man i Fjaler på Vestlandet.

Skolen i Dilijan er en topp moderne skole med flotte lokaler, og en internatdel man bare kan drømme om ellers i verden. Elevene er innkvartert i egne småhus med alle fasiliteter. Romkameratene fordeles etter en nøkkel der fiendtlige lands representanter bor sammen. Det er ikke noe å diskutere. Palestinere med israelere, tyrkere med armenere, indere med pakistanere, grekere med tyrkere, georgiere med russere og så videre. Dagene og ukene går, og når året er omme har alle fått et nytt perspektiv på livet og på konfliktløsning som de tar med seg hjem.

Vi hadde fått et lite treplantingsoppdrag og møtte opp på UWC. Samtlige elever fra over 80 forskjellige land deltar i frivillig arbeid i løpet av skoleåret. Gjett om jeg elsket dette konseptet. En hel gjeng med ungdom stod klare til avreise. Den foregikk ved at ti og ti kløv opp på lasteplanet på en lastebil og så kjørte de av gårde i puljer til området som skulle beplantes.

Ettersom elevene var godt påkledde med gummistøvler og arbeidsklær, skjønte vi hvorfor de begynte å storflire mot oss. Vi kom slentrende i shorts, solbriller og joggesko og med en kald Pepsi. En av lærerne reddet oss og ba oss bli med inn på utstyrsrommet. Der fikk vi passende klær og spader. Så gikk turen på lasteplanet oppover på en smal vei, en enda smalere vei, helt til det ikke var noen vei i det hele tatt. Vi hoppet ned fra lasteplanet og fikk tildelt en diger sekk med stiklinger før vi fikk ett minutts opplæring i hvordan sekken måtte transporteres. Så vi gikk i len ang rekke langs noe som i hvert fall ikke var en sti, en halvtimes tid innover fjellheimen. På en åpen slette plantet sjefen for hele operasjonen et armensk flagg, tok opp en stikling fra sekken og viste oss med et spadetak hvordan stiklingene skulle plantes. Han gjorde følgende klart på seks forskjellige språk: «Her skal vi lage en skog. Et land av trær (Tsarrerstan). En skog er tilfeldig, og den er rotete. Plant hvordan dere vil, kos dere, men merk at avstanden mellom hvert tre er viktig. Og husk at vi gir oss ikke før hele dette området er fullt av trær. Tigran fra Norge får plante de ti aprikostrærne. Morelltrærne kan kjekke-Tigran plante før dere planter de vanlige skogstrærne. Dette blir vakkert, folkens. En khatsjkar er på vei hit opp. Den settes opp som en gave til alle dere på UWC som har plantet trær for Armenia i et helt år.»

Så dro han opp en diger høyttaler. Det gjallet med armenske hits. Jeg kjente alle. Det gjorde Tigran også. Vi sang og vi danset. Dette var kult.

Vi holdt det gående hele dagen. På veien hjem kom jeg på at vi skulle jo ha besøkt strutsefarmen. Det ble et stopp på veien hjem, og dermed invaderte en haug med elever og vi strutsenes hjemsted (Jaylastan). De afrikanske elevene var i dypt sjokk da de så at jeg åpnet porten og gikk rett bort til en strutsefamilie. Jeg begynte å kose med den minste på magen. Strutsepappa reagerte umiddelbart ved å flakse med vingene og bite meg i ansiktet. Først nappet han, men da jeg bare ble stående uten å skjønne hva som egentlig skjedde, ble han enda sintere. Med en diger klo på foten begynte han å sparke etter meg. Jeg kjente en sterk hånd i nakken som dyttet meg ned i bakken og så kjente jeg en stor mage oppå ryggen min. Strutsen trakk seg tilbake. Farmens eier var min redningsmann. Han var lattermild og var helt tydelig på at et så dumt menneske hadde han aldri møtt. «Hvem er det som går og koser med en struts hvis strutsebarn nettopp har kommet ut av egget?» Som kompensasjon for at jeg ikke fikk kost med strutsene, ble det omvisning i strutsenes barnegård. Der plasserte han strutsebarn som var avvist av foreldrene. De var små og søte, og de kom løpende og hoppet rett opp så langt de kom for å gi kos.

Tigran og jeg ble på farmen en natt, mens ungdommen dro tilbake til skolen. Jeg insisterte på å sove med strutsebarna, og etter litt diskusjon fram og tilbake fikk jeg lov til det. Tigran fikk rom med seng, men midt på natten kom han også til strutsebarnehagen. «Savna deg», sa han kort, før han pakket ut dyna og la seg til å sove på en haug med høy.

Typisk armensk arkitektur som man finne over hele verden i armenske bydeler som her i Jerusalem.
Foto: Sven-Erik Rise

Del VII:

Armenere rundt omkring i verden

Hayastan, Armenia, Poqr Hayastan, Spjurk, Gaghut

Det finnes rundt regnet 10 millioner armenere verden. Tre millioner av dem bor i Armenia. Så da må man spørre seg: Hvor befinner resten seg? Armenere har aldri gjort så mye ut av seg. De er godt integrert i de samfunnene de bor i. Mange av dem er etterkommere av de cirka 200 000 overlevende etter folkemordet. De kom seg unna barbariet og fikk hjelp av Fridtjof Nansen via hans Nansenpass til å bosette seg i det landet der de ønsket å starte et nytt liv. Mange armenere har forlatt Armenia etter at landet fikk sin uavhengighet fra Sovjetunionen i 1992. En del er etterkommere av armenere som var godt etablerte i andre land før folkemordet fant sted.

Det finnes «Little Armenias» flere steder i verden. Mange har nok hørt om the Kardashians, som bor i Los Angeles. Der har mange armenere slått seg ned. De har egne skoler, kirker, forsamlingshus, restauranter og butikker. Bydelen som har et flertall av armenske innbyggere, heter Glendale. Et besøk her gir virkelig en følelse av å være i Armenia. Navnene på gatene er riktignok på engelsk, men de heter Artsakh Street, Armenia Avenue, Apricot Lane og lignende. Bydelen har en armensk kirke, armenske skoler og et lite batteri av armeniaaktivister. De passer på at tyrkiske og aserbajdsjanske produkter blir boikottet og arrangerer protester mot fornektelse av folkemordet. De siste årene har de vært opptatt av å få satt Aserbajdsjans invasjon, blokade og etniske rensing av Artsakh på dagsorden. Verken det tyrkiske eller det aserbajdsjanske konsulatet i Los Angeles er uvitende om engasjementet og de store demonstrasjonene mot behandlingen armenerne i verden er utsatt for av disse to lands regjeringer. Kim Kardashian har bidratt mye til opplysning om folkemordet. Hun har satt søkelys på fornektelsen. Det går mye penger til store annonser og artikler sponset av henne i USAs største aviser. En stor undersøkelse blant USAs tenåringer viste at de aller fleste hadde hørt om folkemordet på armenerne, langt flere enn dem som hadde hørt om folkemordet på jødene. Man regner det for svært sannsynlig at ungdommen har fulgt med på det Kim Kardashian holder på med.

Det finnes store armenske minoriteter i Frankrike, Australia, Russland, Iran og i Georgia. Tallet på armenere i land som Georgia er ofte vanskelig å fastsette. Det har bodd armenere i dette landet lenger enn landet har eksistert. Armenere her anser seg ikke som spjurk. De hører hjemme i Georgia og har satt sitt helt klare preg på landet. For eksempel i Tbilisi. De mange kirkene som preger Georgias hovedstad, er bygget av begge folkeslag. Det er mulig å se forskjell, men bare så vidt for et utrent øye. Den ene er georgisk, den neste gjerne armensk. Flere ganger på mine reiser i Georgia møter jeg folk som stolt forteller at de er armenere. Mange av dem har aldri vært i nabolandet. Mange av dem snakker ikke armensk. Men den armenske identiteten står sterkt. I Sverige regner man med 20 000 med armensk bakgrunn, mens Norge kan skilte med et tusentalls. Et folk som har vært utsatt for folkemord blir sammenvevd og vet hva fellesskap betyr. Derfor er armenere verden over bevisste på sitt opphav. De ønsker å dyrke sin kultur og sitt språk sammen med andre armenere i samme område. Det store flertallet av armenere som bor utenfor Armenia har aldri vært i Armenia, men de snakker og skriver armensk. De går i den lokale armensk-apostoliske kirken, de spiser armensk mat, de lærer om sitt folks historie.

I Norge vet de færreste noe særlig om Armenia og Armenias historie, til tross for mine iherdige forsøk på å få satt Armenia på dagsorden. Men som nevnt tidligere: De menneskene som har vært på tur i Armenia, har utviklet et engasjement og en kjærlighet til landet. Jeg tror jeg har hatt med meg noe sånt som 14 forskjellige grupper til Armenia. Deltakerne har vist stor begeistring, og mange har meldt seg på opptil fire ganger til. Flere reisearrangører tilbyr nå turer til Armenia. Svært få reisende angrer på valget de tok da de bestilte en uke eller mer til Armenia.

Armenere som har bodd i utlandet i noen generasjoner, omtales ofte som *spjurkahay*, noen kaller dem *gaghut*. Poqr Hayastan betyr Lille Armenia, og som sagt finnes det flere slike på de merkeligste steder. Vi har ett av dem på Vinterbro i Norge. Der bor det riktignok bare en *wannabe* armener eller om man vil Armenian by Choice, men hagen er full av armenske minnesmerker, frukttrær, vinranker og blomster. Armenere som besøker Norge, kommer gjerne en tur innom.

Definisjonen spjurk betyr armenere som bor utenfor sitt hjemland. Ordet kan gjerne forstås som diaspora på samme måte som at millioner av jøder bor utenfor Israels grenser. Gaghut betyr i fengsel og er en smule mer betent. I det ordet ligger at man er tvunget til å bo utenfor hjemlandet.

Det armenske kvarteret i Jerusalem

Et lite stykke Armenia er svært present i Jerusalems gamleby, innenfor murene. Armenske munker reiste til den hellige byen i år 400 etter Kristus. Det utviklet seg en liten, men aktiv diasporabefolkning i fjorten prosent av området innenfor murene. I dag bor det rundt 2000 armenere der. De har egen skole, barnehager og restauranter. Bydelen har intet mindre enn tre spektakulære kirker. En attraksjon er det viktigste og mest ansette klosteret av samtlige utenfor Armenias grenser. Den armenske milliardæren Calouste Gulbenkian, har skjenket armenerne i Jerusalem et eget bibliotek. For min del er det flotteste og mest interessante Mardigianmuséet. Her finner man en rekke gjenstander og kunstverk laget av armenere opp gjennom tidene. Mange av dem er helt unike. I tillegg er en helt egen avdeling dedikert folkemordet 1915-1918. En guide tar deg med gjennom hele muséet, og han er meget profesjonell. Dersom man er på ferie i Israel er dette absolutt å anbefale.

Da jeg besøkte Jerusalem, var det armenske kvarteret stengt for andre enn innbyggerne. Det hadde vært gjentatte sammenstøt mel-

Khatsjkarer finnes overalt der det finnes armenere. Denne preger
inngangen til biblioteket i det armenske kvarteret.
Foto: Sven-Erik Rise

Armensk ungdom som hører hjemme i Jerusalem. Foto: Privat

lom armenere og den jødisk-ortodokse befolkningen i byen. Armenerne har lenge følt seg utsatt for trakassering av enkelte grupper, og har søkt beskyttelse ved å stenge av kvarteret i perioder. Det som også har dukket opp som et problem, er at det finnes noen gamle leiekontrakter der det juridiske er noe usikkert i forhold til de armenske beboernes rett til å eie noe der. Det er derfor konfliktfylt. I flere år har nybyggere prøvd å kjøpe opp armenske tomter, hus, leiligheter og forretningslokaler ved å overby takstene. Armenerne er skjønt enige om å unngå å selge til andre enn armenere. Dette er et svært viktig område for armenerne i hele verden og burde være det for Israel også. Det er virkelig en berikelse å ha et eget armensk kvarter i den hellige byen.

Til tross for en stengt bydel, skulle det ikke så mye til før jeg befant meg midt i denne, geleidet av en søt armensk kvinne. Hun hadde lest min første bok. Etter en oppdatering på Facebook som hun tilfeldigvis så, kom hun og hentet meg ved portene. Det ble en gledesparade gjennom en utrolig vakker bydel. Jeg vet hva jeg skal gjøre for å tiltrekke meg oppmerksomhet. Det holdt med en t-skjorte med Hayastan på. Jeg ble stoppet flere ganger, og med stor begeistring spurte folk på gata om jeg kom fra Armenia. Da jeg svarte at jeg er norsk, men Armenian by Choice, ble flere av dem helt i ekstase. Jeg ble invitert på armensk kaffe, armensk vin, *gata* og nærmest alt jeg pekte på. Historier ble delt og jeg fikk full innsikt i hvordan det var å leve i den armenske bydelen i Jerusalem.

Armenerne her er svært flerspråklige. Hele gjengen snakker selvfølgelig armensk. I tillegg behersker de engelsk, arabisk og hebraisk. Et par av dem kunne arameisk, språket Jesus snakket. De har fått til mye i bydelen sin og er selvfølgelig stolte. De gjør det meste på armensk. Her finnes armensk lege, tannlege, hjelpesentre, advokater og så videre. Jeg fikk møte hele familier med bestemødre, foreldre og ungdom. En deilig armensk khorovats på armensk restaurant ble avslutningen, før en familie tilbød overnatting.

Musaler

I Armenia finnes det en liten landsby som heter Musaler. Den har 2500 innbyggere. De aller fleste er etterkommere av de overlevende fra Musa Dagh. De som valgte å reise til Armenia etter folkemordet, slo seg ned i denne byen med utsikt mot Araratfjellet. Musaler er det armenske navnet på Musa Dagh. Hver høst minnes de kampen til sine forfedre ved å lage retten *harisa* der hvete og kjøtt blir kokt sammen til en slags tykk suppe. Minnet om heltemotet til de 4000 som overlevde folkemordet, er levende i Musaler. Et stort monument til minne om dem og om historien preger inngangen til landsbyen. Musaler er ellers et flittig brukt navn på markeder, kafeer og restauranter drevet av armenere flere steder i verden.

Musaler ligger bare noe kilometer unna Jerevan. Innbyggerne er lett å komme i kontakt med, og de forteller gjerne historien om sine forfedre. Som enhver annen armener åpner de gjerne hjemmene sine for fremmede. Det er ikke få kaffekopper jeg har inntatt i Musaler.

Fjellet Musa Dagh (det tyrkiske navnet på Musa Ler) med sine omkringliggende landsbyer ligger i dag i Tyrkia. Musa Dagh på tyrkisk og Musa Ler på armensk betyr det samme: Mosesfjellet. De 4000 menneskene som kjempet imot tyrkiske slaktere på Musa Dagh fikk først flytte tilbake til sine seks landsbyer ettersom Hatay-provinsen ble overtatt av Frankrike. Da Tyrkia 29.juni 1939 arrangerte en tvilsom folkeavstemning i området og det ble «flertall» for tilslutning til Tyrkia, gikk Frankrike motvillig med på å overlate Hatay til Tyrkia. Armenerne ved Musa Dagh ble bedt om å forlate området, eller valgte i frykt for regimet som hadde forsøkt å myrde dem å flytte frivillig. I dag finnes det én by i hele området der det bor en håndfull armenere. Den heter Vakef, og har 140 armenske innbyggere. De snakker en merkelig dialekt seg imellom som andre armenere har vanskelig for å forstå. De ligger ellers lavt når det gjelder å snakke om folkemord og heltedåden på Musa Dagh.

Innbyggerne fra de seks landsbyene fikk velge bosted. Syria stilte opp. Det samme gjorde Libanon, Frankrike og USA. Mange av dem ønsket å bo sammen med familie og venner. Dermed ble det noen kolonier med innbyggere fra de seks landsbyene ved Musa Dagh. Armenere derfra slo seg fort sammen med andre overlevende, og dermed ble det små armenske samfunn flere steder i verden. Det får meg til å tenke på den verdenskjente armenske forfatteren William Saroyans berømte sitat:

I should like to see any power of the world destroy this race, this small tribe of unimportant people, whose wars have all been fought and lost, whose structures have crumbled, literature is unread, music is unheard, and prayers are no longer answered. Go ahead, destroy Armenia. See if you can do it. Send them into the desert without bread or water. Burn their homes and churches. Then see if they will not laugh, sing, and pray again. For when two of them meet anywhere in the world, see if they will not create a New Armenia.

Anjar, et lite stykke Musa Dagh

Armenerne som valgte å flytte til Libanon ble tatt godt imot. Langt oppe i Bekaadalen befant det seg en tom landsby. Etter noen år i Libanon der flyktningene ble plassert litt rundt omkring, ble det besluttet at de av dem som ønsket det skulle få overta Anjar. Det viste seg at omtrent samtlige ønsket dette. Byens forskjellige boområder ble oppkalt etter landsbyene disse menneskene måtte forlate for alltid. I dag er Anjar en svært velorganisert by. Samtlige er etterkommere av de overlevende på Musa Dagh. De driver en velorganisert by med egne skoler, kirker, kafeer, butikker – og det snakkes armensk over alt. I denne byen finnes nesten ingen kriminalitet, og Covid19-tilfeller har de nærmest unngått. De har til og med sitt eget politi.

Libanons Lille Armenia, eller rettere sagt Libanons nye Musa Dagh,

Et ikke uvanlig syn i Anjar. Foto: Sven-Erik Rise

skuffer ikke. Langt oppe i Bekaadalen, like ved den syriske grensen åpner det seg en vakker liten småby med cirka 2000 innbyggere. Den ligger malerisk til omgitt av småfjell, en del bratte skrenter som saktmodig finner vei ned til dalen. Byen er omgitt av vann i alle former, elver, små innsjøer, vannreservoarer og vannfontener. Vinranker pryder fjellsidene, avbrutt av lysegrønne sedertreskoger.

Jeg hadde bestilt rom på byen eneste sossehotell, Ayali Al Shams. Et slags hyttehotell med egne bungalower, som ser ut som triangler. Samtlige har direkte tilgang til et gedigent svømmebasseng. Dessverre fikk jeg ikke mer enn én natt på hotellet. Rett etter frokost kom nemlig Anahit med bror, bestemødre på begge sider av familien, tante, onkel, mor og far. Alle skulle hilse på og gi klemmer, og alle skulle si hvor flott de syntes jeg var som hadde skrevet om Musa Dagh. Dette var familien til en student som jeg hadde møtt i Oslo samme året. Da hun fikk nyss om at jeg var i Anjar, trommet hun sammen hele storfamilien. Jeg måtte lese høyt for dem fra boken. Mens tårene rant leste jeg til jeg hulket. De hulket og jeg hulket. På ett ellet annet vis kom vi oss igjennom kapittelet. Faren til Anahit sjekket meg ut av hotellet, betalte regningen og insisterte på at jeg var hans families gjest så lenge jeg ville. Det var bare å konkludere med at armenere fra Musa Dagh er akkurat som alle andre armenere: Gjestfrie.

Det var duket for en familieferie hos familien Harututyan, i et flott hus med stor hage i utkanten av Anjar. Om man ikke visste bedre, ville man absolutt tenke at hagen var som en helt vanlig libanesisk hage. Men med min kunnskap om Armenia forstod jeg godt at denne var spesiell. Jeg fant flere aprikostrær, granatpletrær, ferskentrær og drueplanter som slynget seg rundt veggen. Aprikoser, granatepler og druer er jo kjent som Armenias tre nasjonalfrukter. Det største treet var et morbærtre, og i det jeg nærmet meg den nederste delen av hagen, kom en stor lodden skapning løpende mot meg. Jeg ble slått i bakken. Av kjærlighet. Det store beistet landet oppå meg og satte i gang med å slikke mens halen gikk som en jetmotor. Dette måtte være min favoritthund, armensk gampr. Og det var det. Hvilken utrolig flott skapning. Dette skulle bli min bestevenn i dagene som fulgte. Det morsomste var at hunden het Tigran. Jovisst ja, det samme som mitt armenske alias. To Tigraner i samme hus. To Tigraner i samme seng.

Gampr

Gampr er en ren armensk rasehund. Det sies at den er etterkommer av den ulvelignende skikkelsen Aralez, som ble sendt ned til jorden av solguden Ar for å hjelpe de armenske soldatene som stadig ble skadet eller døde i krig mot folkegrupper som kom for å ta over landet deres. Aralez hadde flere spesielle evner. Hunden var på størrelse med dagens gampr. På mange måter kan man si at den var en slags hundenes Jesus. Aralez vandret rundt hos menneskene, beskyttet dem, var en god venn og klarte å helbrede dem som var skadet i krig ved å slikke på kroppene deres. Dersom de sterke soldatene falt i krig, slikket Aralez dem i ansiktet og vekket dem til live. Etter hvert kom det flere hunder av samme kategori, og menneskene begynte å ta vare på dem i sine hjem.

Gamprene er helt unike tatt i betraktning at de har mange forskjellige bruksområder. Det sies at de er lynende intelligente og svært tilpasningsdyktige. De fleste hunderaser er jo avlet fram med tanke på visse egenskaper, som for eksempel gjeterhunder, vakthunder, familiehunder og så videre. Gampr, slik armenerne ønsker å beholde dem, er ikke avlet eller tilpasset noe som helst. Den er en typisk all-rounder som passer til det man ønsker at den skal passe til. Derfor brukes den til både gjeterhund, vakthund og forsvar mot ulver og bjørner som skulle komme på uventet besøk til en landsby. Den er armenernes viktigste kjæledyr og blir fort en integrert del av familien. Gamprs dårligste egenskap er at den ikke alltid går bra sammen med andre hunder. Den vil helst ha menneskene for seg selv.

Gampr er også et annet symbol på hvordan armenerne klarte å gjen-
oppbygge sin nasjon av mennesker spredt rundt omkring i verden
etter folkemordet i 1915 – 1918. Da Vest-Armenia lå øde og forlatt
etter at innbyggerne var slaktet ned og de få overlevende hadde kom-
met seg i sikkerhet i andre land, ble mange av disse hundene gående
rundt i nedbrente eller forlatte landsbyer. Mange led en grusom sul-
tedød, mens mange ble brutalt brukt som skyteskiver for skyteglade
tyrkere som anså hunder som haram (og som ifølge Koranen er skit-
tent og som man ikke skal befatte seg med). Tyrkerne var jo heller ikke
spesielt interessert i å ta vare på noe som var definert som armensk,
så her var det om å gjøre å kvitte seg med et hvert bevismateriale som
tilsa at det hadde bodd armenerne i området. Mange hunder forsvant
sammen med kirkene, klostrene, armenske skoler og så videre. Rasen
var derfor i ferd med å dø ut.

Etter hvert begynte kurdere og tyrkere som flyttet inn i forlatte
armenske landsbyer å interessere seg for de få hundene som hadde
overlevd, og noen familier tok vare på dem. Innstillingen endret seg
raskt, og i god historieomskrivningsstil ble gampr omdøpt til anato-
lisk fårehund, anatolisk kamphund eller lignende og klassifisert som
tyrkisk. Det skulle gå hundre år og intenst arbeid for armenere verden
over for at hunden skulle bli anerkjent som en armensk rase. Først i
2011 ble den i flere land offisielt klassifisert som en armensk hun-
derase, til store protester fra Tyrkia.

Dette er selvsagt viktig for armenerne. Det meste av det de har
utviklet og har eierskap til har vært forsøkt frastjålet dem av Tyrkia
og Aserbajdsjan. Det finnes i grunnen ingen grenser. Enhver ting må
det kjempes for, det være seg typisk armensk mat, typisk armenske
instrumenter, nasjonalfrukten aprikos, eller den legendariske vankat-
ten som over natten etter folkemordet ble klassifisert som tyrkisk.

Dagens situasjon er bra for gampr. Den har blitt populær i USA, og
der finnes det mange kenneler som avler den fram. Den er også ofte
å se som familiehund i Armenia. Klassifiseringen av den som tyrkisk
foregår stort sett bare i Tyrkia.

Utforskning av Anjar

Anahit og broren David tok meg med på byvandring. En rett og slett vakker småby med rene gater, små kule butikker og et svært armensk preg. Her hørte man veldig lite arabisk og enda mindre engelsk. Det var i grunnen bare å bruke hardt innlærte armenske gloser for å få snakket med alle de som kom ort til meg og lurte på hvem jeg var. Vi drakk sikkert 20 kopper armensk kaffe og det samme antall kopper med te før det var mulig å reise ut i «bushen» som omgir vakre Anjar.

Vi kjørte innom huset for å hente Tigran. Jeg ville ikke reise noe sted uten Tigran. De lo godt av meg, men den hunden var bare helt rå. Dermed var det duket for en naturopplevelse helt utenom det vanlige. Vi fulgte en ferdiglaget sti. Den slynget seg gjennom tett skog, åpne sletter, blomsterenger, fruktplantasjer og sildrende bekker. Ved en av innsjøene kunne vi leie robåt. Og det måtte vi jo. Tigran hoppet opp i båten med oss og ville helst sitte på fanget mitt. En fullvoksen gampr er jo ikke noe du ønsker deg på fanget. Den føltes ut som en middels stor elefant der den satt og logret og sleiket ansiktet mitt fullt av spytt. Erik rodde, Anahit bare smilte, og de to Tigranene satt bakerst og koste seg. Det var helt til ett eller annet ute i vannet fanget oppmerksomheten til Tigran.

Et stykke fra båten fløt en rød ball. Den hadde Tigran tydeligvis lyst på. Så han tok sats og hoppet like godt ut i vannet, noe som skapte så mye ubalanse at båten kantret. Så der lå vi og kavet. Tre stykker av oss, med Tigran svømmende så fort han kunne mot den røde ballen. Den var så stor at han ikke klarte å holde den i munnen. I stedet skjøv han den tilbake mot oss.

Det var tydeligvis ikke så folketomt rundt innsjøen som vi hadde fått inntrykk av. Ved strandkanten hadde et par familier samlet seg, og et par godt voksne menn var på full fart ut i sjøen for å redde oss. Jeg prøvde å skrike og si at det var helt unødvendig. Vi kunne nemlig svømme. De to andre skrek det samme. Men nei da, reddes skulle vi, så en av mennene tok meg i den ene neven og Anahit i den andre. Erik fikk hjelp av den andre mannen.

Tigran svømte rundt og lekte med ballen sin og var i grunnen ganske upåvirket av det hele. Da vi kom inn på land, ble vi tullet inn i hånd-klær og pledd. Damene serverte rødvin og ett eller annet bakverk som smakte himmelsk der vi satt i dyvåte underklær. Da jeg endelig følte meg litt tørrere, kom selvfølgelig Tigran løpende og ristet løs alt han hadde, så både pledd og håndklær ble våte igjen.

Livredderne våre var to ektepar med hvert sitt barn, også disse armenske. Praten gikk fritt, og de var virkelig nysgjerrige på denne nordmannen som elsker Armenia. Jeg skjønte vel hva som var i ferd med å skje. Møter man armenere følger det forpliktelser. Det skal vises gjestfrihet. Det måtte bli lunsj. Det var ingen vei utenom. Hrant, en av gutta, løp av gårde og kom kjørende tilbake i en stor jeep. Det var vår transport gjennom vakkert landskap til vingården familien driver.

Det ble disket opp med retter jeg kjenner fra Armenia. Taboulehen stod ferdig på tre minutter, ost og lavash kom på bordet. Da jeg var mett av alle forrettene, kom det jeg fryktet: Hovedretten. Kjøtt og

En vakker bamse. Gampren Tigran. Foto: Alik Yeranossian

fisk i god blanding, med en rekke forskjellige grillede grønnsaker. Og lokal vin av beste kvalitet. Hrant og Anna fortalte om sine besteforeldre. Alle fire hadde overlevd folkemordet. Og de hadde vært med på hendelsene på Musa Dagh. Utrolig hvordan de klarte seg i ukesvis langt oppe i fjellet. De spiste nesten ingen ting. De prøvde å spare på den lille maten de hadde. De kunne ikke slakte kyrne. De ga jo melk. Hønene sluttet å legge egg på grunn av stress, og da de hadde slaktet den siste grisen med kniv og øks, var det stort sett ingen ting å livnære seg på. De startet små skoler i hulene for å holde barna beskjeftiget gjennom lange dager. Det ble holdt sangtimer og dansetimer, og barna lærte fransk. Tre av dem besteforeldrene kjente var fransklærere, så deres kompetanse ble flittig brukt.

De som ble syke, døde uten noen form for medisinsk hjelp, foruten masse omsorg fra legene og de andre som befant seg i nærheten av dem. Da tyrkerne tok dem igjen, og de sloss intenst for å bli kvitt dem, ble mange såret. Dype kjøttsår som fort ble infisert og som måtte kuttes åpne med kniver de brant til de var rødglødende. De tøffeste av dem fortsatte å sloss med kuler i armen og foten. Det var en kamp på liv og død. En kamp for å redde et urgammelt samfunn ved foten av Musa Dagh.

Jeg ble en hel uke i Anjar og fikk ta del i matlaging, vinsmaking, fotballkamp med Tigran og joggeturer med Anahit. Det viktigste og sterkeste var alle historiene om besteforeldre og oldeforeldre, om hva de hadde opplevd i løpet av de førti dagene på Musa Dagh. Historiene er svært presente i hele befolkningen i Anjar, og de fleste tar til tårene når de fortelles. Tigran og jeg knyttet sterke bånd. Den store gampren klynket da jeg reiste. Jeg klynket jeg også. Her, i Lille Armenia, i Bekaadalen opplevde jeg like mye gjestfrihet og kjærlighet som den jeg hadde opplevde i Armenia. Hvordan noen kunne ønske å utrydde dette sterke, gjestfrie og vakre folket, er og blir en gåte jeg aldri kommer til å forstå.

Salgsbord ved Geghardklosteret. Foto: Sven-Erik Rise

Del VIII:

Armensk er språket man bruker når man snakker med Gud

Et språk uten sidestykke

Den berømte engelske dikteren Lord Byron var en av mange som forelsket seg i det armenske språket. Han var på reise i Venezia da han møtte de armenske munkene som holdt til i klosterkomplekset på øya San Lazzaro. Da dikteren fikk reise ut til klosteret, ble han så fascinert av hele konseptet at han besøkte munkene hver eneste dag. Etter noen uker sammen med munkene tentes en gnist i Byron. Han ble fullstendig forelsket i det armenske språket som han hørte munkene snakke til daglig. Han møtte opp til daglige bønner bare for å høre dette vakre språket, som han sa.

Han begynte å studere armensk og drev bare med disse studiene i flere måneder. Vennskapet hans med munkene utviklet seg til at de sammen begynte å publisere oversettelser fra armensk til engelsk. I tillegg lagde de en grammatikk som kunne brukes av armenere som ønsket å lære engelsk og engelskspråklige som ønsket å lære armensk.

Lord Byrons interaksjon med den armenske verden i Venezia har gitt ham heltestatus i Armenia. Byron blir sett på som det første mennesket fra et vestlig land som interesserte seg for armensk språk og kultur. Han hylles med en egen utstilling i klosteret på San Lazzaro. Lord Byron har vært og er et forbilde for mennesker som ønsker å lære seg armensk. I tillegg til at han etter hvert behersket muntlig armensk, var han også fascinert av de vakre bokstavene i det mesropiske alfabetet, altså alfabetet som Mesrop Mashtots lagde for å kunne skrive Bibelen på armensk. Sitatet som alle verdens armenere kjenner og trykker til sitt hjerte er: *Armensk er slikt et vakkert språk at det må være det språket man bruker når man snakker med Gud.*

Armensk er et urgammelt språk. Det har skjedd få forandringer opp igjennom tidene. De to armenske variantene klassifiseres som to språk, nemlig vestarmensk og østarmensk. De er innbyrdes forståelige, men tar man med at det finnes en dialekt for hver provins, kan en del ord og vendinger være det man kaller kommunikasjonsforstyrrende.

Ved inngangen til museet Matenadaran som hyller munken Mesrop
Mashtots. Mesrop lagde det armenske alfabetet i år 400 e. Kr. for at
armenerne skulle kunne skrive Bibelen på eget språk.
Foto: Eva Gregersen

Vest-armensk står på listen for truede språk. Dette var språket som var utbredt i Vest-Armenia, den delen av Armenia som i dag ligger under tyrkisk kontroll og som var bebodd av ofrene for folkemordet. Språket holdes ved like av spjurkarmenere bosatt i Europa, Australia, og Sør- og Nord Amerika. Øst-armensk er det offisielle språket i republikken Armenia og i Artsakh. Det snakkes i tillegg av den armenske befolkningen i Georgia, Russland og Iran. Armenere i Norge har kommet lenge etter folkemordet og regnes ikke nødvendigvis som spjurk. De snakker derfor den østlige varianten av armensk.

Jeg kan opplyse leserne om at til tross for at språket klinger utrolig vakkert, så er det en utfordring på linje med å bestige Mount Everest med høydesyke å lære seg armensk. Armensk klassifiseres som et indo-europeisk språk. Det er vel og bra. Da tror man i utgangspunktet at det skulle kunne være innenfor rekkevidde å lære seg noe i hvert fall hvis man er godt bevandret i flere av de andre indo-europeiske språkene. Det sies at den som snakker fire språk relativt flytende, vil ha veldig lett for å lære de fire neste. Da kjenner man til mange grammatiske momenter og mye ordforråd som lett kan overføres til nye språk. Dette gjelder særlig språk innenfor samme språkfamilie. Men, note to self: For armensk gjelder dette bare den vanskeligste grammatikken innenfor språkene i Europa, og det gjelder overhodet ikke ordforråd.

Hovedproblemet med armensk er at språket mangler ethvert ord man kan få gratis fordi man har lært seg mange språk fra før. Det finnes ingen ting man kan bruke fra andre språk. Ikke en gang ord som kaffe, vann, øl, vin, sol, Gud, – nei alle ordene er totalt forskjellige på armensk. Når man i tillegg opererer med et alfabet der hver enkelt bokstav er som et snirklete, men vakkert lite kunstverk, blir det et lite slit. Man skal kunne 39 av dem i store og små varianter. Fonetisk inneholder armensk enhver vanskelig lyd vi kjenner fra spansk, nederlandsk og gresk, og flere svært nyanserte lyder som forskjellen på en aspirert og uaspirert plosiv. Disse skrives med egne bokstaver.

Armensk veiskilt.
Foto: Sven-Erik Rise

Dette er så komplisert at jeg får problemer med å forklare det. Jeg bare nevner at det man tror er en t eller en k ikke alltid helt er det. En liten nyanse gjør at de må skrives med to forskjellige bokstaver og da også uttales med riktig nyanseforskjell.

Grammatikken kjenner man lett igjen fra indo-europeiske språk, men det man tror er lett match, blir fort vekk enda en grunn til at man gir opp: Armensk har som det eldste av disse språkene beholdt det vanskeligst mulige når det gjelder grammatikk. Syntaksen består av alt jeg har lært i språkvitenskap. Her er følgende kasus representert: Nominativ, akkusativ, dativ, genitiv, ablativ og instrumentalis. Verbbøyning

Tigranakert. Tigran Metz grunnla tre flotte byer. Samtlige ligger i dag utenfor republikken Armenia. Foto: Sven-Erik Rise

og verbtider, inkludert aspekt, gir språkbrukerne uante muligheter for nyanser, og for oss med norsk som morsmål massevis av feller. Her finnes konstruksjoner jeg ikke har sett maken til. Og da jeg trodde jeg hadde oversikt over hele det grammatiske systemet, dumpet det ned det jeg hadde håpet å unngå: Konjunktiv. Av alle tider og alle aspekter. Vær så god.

Min armenske lærer

Etter diverse forsøk på å lære armensk gikk jeg til ansettelse av en profesjonell lærer i armensk. En innfødt lærer som har skrevet doktorgrad i armensk språk. Hun sitter i sin egen lille leilighet i Jerevan og lærer bort armensk via Zoom på nettet. Etter bare et par timer merket jeg at det løsnet for meg. Inntil møtet med Luscine hadde jeg plukket opp mye armensk fra nettkurs og på gatene i Jerevan. Jeg pugget alle ord jeg fant i en kategori og brukte dem flittig. Det ble en del kjøp av unødvendige ting i Jerevans butikker og på markedene. Hvordan skulle jeg ellers få brukt det jeg hadde lært? Som sagt, en iskrem hver kveld ble fast dessert etter desserten på restaurantene. Diverse frukt ble kjøpt inn hver dag. Fruktoverskuddet ble delt med venner og folk jeg møtte på gata. Alle mennesker jeg møtte fikk spørsmål om de hadde hund, katt, papegøye eller gullfisk hjemme. Andre fikk spørsmål om hva de likte å spise og drikke. Igjen andre måtte fortell om hvilke språk de snakket i hvilke land. Det ble til at tilfeldige mennesker stadig trodde at jeg var bedre i armensk enn det som var tilfelle. Så fort samtalen gikk over til andre temaer jeg ikke hadde noe ordforråd i, ble jeg avslørt. Men læringseffekten av språklekene var stor. Jeg glemmer aldri de innlærte ordene, setningene og frasene.

Luscine troner på toppen over de galeste menneskene jeg har møtt. Hun er rett og slett klin kokos. Men du store tid for en gjennomført og fantastisk lærer. Hun hyler inn i mikrofonen hvis jeg gjør feil, og banner gjerne på armensk. Hun blir helt oppgitt dersom jeg ikke gjør lek-sene eller ikke er opplagt. Hun krever enormt mye av typen lange sti-ler skrevet med armensk skrift for hånd, foredrag levert før timen via What's app, eller skjema som skal fylles og leveres. Hvis det ikke blir gjort, avlyser hun timen. En gang kalte jeg henne en heks (*kaghard*). Det burde jeg ikke gjort. Hun ble rasende, og skjermen ble svart i over en time. Så ringte hun meg opp og tvang meg til å bøye tjue irregulære verba i alle tider. Deretter ga hun dobbelt lekse. Jeg måtte skrive to stiler med temaene folkemord og krig. Timene varer i seksti minutter. Dersom jeg ikke er pålogget til riktig tid, ringer hun etter ett minutt. Hun avslutter aldri før tiden.

Da krigen kom i 2020, fryktet jeg at hun ville avlyse våre to ukentlige samlinger på nett. Jeg skjønte at alt som skjedde gikk inn på henne. Av og til stilte hun tydelig preget og med tårer i øynene. Men hun ville på ingen måte avlyse eller utsette. Vi kjørte skole gjennom hele krigen.

Jeg som har jobbet som pedagog, foreleser og rektor i snart en mannsalder, er livredd for denne læreren. Men det fører til at jeg fak-tisk gjør alle leksene. Og det igjen fører til at jeg kan alle variantene av alfabetet og kan skrive stil. Etter hvert blir den armenske gramma-tikken riktigere også. Helt riktig er vel bare å glemme. Det er armen-ske feller i hver eneste setning. Men, huttetu – så utrolig vakkert det språket er.

Surb Gayane-kirken i Ejmiadzin. Foto: Winfried Dallmann

Del IX:
Den armensk-apostoliske kirke

Kirkegjengerne

Tigran er som armenere flest. Han er medlem i den armensk-apostoliske kirken og har en slags ide om at det finnes en gud. Han sier stadig vekk at det er fornuftig å forholde seg til ham. Kirken har i likhet med språket vært et viktig bindeledd mellom armenere i hele verden. Den armensk-apostoliske kirken er en urkirke. Armenerne er verdens første kristne nasjon, og det ble den allerede i år 301. Hele folket ble kristnet etter ordre fra kong Trdat III i år 301. Fra det året gikk kristendommen som en farsott i det den gang store armenske riket. Den kalles apostolisk fordi det var to apostler som brakte kristendommen til Armenia, nemlig Bartolomeus og Taddeus. Allerede hundre år etter kristningen lagde munken Mesrop Mashtots det armenske alfabetet. Noe måtte de jo ha å skrive ned Bibelen med, og det urgamle språket armensk ville egne seg utmerket for bibeltekster. I år 405 kom alfabetet, og da var det duket for oversettelser av urbibelen til armensk.

I likhet med Vatikanstaten, som er katolikkenes hellige stat med en pave som holder dem sammen, har armenerne sitt hovedsete i Ejmiadzin. Ejmiadzin er Armenias åndelige sentrum. Det er herfra den armensk-apostoliske kirke styres. Legenden sier at Grigor Lusavorich (Georg Lysbæreren) reiste hit etter at han hadde sluppet ut fra fangenskapet i Khor Virap. Akkurat på dette stedet så han en lysstråle fra en gylden hammer treffe jorden. Og akkurat der lysstrålen traff, bygget han verdens aller første katedral på 300-tallet. Dette ble armenernes «Mother Cathedral», og selv om den har blitt restaurert, reparert og pyntet på opp igjennom århundrene, ligger den på samme sted den dag i dag.

Tigran var veldig ivrig på at vi skulle gå i kirken og være med på en gudstjeneste sammen. Hver gang han fikk meg med på én, maste han om når vi skulle gå neste gang. De første gangene skjønte jeg ingen ting og satt bare og ventet på at gudstjenesten skulle ta slutt. Men den ble aldri avsluttet. Hver gang jeg trodde at nå er det slutt, fant

Jerevans største kirke. Georg Lysbæreren, Grigor Lusavorich.
Foto: Jan Gregersen

Stearinlys (*momikner*) som dedikeres til en bønn, et håp eller en
glede. Utbredt over hele Armenia. Foto: Jan Gregersen

presten på noe nytt. Det var et par prosesjoner der hele menigheten gikk rundt og rundt og svingte innom presten. En av dem var nattverd, den andre var å få hellig vann. Jeg fikk alltid med en liten flaske med dette vannet til bruk etter gudstjenesten.

Det er høytidsstemt og alvorlig. Ingen smiler, og ingen snakker til hverandre. Det er allikevel en sterk følelse av harmoni og felleskap. Jeg skjønte at det vi holdt på med akkurat nå, er det en hel verden av armenere som gjør samtidig. Ettersom jeg begynte å skjønne mer og mer armensk ble det litt lettere, men jeg merket meg at presten valgte urgamle armenske former og uttrykk som kanskje brukes kun i kirkelig sammenheng. Og det er jo ikke alltid like enkelt.

Kvinnene har alltid et lite tørkle på hodet. Alle er pyntet. Det var på med dressen når vi skulle i kirken. Etter liturgien, som gjerne varte i to timer, hvis ikke mer, kom alltid premien. Mat og vin. Og mye av det. Det er ikke sånn at hver går til sitt. Mange går sammen til noen. Vi ble alltid invitert til en eller annen familie. Flere å bli kjent med og mer inspirasjon.

Det er ikke så stor forskjell på trosgrunnlaget mellom den armensk-apostoliske kirken og andre kirkesamfunn. Kirken ble en periode misforstått av andre kirkesamfunn fordi den la for stor vekt på at Jesus var Gud og fokuserte mindre på dualismen, altså at Jesus er både Gud og menneske i ett. Dette har den armensk-apostoliske kirke senere tilbakevist og vært tydelige på. Synet på Jesus er det samme her som i resten av verdens kirkesamfunn.

Men det er klart at det er forskjeller. Var det ikke det, så var det vel ikke nødvendig med en egen armensk kirke. I og med at konfesjonslæren er ganske lik det de store kirkesamfunnene i verden står for, vil man finne den store forskjellen i liturgien, ritene og feiringene. Kirken har i likhet med katolikkene syv sakramenter, hvor det viktigste er nattverden. I likhet med katolikkene mener den armenske kirken at brødet og vinen faktisk blir til Jesu legeme og blod når man inntar det (transsubstansiasjonslæren). I de protestantiske kirker mener man at brødet og vinen kun er symboler på Jesu legeme og blod. Nattverdmessen er den viktigste av alle messer og gir livet dets dypeste innhold. Det er her himmel og jord møtes. Det hele begynner med en vakker hymne som beskriver Guds hemmeligheter, verdens fornyelse i Kristus, en forsmak på himmelen og et nytt paradis. Man leser fra Det gamle testamentet. Til forskjell fra de fleste andre kirker tar prestene her også med deler av en apokryfisk tekst (fra Daniels bok), før man går over til nytestamentlige tekster. Apokryfiske tekster er tekster som man ble enige om å utelate fra den felles Bibelen alle kristne bruker. De er en slags annenrangs tekster. Det lages en prosesjon der kirkegjengerne kysser korset som holdes i prestens hånd etter at presten har velsignet folket.

Diakonen leverer brød og vin til presten, en hymne synges av menigheten som svar på prestens sang. Så kommer evangelielesing og til slutt trosbekjennelsen. Alt framført på en vakker gammeldags armensk.

Nattverden består av usyret brød og vin. Den armenske kirken har fått kritikk fra den gresk-ortodokse for det usyrede brødet. Syre i brødet symboliserer det menneskelige i Jesus. Dersom det mangler, kunne man igjen beskylde den armenske kirken for å være monofytisk (altså forkaste læren om at Jesus er både menneske og Gud). Den armenske kirkes trosgrunnlag baseres på at Jesus er både Gud og menneske, men det er en uadskillelig enhet, og den kan ikke deles. Litt som treenigheten. En miafysistisk tilnærmelse med andre ord. Mangel på syre symboliserer imidlertid renhet og det ubesudlede for de troende armenerne.

Den aller største gaghutarmeneren

Armenia forbindes den dag i dag sterkt med Araratfjellet. Ararat har blitt en merkevare for Armenia fordi det er så nært knyttet til den armenske nasjonen og deres historie. Man kommer nesten ikke utenom et besøk til det nærmeste man kommer Araratfjellet når man er i Armenia. Det er til Armenia man reiser for å se fjellet. Ikke til det landet som har okkupert det og holder det fanget. Merk at ordet *gaghut* brukes som betegnelse på armenere som gjerne ble tvunget til å bo utenfor sitt hjemland. Ordet kan oversettes med fengsel.

Araratfjellet er sterkt knyttet til den armenske folkesjelen gjennom en rekke myter og tradisjoner. Det er ingen tvil hos noen om at det armenske folket stammer fra Ararat-området i og med at stamfaren til armenerne, Hayk, var Noahs oldebarn. Armenia ble kristnet fra foten av Araratfjellet. Ett av armenernes viktigste klostre, Khor Virap, ligger ved foten av fjellet, og det var Noah og hans familie som lærte armenerne kunsten å lage vin av druer. Noahs ark landet på toppen av Araratfjellet etter førti dager med åpne himmelske sluser som fylte hele verden med vann. De som var ombord i arken, var de eneste menneskene som overlevde. Ifølge Det gamle testamentet var det her de nye menneskefamiliene ble etablerte. Armenerne var en av disse.

I tusener av år før Armenia ble kristnet gjaldt Ararat som gudenes hvilested i den armenske førkristne mytologi. Armenerne hadde et rikt omfang av guder, fortellinger, riter og tradisjoner som baserte seg på armensk mytologi. En av gudene, Vaghne, elsket Araratfjellene og Araratdalen så voldsomt at han flyttet ned på jorden og plasserte sverdet sitt mellom de to toppene i Araratmassivet.

Det finnes neppe noe fjell i verden som er så myteomspunnet som Araratfjellet. Det finnes, meg bekjent, heller intet land eller folk i verden hvis mest hellige nasjonalsymbol holdes som gissel av et naboland. Tyrkia nekter de egentlige eierne av fjellet omsorgsrett, eiendomsrett og besøksrett på samme tid. Det er ikke så mange folkeslag

Det mytiske Araratfjellet. Her er «store Ararat» (Masis). Foto: Unni Fonneland

som i det hele tatt har et så sterkt nasjonalsymbol som forener dem og som er noe som 100 prosent av folket er enige om at tilhører dem. I tillegg kommer at svært mange forbinder dette fjellet med nettopp Armenia.

Et lite tankeeksperiment om tilsvarende helligdommer rundt om i verden viser at det ikke er så mange helligdommer forbundet med et gitt land eller folk. Jeg kommer på Uluru, Jerusalem, Mekka, Mount Olympos og Ganges. Det finnes sikkert flere, men det er relativt sjeldent å høre om at et naboland holder helligdommen fengslet. Armenernes forhold til dette fjellmassivet er nesten umulig å beskrive uten å måtte skrive et lite leksikon om saken. Her finnes så mange myter, så mye litteratur, så mange teorier, så mange legender og så mye kunst. Ja, alt man forbinder med Armenia og armenere finner man på en eller annen måte igjen i Araratfjellet.

Araratfjellet er egentlig et fjellmassiv der vulkanplatået i det armenske høylandet kulminerer. Ararat er to snødekte, sovende vulkaner som har holdt seg i ro siden 2. Juni 1840. Den høyeste toppen rager 5137 meter over havet, mens den mindre toppen måler 3896 meter over havet. Et gedigent landemerke som man ikke kan unngå å nyte synet av, nesten uansett hvor man skulle oppholde seg i dagens Armenia. Det kan nesten se ut som om Araratfjellene ligger som en beskyttende vinge rundt Armenia, der det aldri tar slutt med sine 40 kilometer i diameter. På armensk heter fjellet *Ararat* (Արարատ) eller så bruker man ofte navnene på de to toppene: *Masis* (Մասիս) og *Sis* (Սիս).

Jeg undres ofte på hvilken glede Tyrkia kan ha i å holde dette fjellmassivet under okkupasjon. For den jevne tyrker betyr fjellmassivet ingen ting. Her er omtrent ingen turisme, intet næringsliv å snakke om. Innbyggerne i landsbyene rundt – nei, de er ikke tyrkere, men kurdere. Like fullt irriterer det tyrkerne at Ararat den dag i dag forbindes med Armenia, og at Ararat er en merkevare for Armenia. En rask sjekk rundt omkring i Armenia avslører at man finner Ararat mineralvann både med og uten kullsyre. Det finnes Ararat juice, Ararat sigaretter, Ararat avis, Ararat ukeblad, Ararat vin, Ararat politisk parti, Ararat fotballag, Ararat park, Ararat universiteter, Ararat landsby, Ararat provins, og så er det Armenias nest største stolthet – verdens beste brandy oppkalt etter Araratfjellet. Araratfjellene er også avbildet i Armenias riksvåpen, på pengesedler og på frimerker. På markedene får du kjøpt Ararat i alle varianter, som steintavler, nøkkelringer t-skjorter, lommebøker, klistremerker og så videre. Enhver armensk familie – om de bor i republikken Armenia eller er del av den armenske diaspora – eier et bilde eller maleri av Araratfjellet som er strategisk plassert i hjemmet slik at alle som kommer på besøk skal få nyte synet av det.

Ararat er så innvevd i armensk historie at Tyrkia aldri kommer til å ha hevd på Araratfjellene med armensk velsignelse. Fjellet har fra gammelt av vært Armenias geografiske midtpunkt og til alle tider vært armenernes hjem. Da folkemordet var over, og Armenia fikk etablere den første republikken Armenia i 1918, ble den i hele verden kalt Araratian Republic. Det ville ikke Tyrkia ha noe av, og de unnet altså ikke armenerne dette fjellet. I dag er Ararat symbolet på folkemordet og på alt det landet som Tyrkia har okkupert og stjålet fra armenerne.

Ararat er med i flere sangtekster og refereres til i mye armensk litteratur. Folkemordforskeren Tessa Hoffmann, menneskerettighetsjuristen Geoffrey Robertson samt flere politikere har tatt til orde for at Tyrkia bør returnere Araratfjellene til Armenia. Jeg lar tidligere president Serzh Sargsyans utsagn fra et intervju med der Spiegel tale for seg:

Du kan se Araratfjellet, Armenias nasjonale symbol, fra vinduene i boligen din. I dag er fjellet utilgjengelig, på den andre siden av den tyrkiske grensen. Tyrkia frykter krav om land og kompensasjon. Om vi ønsker Araratfjellet tilbake? Ingen kan ta Araratfjellet fra oss. Vi holder det i våre hjerter. Uansett hvor armenere lever i verden i dag, vil du finne et bilde av Araratfjellet i deres hjem. Og jeg føler meg sikker på at det kommer en tid da Araratfjellet ikke lenger er et symbol på skillet mellom våre folk, men et symbol på forståelse. Men la meg gjøre dette klart: Aldri har en representant for Armenia gjort territoriale krav. Tyrkia påstår dette, kanskje ut fra sin egen dårlige samvittighet?

Verdensrekord i klostre

Man kan helt sikkert reise til Armenia uten å besøke et eneste kloster eller en eneste kirke, men da har man faktisk gått glipp av noe helt unikt og helt spesielt. Jeg aner ikke hvor mange klostre og kirker det finnes i dette lille landet, men det er ikke snakk om få. Noen er nylig renovert, noen har forfalt, enkelte er sånn midt imellom. Sist gang jeg talte kom jeg til 90 klostre i republikken Armenia. Når man ser på et såkalt oversiktskart over klostre, blir det vanskelig å velge hvilke man ønsker å besøke. Velger man for mange, blir det ikke tid til så mye annet. Men det må tas med i betraktningen at klostrenes arkitektur og deres beliggenhet i fantastiske naturomgivelser gir mye mer enn en ren klosteropplevelse. Det er dramatikk i plasseringen av klostrene. Som oftest finner man dem i dype kløfter eller på toppen av et vanskelig tilgjengelig fjell. Samtlige klostre er gratis å besøke. Munker og prester er ofte tilgjengelige for en velsignelse. Man opplever ofte kor som synger i kirkene, der akustikken slår det meste. Dudukspillere er dagligdags. For en rimelig penge kjøper man små tynne gule lys man kan tenne og be en stille bønn. Klostrene har små suvenirbutikker der man får kjøpt noen småting som minne fra besøket. Ved de mest besøkte klostrene sitter gamle koner og selger hjemmelagde produkter som syltetøy, tørket frukt, kaker (*gata*), forskjellige halssmykker og annet. Det er et lite under at armenerne ikke tar en liten slant i inngangspenger til disse flotte bygningene, ikke minst med tanke på at det ikke er gratis å holde dem ved like. Men religion er viktig for dem – og det skal ikke koste noe å være nær Gud.

Jeg har besøkt mange av klostrene i Armenia, og sammen med min gode venn og kollega Hripsime Badalyan, som er både guide og historiker, har vi utarbeidet en liste vi kan anbefale. De kommer i tilfeldig rekkefølge, men vi mener at to av dem er så spesielle at de må sees. En reise i Armenia uten å ha fått med seg disse to er som å reise til Pisa uten å se det skjeve tårnet.

Da begynner vi med de mest nødvendige:

Geghardklosteret er kanskje Armenias vakreste, mest sagnomsuste og mest dramatisk beliggende kloster. Man kjører gjennom en ravine som ender der hvor klosteret ligger. Etterpå er det bare bratte fjell. Klosteret har vært og er fortsatt tilgjengelig kun fra en kant. Det er hovedgrunnen for at klosteret har fått stå i fred for invaderende tyrkere og andre som ønsket å knuse dette til sand og grus. Arkitekturen kan ikke beskrives, den må oppleves. Deler av klosteret er rett og slett hugget inn i fjellet. Geghardklosteret står på UNESCOs verdensarvliste.

Khor Virap ved foten av Araratfjellet. Foto: Wenche Kverneland

Når man ankommer Geghard, møtes man av tre menn som spiller duduk og trommer, og ved siden av dem en rekke med eldre koner som selger sine produkter. Blant dem er det hellig kake, *gata*, med et kors til pynt i bakverket.

Dette klosteret er omringet av khatsjkarer i alle sine nyanser.

Geghard har fått sitt navn etter den hellige lansen som man mener ble stukket gjennom ribbena til Jesus da han ble korsfestet. Tidligere ble lansen oppbevart her, men nå befinner den seg i det aller helligste rommet i Ejmiadzin. Ved foten av klosteret kan man binde et tøystykke til et av trærne og be en bønn til Gud. Det ser ut til at mange har benyttet seg av denne muligheten. Flere trær er fulle av tøyrester. Geghard er stedet for rolig meditasjon, for å oppleve skjønn arkitektur og for å tenne lys. Man får kjøpt gule lys som man kan tenne. I tillegg må man jo sørge for at man får litt av det hellige vannet som strømmer ut fra en kilde i den ene lille kirken. Det skal visstnok bidra til at huden din holder seg ung.

Khor Virap ligger ved foten av Araratfjellet og er en av Armenias mest besøkte attraksjoner. Det var på dette stedet Armenia ble kristnet. Pilgrimer ankommer stadig vekk klosteret, som ligger på stedet der man i 642 e.Kr. bygget et kapell til minne om Georg Lysbæreren, som får hovedæren for at armenerne ble verdens første kristne nasjon. Georg Lysbæreren ble fengslet av kong Trdat III og satt i et fangehull på stedet i 13 år nettopp fordi han ønsket å fortelle armenerne om Guds sønn. Noen engler syntes synd på Georg og bidro til at kongen ble alvorlig syk. Kongens datter fikk en visjon om Georgs helende evner, og dermed fikk han sjansen. Kongen ble frisk, og til gjengjeld befalte kongen at armenerne skulle bli kristne. I 1662 ble et større kapell kjent som «St. Astvatsatsin» (Guds hellige mor) bygget rundt ruinene til det gamle kapellet og klosteret. Nå holdes det vanlige gudstjenester i denne kirken. For den som ikke lider av den minste klaustrofobi, kan man ta seg en tur ned i fangehullet via en svært bratt og småglatt trapp. Anbefales kun for folk med gode nerver og god fysikk.

Dette er stedet folk drar til for å se det majestetiske Araratfjellet i all sin fylde og all sin styrke. Det er et yndet motiv for brudebilder og bilder man gjerne legger ut på sosiale medier med seg selv foran Araratfjellet.

La oss se på en mulighet for en vandretur i vakker og spesiell natur mellom to klostre. Den tar ikke mer enn en time og er både trygg og hyggelig. Utgangspunktet er gjerne Saghmosavank. Klosteret ligger på toppen av et vakkert dalsøkk som er gravet ut av Kasaghelven. Silhuetten av klosteret dominerer landsbyene i området, og klosteret reiser seg stolt med det vakre Aragatsfjellet i bakgrunnen. Fra Saghmosavank kan man ta den flotte vandreturen til Hovhannavank, som også ligger ved Kasaghelven nær landsbyen Ohanavan. Kirken er omkranset av kirkegårder, så her kan man nyte synet av vakre khatsjkarer. Legg merke til all blomsterprakten langs kløfta. Gule, blå, oransje og lilla blomster preger landskapet. Området er kjent for mange typer

Ejmiadzin, Mother Cathedral. Foto: Trine Dalaker Svenkerud

urter som landsbyboerne høster, og også noen typer sopp som er veldig populære. Ved stien ser man av og til frukthager der det dyrkes fersken, aprikoser, moreller og epler. Kløfta er vakrest om våren og sommeren. Vær forsiktig med monumenter som ligger som ruinhauger rundt omkring. De er gjerne hjem for slanger, og de er ikke alltid i godt humør. Ja, de er giftige.

Klosterkomplekset kjent som Marmashen Vank ligger flott til med utsikt over venstre bredd av Akhurian-elven, 15 km nordvest for Gyumri i Shirak-regionen. En inskripsjon på den sørlige veggen av hovedkirken viser graveringer og avslører at den ble bygget mellom 986 og 1029 av Prins Vahram Pahlavuni. Marmashen er kjent for sine khatsjkarer.

Noravank stammer fra 1300-tallet. Dette er et *must-see* for alle som reiser til Armenia. Klosteret ligger i en smal kløft laget av Amaghu-elven ikke langt unna byen Yeghegnadzor. Kjøreturen opp til klosteret er det man kan beskrive som rå. Rått og vakkert, rett og slett. Smalt, litt goldt og dramatisk. Den to etasjes hellige kirken, Guds Hellige Mor, Astvatsatsin, blir ofte brukt som et slags klatrestativ av turistene. De klatrer opp til toppen via en del murstein som står ut fra veggen, og som danner et slags trappekompleks. Ved inngangen til klosterkomplekset selges forfriskninger til dem som måtte ønske.

Haghartsin ligger i nærheten av Dilijan. Veien til klosteret er ikke beregnet for turistbusser, så det blir et lite kvarter å gå fra parkeringen og opp til klosteret. Men turen er verdt det. Klosteret er nyrenovert, og det ligger utrolig vakkert til. En del løshunder kommer alltid opp til turistene og ber om mat, så den som er snill tar kanskje med seg noe til hundene. Komplekset ligger midt i en idyllisk landsby.

Tvillingklostrene Sanahin og Haghpat tilhører hver sin landsby i Loriprovinsen. Haghpat er av yngre dato og ligger et par steinkast unna Sanhin. Begge ble grunnlagt på 1000-tallet, men Sanahin hevder å være eldst, og navnet betyr faktisk: *Denne er eldre enn den der borte.* Klostrene kan skilte med mange khatsjkarer og urgamle veggmalerier.

Svært populær for turister.

Gndevank ligger på vestsiden av veien til spabyen Jermuk ved bredden av Arpaelven. Dersom man kommer via gamleveien, må man gå seks kilometer. En hyggelig tur der man kan kose seg med vann fra

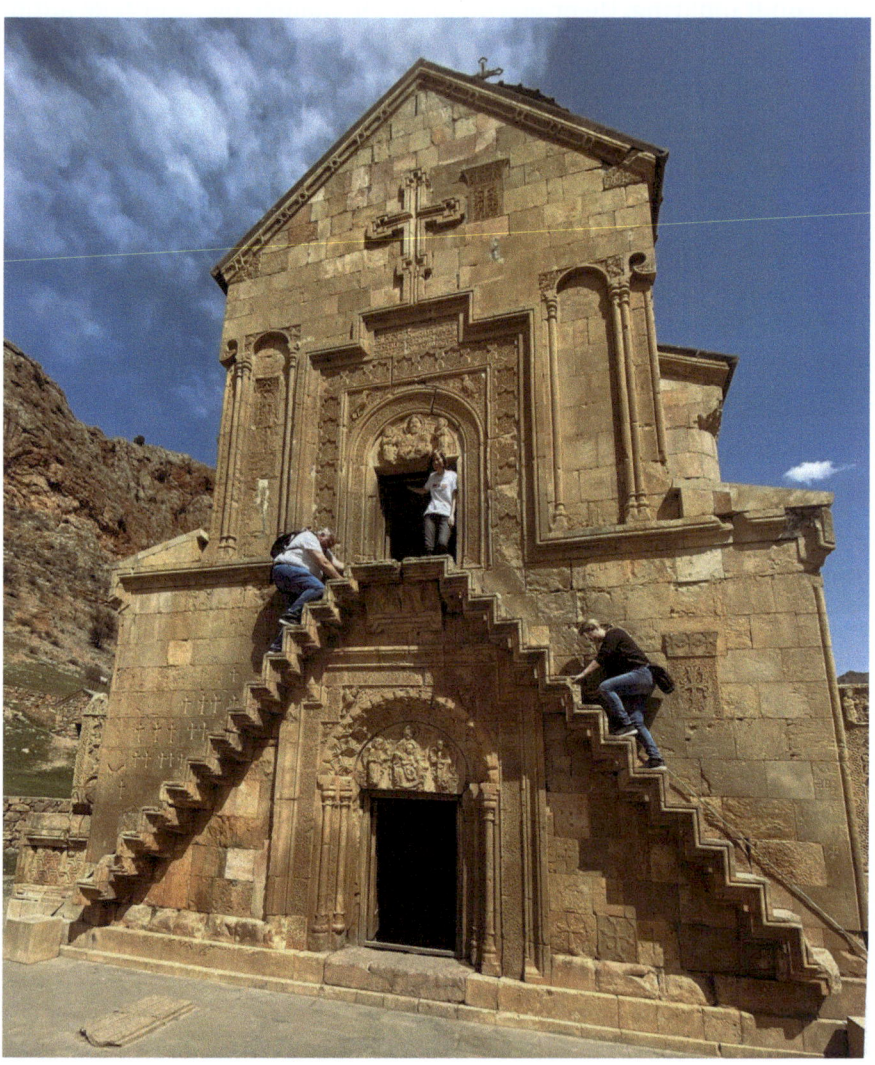

Noravank. Foto: Sven-Erik Rise

en kilde på veien, og man kan holde piknik ved ett av bordene de har laget for nettopp dette formålet. Kirken har flotte veggmalerier.

Garni: Armenias storslåtte førkristne tempel

Garni er i ferd med å bli en slags merkevare for Armenia. Man ser ofte dette templet på musikkvideoer og reportasjer fra Armenia. Dette er faktisk litt av et skue. Det er nærmest helt intakt der det ligger på toppen av en fjellhylle med et stup rett ned på baksiden. Garni står på alle turisters ønskeliste, så her kan det bli litt trangt til tider. Er man heldig møter man en dudukspiller som spiller vakker musikk inne i templet. Akustikken er nemlig upåklagelig. Reiseledere i Armenia kan også bestille et kor som kommer til Garni for å synge for gruppa. Det er alltid like populært. I de tilfellene får alle som er der glede av vakker korsang. Når de er til stede og synger a cappella, virker det som om publikum havner i en slags transe. Det hele svært vakkert og nærmest forførende. Garniområdet byr på mer gammel historie, blant annet rester av et gammelt badehus.

Sist gang jeg hadde med et reisefølge ble jeg tipset av en turguide om en liten hemmelighet som svært få turister visste om. Jeg tror ikke den gjelder som så veldig hemmelig lenger. De som fikk denne opplevelsen, snakker om den i lang tid etterpå. Jeg fikk snudde meg rundt og arrangert den lille ekstrautflukten ganske raskt. Dette måtte skje før kursingen i lavashbaking og lunsj i Arthurs hage. Så vi forlot Garni, og jeg plasserte fire og fire inn i jeeper for en overraskelse de sent ville glemme.

Vi ble kjørt ned bratte stier med dramatisk natur på begge sider. En elv fosset nedover på høyresiden, mens venstresiden hadde en fjellformasjon få har sett maken til. Det hele så ut som et mastodontisk kirkeorgel skapt av naturen gjennom tusener av år. Et spektakulært syn som vi kunne betrakte fra bilvinduene inntil vi stoppet på det mest

Garni-tempelet fra førkristen tid. Foto: Idar Alfred Johannessen

Det fantastiske «kirkeorgelet», søylebasalt, er blitt formet av natur-kreftene gjennom tusenvis av år. Leier man en jeep med sjåfør får man se de flotteste steinformasjoner i dalsøkket nedenfor Garni-tempelet. Foto: Unni Fonneland

spektakulære for å ta bilder. Turistene insisterte på en liten vandring mellom elven og det gedigne kirkeorgelet. Bilder ble tatt i hundrevis. Dette er Armenias glemte turistdestinasjon, i hvert fall én av dem. Jeg inkluderer den på egen hånd hver gang jeg er i Armenia – alene eller med turister.

Jeepene tok oss tilbake. Vi var klare for neste attraksjon. I Garni finnes et nytt konsept der man selger all mulig armensk vin og serverer gode armenske måltider. Gjester som ønsker det, kan få kurs i lavashbaking på kjøpet. To damer sitter ved toniren og kjevler ut lavash som de kaster rundt i lufta til de er klare for steking. Etter noen minutter drar de lavashen opp fra toniren og deler direkte med tilskuerne. Så etterlyser de frivillige lavashbakere. Jeg er nok en hjelpeløs lavashbaker. Ikke klarte jeg kunsten med å kaste lavashen i lufta. Ikke klarte jeg å klistre deigen til ovnen, og ikke klarte jeg å hente ut lavashen da den var ferdig.

Gyumri, Armenias nest største by. Foto: Goar Sarkisyan

Del X:
Store gleder i Gyumri

På tur til Gyumri

Gyumri ligger i Shirakprovinsen og er Armenias nest største by med cirka 120 000 innbyggere. Byen er kjent for kunstnere og artister av alle slag. Her foregår det mye spennende, både av tradisjonelle og mer moderne uttrykk. Gyumri var en viktig industriby i Sovjetunionen, men da Armenia fikk sin uavhengighet, gikk det med Gyumri som med andre industribyer. Den tunge og lite lønnsomme industrien ble lagt brakk, og mange arbeidsplasser forsvant. Det verste var jordskjelvet noen år før Sovjetunionens oppløsning. Den 7.12.1988 rammet et jordskjelv som satte mesteparten av byen og området fullstendig ut av spill. Dette jordskjelvet hadde sitt episentrum i Spitak, like ved Gyumri. På kort tid ble innbyggertallet redusert med 80 000 mennesker. Man regner med cirka 50.000 døde. Enda flere mistet sine hjem og arbeidsplasser. Mange flyttet ut av byen, en del videre til utlandet.

Mye av Gyumri ble smadret under jordskjelvet i 1988, men det stor-

Et tidligere blomstrende industriområde som nå er forlatt og forfaller. Bildet er fra Alaverdi, Lori-provinsen. Foto: Unni Fonneland.

slåtte Kumayri Historic District ble skånet. Derfor vil man i dag kunne oppleve den gamle bydelen slik den så ut for hundrevis av år siden. Bymuseet i Gyumri viser en unik utstilling med søkelys på byens arkitektur og historie. Det beste man kan gjøre i Gyumri er å gå til fots gjennom gatene, stredene og plassene i byen. Det er som å bevege seg noen hundre år tilbake i tid. En spesielt spennende attraksjon er Iron Fountain, litt utenfor sentrum. Dette er en enorm installasjon etter mønster av sovjetisk modernisme. Mange besøkende kommer hit og beundrer dette kunstverk som kan minne om en gigantisk UFO. Arkitekten som designet dette, var Artur Takhanian. Han var også arkitekten bak den nye Zvartnots International Airport og minnesmerket for folkemordet i Jerevan. Fontenen overlevde jordskjelvet og har blitt et symbol for styrke i den armenske nasjonen.

Dessverre har ikke Gyumris myndigheter satt av penger til å holde fontenen ved like, så i dag fungerer den ikke som en fontene, men kun som et minnesmerke. Takhanians datter jobber for tiden intenst for å få restaurert fontenen og få den til å virke. Kan hende det skjer noe, ettersom flere er svært interessert i denne flotte konstruksjonen.

Gayane, min armenske guide, 30 turister og jeg ankom Gyumri, og som alltid tar vi turistene med til bymuseet for å lære om Gyumris arkitektur og byplanlegging. De fleste setter pris på denne starten av guidingen fordi de da får et historisk innblikk og kan gjenkjenne de bygningene og områdene som ikke ble rammet av jordskjelvet.

Mens turistene jeg hadde med var parkert på museet som reisebyrået mente var et *must-see* i Gyumri, tok jeg meg den frihet å simpelthen avspasere litt. Å være reiseleder for en gruppe på 30 kan være litt utmattende til tider fordi man stadig vekk får små oppdrag midt i hovedoppdraget. Denne dagen hadde vært masete fra første stund. Før frokost måtte jeg hjelpe noen med uttak i minibanken. Før jeg rakk å spise kom det krav om toalettpapir på rommet. En tredje gjest manglet angstforebyggende piller. Og om det ikke var nok, hadde hun rota bort sine Dior-solbriller. Til en verdi av 3500 kroner. Hun ønsket

Iron Fountain, utenfor sentrum av Gyumri. Foto: Tigran Petrosyan

å anmelde dette til politiet. Bussjåføren ventet utålmodig. Gayane sto og trippet. Tidsskjemaet så ut til å ryke. Da vi endelig hadde fått hele butikken inn på bussen og skulle ha den sedvanlige opptellingen, manglet selvfølgelig en av gjestene. Hun som alltid manglet. I dag manglet hun lenger enn vanlig. Jeg rakk derfor ikke frokost før avreise.

Første post på programmet var bymuséet. For å være ærlig hadde jeg bare én gang tidligere vært med på den guidete turen i dette muséet, og jeg kjedet meg veldig. Derfor hadde jeg bedt Gayane om å ta over under henvisning av at Sven-Erik måtte ordne med restaurantbesøk og diverse i Gyumri. Dette fungerte godt nettopp fordi Gayane var med på notene og forklarte at Sven-Erik hadde veldig mye å gjøre. Det var derfor på sin plass med egentid mens de besiktiget museet.

Da jeg kom tilbake fra mine flotte opplevelser i Gyumris gater, sto turistene klare for nye opplevelser. Ingen hadde lagt merke til mitt fravær. De trodde jeg kom fra toalettet. Tiden var inne for litt underholdning. Ved hjelp av Spotify og Gayanes kraftige mini-høyttalere fant vi ut at vi ville synge den armenske nasjonalsangen, *Mer Hayrenik*. Og vi sang av full hals. Forbipasserende lurte nok på hvilken mental tilstand vi var i. Mange stoppet opp og tok bilder og video av oss. Det havnet nok noe i sosiale medier, tenker jeg. Nasjonalsangen hadde vi jo innøvd på forhånd. Hver gang det ble litt kjedelig på bussen, sang vi den. Dersom vi ville ha det litt mer feststemt, fant jeg den moderne versjonen av sangen. Da blir den enda mer fengende.

Vi hadde en morsom vandring i gamle Gyumri med møter med armenere, god atmosfære og en imponerende arkitektur. Flere av gjestene var innom kunstgallerier og brukskunstbutikker. De var imponert over hvor flinke kunstnerne her var. Det klang i en del kassaapparater denne dagen. Den store lunsjen skulle inntas litt utenfor sentrum, i nærheten av området der russiske soldater er stasjonert. Jeg nevnte ikke de russiske soldatene til turistene, bare sånn for sikkerhets skyld, men det hadde de uansett for lengst funnet ut av. Så da kom spørsmålene om hva de russiske soldatene drev med i Gyumri. Faktum er at de er i Gyumri for å beskytte Armenias territorielle integritet. Dette har vært en avtale mellom Armenia og Russland siden uavhengigheten i 1993. Man merker neppe noe til dem uansett. I disse dager er situasjonen noe uavklart. Armenere føler seg dolket i ryggen av Russland. Russerne stilte ikke opp da Aserbajdsjan angrep anerkjent armensk territorium ved flere anledninger i 2021 og 2022. De løftet ikke en finger da Aserbajdsjan kastet ut hele befolkningen i Artsakh. Dette til tross for løftet om å sikre Armenias grenser og Armenias befolkning. Russland skulle også ifølge fredsavtalen mellom Aserbajdsjan, Russ-

Fiskemåltid i Gyumris berømte fiskerestaurant.
Foto: Karen Melkonyan

Én av de mange fiskedammene som sørger for å mette alle som
kommer til restauranten. Foto: Privat

land og Armenia stasjonere ut soldater i Artsakh for å sørge for at status quo ble overholdt fram til forhandlinger om områdets videre status skulle foregå. Armenerne ser vestover for tiden.

Fiskerestauranten med kortreist fisk

Attraksjonen i dette området er selve spisestedet. Restauranten er bygget ved siden av en elv. Deler av elven er demmet opp, slik at små innsjøer er dannet på området der restauranten. ligger. Rundt innsjø-ene er det en imponerende beplanting. Man velger om man vil spise ute eller inne. Hele konseptet er at dette er en ren fiskerestaurant. De serverer bare fisk. Punktum. Men fisken kommer fra deres egne fiskedammer og fra elven. Ferskvannsfisk av alle slag, både de ende-miske i Armenia (fra Sevansjøen) og en del importerte blir etter hvert til mat for sultne armenere, og for den bataljonen av turister som dag-lig ankommer for å innta sitt fiskemåltid. Selvfølgelig slaktes fisken i det man bestiller den. Den tilberedes etter alle kunstens regler av flinke kokker. Det finnes en haug av varianter å velge mellom. Turis-tene elsker dette stedet. Og selv jeg gjør det, jeg som ikke tåler fisk. Jeg liker ikke noe fra havet og unnskylder meg med å være allergisk. Det har aldri blitt bevist, men jeg bruker allergimistanken aktivt for å unngå å få servert fisk. I tillegg slipper jeg å høre på argumenter og anbefalinger om at jeg kommer til å like hellefisk, røykelaks, torsk, tørrfisk og hva vet jeg. Den gangen jeg spiste en hel ørret surret i fløte, ble jeg så sjuk at jeg holdt det gående på do i 12 timer etter at måltidet var inntatt. Det kom noe ut begge veier flere ganger. Om det var psy-kisk eller fysisk, tør jeg ikke spekulere i, men det har ikke blitt fortært en eneste fiskebit etter dette.

Kokken på kjøkkenet lager alltid en egen rett til meg og til de andre fiskeallergikerne i gruppa. I den grad det er noen. Det hender at en del fiskeskeptikere får lyst på min mat i stedet.

Gamle Tatik prøver å selge
det hun eier for å spe på
pensjonen.
Foto: Sven-Erik Rise

Del XI:
Gamle Tatik

En gjest er en gave fra Gud

Mens turistene var på bymuseet og jeg avspaserte, opplevde jeg noe helt spesielt. Sulten gnog i meg. Jeg hadde ikke spist frokost, og jeg hadde ikke fått min daglige dose kaffe. Jeg gikk rett over gaten fra museet til markedet som befant seg der. Dette er et artig marked. Det er ikke spesielt, men det er langstrakt. Det strekker seg nemlig bortover fortauene, rundt gatehjørner og ender opp et sted jeg aldri har hatt tid til å finne ut av. Er man fotgjenger må man passere store deler av markedet, ofte rett gjennom de små salgsbodene for å komme noen vei.

Vel, jeg var altså på markedet, og jeg hadde hoppet over frokost på hotellet. Jeg fant derfor en fin stand med nydelig armensk frukt. Jeg plukket et par epler, et granateple og to bananer. Jeg ga frukten til en ung gutt som tydeligvis trodde jeg tok frukten for å vise ham at jeg ønsket en kilo av hver frukt. Han begynte å plukke. Jeg fikk forklart ham at jeg bare ønsket disse konkrete fruktene. Da bare smilte han og viste med hånden at de ikke kostet noe. Jeg tok fram 3000 dram og forlangte at han skulle ta pengene. Det gikk ikke upåaktet hen. Da kom nemlig *papik*, bestefar, og avviste pengene mine med klar stemme. Jeg visste ikke riktig hva jeg skulle gjøre, så jeg ba ham om en kilo av hver frukt. De lot seg dessverre ikke lure. Det var bare å akseptere gratis frokost. Papik tok fram kniven og skrelte granateplet og la innholdet i en kopp. Så fikk jeg låne en skje så det ble lettere å spise. Det slår meg gang på gang hvilken raus mentalitet jeg har å gjøre med når jeg møter mennesker i Armenia. Det er ikke tilfeldig at sånne ting skjer, fordi de skjer hele tiden. Jeg kunne lett ha ramset opp lignende historier, men jeg er redd boken ville sett ut som Gutenbergs Bibel i omfang til slutt. Jeg nevner bare at da jeg under de 44 dagene i Artsakh tilbød pengehjelp til mennesker som hadde mistet alt, var det ikke alltid like enkelt. De likte ikke å motta pengegaver fra meg. Jeg måtte finne alle mulige løsninger for å få det til.

På kaffebesøk hos Tatik

Den 90 år gamle damen, som jeg bare kalte Tatik, bestemor, tok seg av meg da jeg spurte hvor det var mulig å få kjøpt en armensk kaffe. Det fantes ingen kafeer i nærheten, så hun inviterte meg like godt hjem til seg. Hun lagde en diger kopp med den sterke armenske kaffen. Som bonus ga hun meg en *gata*. Da jeg hadde fortært den, ble hun borte en liten stund. Så entret hun stuen med et noe som nærmet seg en slags delikatesse. Hun hadde et stort fat i hendene som inneholdt alle mulige godbiter laget i Armenia. Dette satte hun rett foran meg og ba meg forsyne meg. Hver gang jeg hadde gomlet ferdig, ba hun meg på nytt. Her ble det en voldsom frokost. Tatik kunne ikke ett eneste ord engelsk. Skravla gikk på armensk. Jeg tror ikke hun brydde seg så mye om hvorvidt jeg forsto noe eller ikke. Hun bare skravlet, og jeg prøvde å forstå henne så godt jeg kunne. Da jeg foreslo en språkkonkurranse mellom henne og meg der det gjaldt å kunne ramse opp på mange gloser som mulig innenfor ett eller annet felt, var hun i fyr og flamme. Det fungerte sånn at en av oss valgte kategori. Så skulle vi si et ord innenfor kategorien annenhver gang til en av oss ikke klarte flere ord og måtte gi opp. Da hadde motparten vunnet. Hun insisterte på at det måtte være premier. Den som vant fikk 100 dram av den tapende part. Så hentet hun en haug med 100-drammynter, og jeg vekslet 2000 dram i 100-dramstykker. Vi gikk igjennom en haug av kategorier. Hun vant selvfølgelig gang på gang, men jeg hadde et par kort i ermet som satte henne ut. Nemlig: Navn på dyr, frukter, land og byer i Artsakh. Jeg fikk fire seiere, i og med at jeg kunne navn på en haug av dyr og frukter hun aldri hadde hørt om før. Land var grei skuring, og selvfølgelig som den nerden jeg kan være var hele Artsakh pugget opp og ned. Hun slo meg en siste gang i russiske gloser. Jeg holdt ut lenge, men hun nektet å godta russiske fornavn og etternavn. Og hun godtok dem i hvert fall ikke når jeg bare fant på en haug med tullenavn. Jeg tapte 1600 dram, men dette var virkelig artig. Hun ba pent om å få navnet mitt, adressen og telefonnummer. Hun ville gjerne sende meg et julekort. Utrolig hvor langt man kommer med litt armensk her i verden.

Og julekort ble det. Eller for å være korrekt: Dette var et langt hånd-skrevet brev av typen vi sendte hverandre i min ungdom, i konvolutt og med frimerke. Det var ikke så lenge til jul heller, da det ankom. Jeg prøvde å tyde det håndskrevne brevet som lå sirlig brettet sammen, pyntet med klistremerker av sommerfugler og aprikoser. Takket være min armensklærer, Luscine, skjønte jeg mye av innholdet i brevet. Det jeg ikke forsto, gikk Luscine gjennom neste gang vi skulle ha armensk-time.

Det er ingen mangel på gjestfrihet og nok mat hos Tatik. Foto: Privat

Tatik skrev om det aserbajdsjanske angrepet på Artsakh. Hun mintes sine slektningers historier om folkemordet de overlevde i 1915. Hun var bekymret for sitt eneste barnebarn, Stephan. Han var med i krigen som frivillig. Hun skrev at han var verdens gladeste gutt. At han elsket å danse armenske folkedanser, at han jobbet med webdesign, at han elsket armenske tepper, var sporty og intelligent. Hun savnet ham sårt. Hun gikk i kirken hver dag for å tenne lys og be for ham. Så noterte hun ned sitt fastnummer og lurte på om jeg ville skrive til henne eller ringe en dag jeg hadde tid. Og det gjorde jeg med en gang.

Denne gangen var hun imponert over at jeg klarte å si mye mer på armensk. Jeg foreslo en rask repetisjon av siste gangs konkurranse, og dermed var vi i gang. One Call må ha blitt glade for tellerskrittene. Det var visst ikke gratis å ringe til fasttelefon i Armenia. Men det var verdt det. Vi kjørte på med matvarer av alle slag. Hun vant. Så var det grønnsaker. Jeg vant. 1 – 1. Vi fikk si oss fornøyd med det. Så snakket hun om barnebarnet. Om sist gang hun hadde hørt fra ham. Om at hun var livredd for at presten en dag stod på døren. Det var ikke lett for meg å trøste henne.

Gamle Tatik var godt opplyst om hva som foregikk i verden. Hun spurte meg hvorfor ingen ville hjelpe Armenia. Hun spurte om hvorfor Nansens hjemland ikke ville bidra. Hvordan forklarer man en ensom gammel dame som savner barnebarnet sitt at ingen land ønsker å hjelpe? Tatik er vokst opp med fortellingene om folkemordet på hennes folk. Den gangen det skjedde, var armenerne overlatt til seg selv. Ingen kom dem til unnsetning. Historien var i ferd med å gjenta seg. Hvordan skulle jeg forklare at olje og gass er det som betyr noe? At en urgammel og rik kultur og gjestfrie åpne mennesker ikke skaper gode tall på verdens børser? At Nansens hjemland tjener milliarder på investeringer i Aserbajdsjan og derfor ikke tør å fordømme det de gjør? Hvordan sier jeg at menneskerettighetene ikke gjelder for armenere?

Hvordan forklarer jeg at vi lar unge uskyldige armenske gutter på

18 år bli slaktet i kamp og brent til døde av hvitt fosfor? Hva sier jeg når hun forteller at naboguttens lik kom hjem med hodet skåret av? Hvordan forteller jeg at uansett hvilke krigsforbrytelser Tyrkia og Aserbajdsjan har på samvittigheten, så er det ingen som kommer til å gjøre noe med det?

Hva sier jeg når hun gråter og er sikker på at Artsakh er tapt for alltid og at hun frykter at Stephan kommer hjem uten hode? Det ble en helt spesiell jul for meg. Fem venner ble drept i kampene i Artsakh. En venn fikk etseskader av hvitt fosfor og måtte tilbringe måneder på sykehus i Paris. Min venn Tigran var psykisk helt knekt. Jeg reiste til Armenia. Det var mørkt og trist. Fysisk mørke fordi ingen pyntet til jul. Det store juletreet på Republikkplassen ble droppet i respekt for ofrene. Alt var annerledes. Bare gjestfriheten var den samme. Kanskje var det enda viktigere enn før å stille opp på middager og overnattinger.

En khatsjkar er laget for å minnes noe. Det kan være en gravstein. Men, ofte lages khatsjkarer for å minnes en viktig historisk hendelse, en seier eller et nederlag. En khatsjkar dedikeres også til mennesker som har gjort en innsats for Armenia. Fridtjof Nansen har fått sin khatsjkar i Bergen. Foto: Unni Fonneland.

Del XII:

Litt politikk og tusen takk

:

Etterord

Dette er den tredje boken jeg skriver om Armenia. Den første handlet mye om folkemordet på armenerne. Jeg så nøye på temaet med akademiske øyne og underbygget påstander ved hjelp av kildebruk. Det ble allikevel god plass til reisebeskrivelser og morsomme hendelser i Armenia. Det ble spesielt, ettersom det var første gang jeg opplevde landet som turist og utforsker. Jeg gjorde alt jeg kunne for å få så mye ut av oppholdet som mulig. Bok nummer to handlet om den grusomme invasjonen og krigføringen i Artsakh. Også i denne boken kommer jeg inn på opplevelser og reiseskildringer i både Armenia og i Artsakh. Men ettersom jeg skrev den mens krigshandlingene pågikk og avsluttet den kun uker etter at Artsakh hadde falt, ble det mye om krigen sett fra enkeltmenneskers perspektiv. Enkeltmennesker som jeg hadde direkte kontakt med mens de befant seg midt i et inferno av bomber, droner, halshugginger og hvitt fosfor.

Denne tredje boken skulle ha mer fokus på reiser, eventyr, glede og alt man kan oppleve i Armenia. Jeg tror jeg har lyktes med det. Observante lesere vil nok allikevel legge merke til at jeg ikke har gått utenom informasjon og tanker om de katastrofene som har rammet armenerne, og da særlig folkemordet i 1915 og fortsettelsen av det, da Artsakh ble avfolket under tvang og dermed tømt for armenere.

Armenia er under stadig press fra president Aliyev i Aserbajdsjan og president Erdogan fra Tyrkia. Retorikken mot armenere er rett og slett stygg. Man kan undres på hvorfor verden ikke reagerer. Armenerne blir stadig vekk trukket fram som løgnere, tyver, voldsmenn og drapsmenn. Det lille landområdet de nå har igjen etter folkemord og etniske rensningsprosesser er en liten flik av området de opprinnelig befolket og utviklet. Armenerne er er tøft folkeslag. De biter seg nå fast i sitt gjenværende landområde og gjør det beste de kan med tanke på situasjonen de befinner seg i. Det er daglige trusler fra Aserbajdsjans ledere om at Armenia må gi bort flere områder til dem. Historie-forfalskning på høyeste regjeringsnivå har vist seg å være farlig for de ofrene en slik forfalskning går ut over. Det er tydelig at omskriving av historien slik vi andre kjenner den, og slik forskere og historikere forstår den, har blitt en slags nasjonalsport i både Tyrkia og Aserbajdsjan. Myndighetene lar aldri en sjanse gå fra seg til å fortelle sitt narrativ i enhver sammenheng når det dreier seg om folkemordene, den etniske rensingen av Artsakh og Nakhitsjevan og ikke minst de kulturelle folkemordene som har funnet sted. Ikke bare mot armenerne, men det er dem dette har gått verst utover. Takket være folk som Fridtjof Nansen finnes det 10 millioner armenere i verden i dag. Tre millioner bor i hjemlandet. I mange år har et eget statlig forum i Tyrkia kalt Turkish Historical Society drevet med omskrivinger og nye narrativer når det gjelder Tyrkias historie. Dette forum har dedikert mesteparten av sin til på å stilne protestene fra armenere. Det har kostet den tyrkiske stat millioner av dollar. Det er ingen hemmelighet at amerikanske politikere og andre har mottatt bestikkelser fra både Tyrkia og Aserbajdsjan for å hindre erkjennelse av folkemord og fordømmelse av Aserbajdsjans vodsomme overgrep mot folket i Artsakh. Den kanskje beste måten å forstå dette voldsomme hatet og nødvendigheten av fornektelse og nye narrativ har noe å gjøre med at det nå blir umulig for tyriske ledere å forlate narrativet om den tyrkiske historien over natten. Jeg tror de fleste forstår at det ikke kommer til å skje. Man forleder ikke 90 millioner mennesker i over 100 år til å tro på en voldsom løgn, for så å avsløre den plutselig. Det tyrkiske og det aserbajdsjanske samfunn ville rakne fullstendig. Begge land fornekter, og begge lands store flertall av innbyggere er med på leken. Jeg har ikke tall på hvor mange tyrkere og aserbajdsjanere jeg har diskutert dette med. Diskusjonen ender alltid opp med usakligheter og aggresjon. Noen kaster en sko etter meg, én kastet sin nye iphone på hodet mitt så den falt i gulvet og knuste, og atter andre kaster frukt eller andre ting som er tilgjengelige. Det store flertallet tyr selvfølgelig ikke til kasting av objekter. Men sinte, det blir de. La meg si med en gang at jeg liker tyrkere og har mange venner fra Tyrkia. Men en del vennskap har røket nettopp fordi vi ikke kan enes om noe som gjelder folkemordet på armenerne eller invasjonen og okkupasjonen av Artsakh. Dersom mine venner hadde fornektet Holocaust, ville det samme ha skjedd. Men jeg har flere tyrkiske kontakter. De som setter seg inn i sakene og som forstår. De som finner ut at de har armensk blod i årene. De som skammer seg over fornektelse og historieforfalskning. De har etter hvert blitt like viktige for meg som min egen familie.

Det betyr at både Tyrkia og Aserbajdsjan møter motstand mot sin omskriving av historien. Deres narrativ er pensum i skolen. I begge land blir barn oppdratt til at folkemordene bare er noe vesten har funnet på sammen med armenerne. Mange har en overbevisning om at det var armenerne som bedrev folkemord mot tyrkere og kurdere. Det er også blitt svært populært å snakke om de "stakkars" aserbajdsjanerne som ikke lenger kan bo i sitt hjemland *Vest-Aserbajdsjan* (altså republikken Armenia). Det vises til at armenerne har bedrevet etnisk rensing. Aliyev gjør altså krav på nesten hele Armenia under henvisning til at dette er aserbajdsjansk historisk land.

Alle vet at dette er latterlig. Aserbajdsjan fantes kun som to provinser i Iran før et område der de var i flertall ble etablert som en Sovjetrepublikk i 1922. Det har aldri vært noe Vest-Aserbajdsjan, og det har heller aldri vært tyrkiskspråklige som har bebodd dagens Armenia i særlig grad. Men ja, det bodde aserbajdsjanere i Sovjetrepublikken Armenia på samme måte som det bodde hundretusener av armenere i Aserbajdsjan. Arbeidskraft ble flyttet over republikkgrensene når det passet sånn. Det er betimelig å spørre seg: Dersom armenerne virkelig skal ha drevet etnisk rensing av aserbajdsjanere fra Armenia, kan aserbajdsjanere og tyrkere fortsatt benekte at de har gjort det samme med et svært høyere antall armenere? 1,5 millioner armenere ble myrdet under folkemordet 1915-1922. De cirka 1 million overlevende fikk ikke vende tilbake til sitt hjemland i Vest-Armenia etter at folkemordet var over. Hvor er det blitt av flertallet av innbyggerne i Nakhi-tsjevan, altså området i det sørlige Armenia som ble gitt til Aserbaj-dsjan som gave fra Josef Stalin? Det bor 0 armenere der i dag. Artsakh er den nyere historiens eksempel. Armenere i Artsakh ble også en gavepakke til Aserbajdsjan. Etnisk rensing ble forsøkt under sovjet-tiden, men fjellfolket i Artsakh ble værende, stolte og seige som de er.

Etter Sovjetunionens sammenbrudd benyttet armenerne i Artsakh seg av sin grunnlovsfestede rett til å kreve ny status som uavhengig stat eller å slutte seg til et annet land. Dette stod beskrevet i den sov-jetiske unionsloven. I en folkeavstemning i landet stemte 99,7 prosent for endring av status. Svaret lot ikke vente på seg. Samtlige armenere i Baku, Kirovbad, Sumgait og ellers i Aserbajdsjan ble utsatt for de ver-ste pogromer. Flere ble drept. Armenerne flyktet for livet til Armenia. Disse menneskene hadde intet å gjøre med Artsakh. Men fordi de var armenere var det helt legitimt å utsette dem for vold, drap og utkas-telse av det landet de hadde bodd i hele livet.

Da Aserbajdsjan på få dager var renset for armenere, ble Artsakh invadert. Aserbajdsjanske tropper tok alle midler i bruk for å sikre seg Artsakh og bli kvitt innbyggerne. Dessverre for Aserbajdsjan lyktes ikke dette. Armenerne kjempet i mot med gamle våpen og med egne never. Som i dagens situasjon var Armenia betraktelig mer fattig enn motstanderen. Men motivasjon, kløkt og innbitthet, ispedd en smule la det skure-holdning fra aserbajdsjanske soldater ga et uventet resul-tat. Aserbajdsjanske tropper ble jaget ut av Artsakh og et omkring-liggende område som armenerne anså som sin buffersone mot nye angrep fra Aserbajdsjan. Armenerne kunne ha okkupert alt land helt fram til Baku. Aserbajdsjanske soldater la på sprang og så seg ikke tilbake. Russland meklet fram en fredsavtale mellom Aserbajdsjan og Armenia.

Helt fram til 2020 og covidepidemien ble det ført forhandlinger der USA, Russland, Frankrike, Aserbajdsjan og Armenia deltok. Disse førte ikke til noe da Aserbajdsjan ikke var villig til å vike en tomme for det de kaller sin suverenitet over hele området. Armenerne i Artsakh var livredde for aserbajdsjansk overherredømme nettop fordi de har lært av historien at folkemord kan være svært nært forestående dersom de underkaster seg Aserbajdsjan. Retorikken fra myndighetene opp igjennom disse årene ble bare skarpere og mer usaklig. Snikskyttere drepte armenere på grensen, både soldater og sivile.

Da Aserbajdsjan med våpenstøtte fra Israel og full moralsk, økonomisk og våpenmessig støtte fra Tyrkia kjørte på med en blitzkrig mot Artsakh, kjempet armenerne alt de kunne. Overmakten ble for stor. To land med en befolkning på til sammen godt over 100 millioner mot tre millioner armenere som ikke fikk noe støtte noe sted, var dømt til å gå i Aserbajdsjans favør. Ikke engang russerne støttet Armenia. Israel sendte avanserte våpen, og Pakistan støttet der de kunne. Fremmedkrigere ble sendt fra Tyrkia, og både syrere, pakistanere og tsjetsjenere fikk tilbud om 100 dollar for hvert armenske hode de leverte til krigsmaktens myndigheter. Hvitt fosfor lemlestet og drepte sivile, droner gjorde rent bord. Armenerne ble tvunget til kapitulasjon. Titusener ble sendt på flukt fra området Aserbajdsjan okkuperte. Et knøttlite område ble igjen til artsakhianerne. Dette var Russlands "gave" til armenerne. Det ble underskrevet en avtale om at områdets status skulle diskuteres og løses innen fem år. Inntil da ville russiske styrker være utplassert for å sørge for befokningens sikkerhet.

Hatet mot armenere fortsatte ufortrødent fra Aliyev-regimets representanter. Da Ukraina ble invadert av Putins tropper, så Aserbajdsjan sitt snitt til å gjennomføre sine planer mot armenerne i Artsakh. Den eneste forsyningsveien til Artsakh ble blokkert av aserbajdsjanere slik at ingen biler, busser eller forsyninger slapp inn. Her var Aserbajdsjan i ferd med å gjennomføre et folkemord etter definisjonen,- nemlig å sørge for en situasjon der et helt folk blir fratatt sine livsnødvenigheter og på grunn av dette er i fare for å dø. Sultvåpenet synes å skulle knekke armenerne. De fikk heller ikke tilgang til medisiner, besøk fra familien i Armenia eller sykehus utenfor lokalsykehuset i

Artsakh. Armenere som forlot Artsakh fikk tillatelse til det, men fikk dermed aldri komme tilbake. Denne blokaden pågikk fra desember 2022 til september 2023 og rammet 120 000 uskyldige mennesker. Hva gjorde verden og hva gjorde Norge? Hvor var folks engasjement mot disse overgrepene? Aliyev slapp unna all kritkkk. Kun Frankrike støttet åpenlyst armenerne. Med det var kun med ord. Ingen handling. I september 2024, etter nesten ett års blokade, gikk aserbajdsjanske soldater til angrep på de 107 000 gjenværende armenerne i Artsakh. De ble raskt tvunget til kapitulasjon, og de hadde intet annet valg enn å forlate sitt hjemland. 120 000 armenere på flukt uten å få ta med seg andre eiendeler enn det var plass til i et par kofferter eller i en overfylt bil som raskt måtte forlate Artsakh.

I tillegg til all den andre elendigheten skjedde en alvorlig eksplosjon på bensinstasjonen i nærheten av Askeran. Mange armenere som sto i kø for å fylle tanken ble drept. Tragedien som rammet armenerne på flukt gjør rett og slett vondt. Da artsakhianerne endelig fikk tilgang på drivstoff, var det for at de hurtigst mulig skulle forlate sitt hjemland for godt. Med overfylte personbiler måtte de komme seg unna før de risikerte livet. De fleste eiendeler ble forlatt. Husdyr og kjæledyr fikk ikke plass i bilene. Så eksploderte en bensintank på et bensinlager. Biler og mennesker ble satt i brann. 238 mennesker døde, 170 ble fraktet til sykehus. 22 er fortsatt ikke gjort rede for. En venninne av meg fant klokken til sin ektemann like ved der det smalt. Levningene hans er ikke funnet. Hun håper fortsatt.

Over 100 000 flyktninger endte opp i republikken Armenia. Armenerne åpnet sine hjem og hjalp til alt de kunne. Feriehus ble lånt ut gratis. Leiligheter ble fylt til randen. Og jeg, som bodde på et av Jerevans fineste hoteller, tok i mot tre personer og ga dem hotellrommet den uken jeg var der. Flere gjorde det samme. Verden bryr seg fortsatt ikke om Armenia. I Aserbajdsjan går livet ufortødent videre. Alt som kan minne om armensk sivilisasjon blir fjernet. Kirker, klostre og minnesmerker. Alt knuses. Etter hvert fornektes garantert armensk tilstedeværelse noen gang i området. Aliyev gir seg ikke og okkuperer beitemarker på grensen til Armenia. Han har krevd Armenia for noen landsbyer der det bodde aserbajdsjanere før Sovjetunionens oppløsning. Disse landsbyene ligger godt innenfor Armenias grenser. Allikevel har han fått viljen sin. Armenske myndigheter vil ikke ha flere drepte. Seks tusen soldater og sivile er nok. *Yerablur*, soldatkirkegården i Jerevan, er full. Mine venner i Armenia har nektet meg å gå dit. De er sikre på at jeg får sammenbrudd. Det er jeg enig med dem i. Jeg har venner som kom hjem fra krigen delt i to. Kroppen kom først. Deretter hodet.

Jeg håper at noen av dere som leser denne boken kan formidle til venner, kjente, samfunnsdebattanter og så videre hvilken situasjon Aremenia befinner seg i. Livet i Aremenia går sin gang. Folk er like gjestfrie og søte som alltid. Det er et fantastisk land og folk som verden trenger. Vi må gjøre alt for å hjelpe Armenia.

Med kjærlig hilsen, Sven-Erik Rise (Tigran Van)

Foto: Unni Fonneland

Jerevan med Araratfjellet: Masis ti høyre, Sis til venstre.
Foto: Serouj Ourishian, Wikimedia Commons

Koselig natteliv på Republikkplassen. Marriott Hotell, Kardashians
valg når de reiser til Jerevan. Foto: Sven-Erik Rise

Hvert år den 24. april, på minnedagen for folkemordet på 1,5 millioner armenere, møter titusener opp for å vise respekt. Dette fører til et enormt blomsterhav ved den evige flammen. Foto: Jan Gregersen

Garni-tempelet. Foto: Unni Fonneland

Salget av suvenirer gir god inntekt til pensjonister som strikker sokker og luer til turistene. Foto: Unni Fonneland

Juicebar i Jerevan sentrum. Delikat og ferskpresset juice.
Foto: Sven-Erik Rise

Yerevan 2800th Anniversary Park. Foto: Winfried Dallmann

Fra Geghardklosteret. Foto: Unni Fonneland

Jeg skulle gjerne ha delt ut disse blomstene til alle som har bidratt til denne boken. Bildet er tatt i Jerevan. Foto: Sven-Erik Rise

Tusen takk

for alle bidrag med bilder og motivasjon:
Christian Köhler
Trine Dalaker Svenkerud
Wenche Kverneland
Shabnam Eghbali
Anne Karin Storhaug
Stein Morten Lier
Eva Gregersen
Trond Olav Paulsrud
Alla Mikalsen

Սիրելի հայ ընկերներ, շատ շնորհակալ եմ, որ թույլ տվեցիք օգտվել ձեր հրաշալի և պրոֆեսիոնալ լուսանկարներից: Դրանք տպավորիչ են և մեծապես բարձրացնում են գրքի որակը: Շնորհակալ եմ հրեշտակներին, ովքեր կապեցին ինձ ձեզ հետ: Եվ շնորհակալություն հայերին, ովքեր ինձ շատ տեղեկություններ տվեցին իրենց զարմանահրաշ հայրենիքում տիրող իրավիճակի մասին: Շնորհակալ եմ, որ ինձ ընդունեցիք որպես ձեր սեփականը, շնորհակալ եմ բոլոր հրավերների, ընթրիքների և սիրո համար, որ կիսում եք ինձ հետ: Հպարտությամբ ասում եմ՝ ես հայ եմ ընտրությամբ Տիգրան Վան

Lilit Bleyan
Angela Melkonian
Karen Melkonyan
Tigran Chibukchyan
Astghik Karapetyan
Tigran Poghosyan
Levon Tadevosyan
Goar Sarkisyan
Gaizag Demirdjian
Soghomon Matevosyan
Mkhitar Movsisyan

Ani Avetisyan

Ani Hambaryan

Sasoon Movsisyan

Shushan Petrosyan

Ani Hambaryan

Karen Aroian

Mihran Aroian

Armine Khatchatryan

Spesielt stor takk til følgende personer som har bidratt enormt med idéer, layout, hjelp, inspirasjon, glede, støtte og billedmateriale langt utenom det vanlige:

Winfried Dallmann: Du inspirerer meg! Tusen takk for alt du har hjulpet meg med – kart, bilder, korrektur, layouten, gode idéer. Du er en utrolig kapasitet med nøyaktighet, etterrettelighet og god og dyp kompetanse i både Armenia og publisering. Uten deg, Winfried – gäbe es dieses Buch nicht. Vielen Dank.

Øyvind Rise: Min engasjerte og flotte bror. Du er den beste språkvasker og korrekturleser som finnes. I tillegg stiller du alltid opp på mine foredrag. Du er unik.

Unni Fonneland: Du er så profesjonell. Jeg elsker bildene dine. Det var en glede å ha deg med til Armenia. Tusen takk for din raushet med dine flotte bilder.

Jan Gregersen: Tusen takk for ditt engasjement og for tillatelse til å bruke et vell av flotte bilder

Idar Alfred Johannessen: En glede å være på tur med deg. Stor takk for bildene jeg fikk bruke

Lilit Bleyan. You worked so much and with such a lot of enthusiasm to get the photos I asked for. Because of you, the quality of the book is outstanding. I can't thank you enough. Yerku hazar shnorhakalutyun!

Eva Kirchmayer Biliç: Ti si zvijezda u mom životu. Hvala ti za sav tvoj entuzijazam i ljubav koji mi pružiš.

Uten dere hadde denne boken ikke sett dagens lys.

Uttalelsene om boken fra Shabnam Eghbali, forfatter av boken «En håndfull jord»:

Jeg klarte ikke å legge meg før jeg hadde lest hele boken.

Jeg har dessverre ikke fått muligheten til å reise til Armenia mer enn en gang. Boken din gjør meg bevisst på at jeg må gjøre det asap. I hele boka følte jeg at det er hjemlandet mitt, identiteten min, som du snakket om.

Jeg fikk tårer i øynene da jeg leste boken. Ikke fordi den var trist, men fordi i boken fortelles gang på gang om gjestfriheten, ærligheten og ikke minst om imøtekommenheten til armenerne.

Som etterkommer av dem som overlevde det armenske folkemordet i 1915, setter jeg stor pris på den jobben Sven-Erik Rise gjør. Han forteller om Armenia til hele verden gjennom bøkene sine, foredragene og ikke minst gjennom hans hobby som reiseleder til dette vakre landet.

Sven-Erik oppsøker steder og mennesker som kanskje en vanlig turist ikke får gjort. Den morsomme måten han forteller og guider oss gjennom boken på inspirerer oss til å reise dit og besøke dette vakre Hayastan som er en perle og et paradis i Kaukasus.

Boken gir et lite glimt til det vakre Hayastan, med de vakre fjellene, klostre, vingårder og daler, den tradisjonelle velsmakende maten må oppleves.

Om du ikke har mulighet å reise dit, les gjerne denne boken.

Shabnam Eghbali

Shabnam Eghbalis roman «En håndfull jord» handler om en farmors grusomme opplevelser under folkemordet. Den handler om angst, redsel, håpløshet og tap. Men den handler også om livslyst, glede, håp og medmenneskelighet. Romanen er basert på virkelige hendelser. Boken er velskrevet. Anbefales.

For deg som ønsker å lære mer om Armenias og armenernes historie og samfunn:

Det finnes mange bøker på mange språk om armenernes historie. Jeg kunne gjerne ha skrevet en lang liste med titler, men så har det nylig kommet en bok på markedet som overgår samtlige av de andre jeg har lest om temaet. Winfried Dallmann og Tessa Hofmann har studert og jobbet med Armenia i en årrekke. Begge er svært engasjerte, og begge har inngående kunnskap om Armenia. Boken Armenias geopolitiske skjebne tar for seg den armen-

ske historien fra langt tilbake i tid fram til det armenske samfunnet i dag. Vi får en svært konkret og god kronologisk oversikt, forklart på en tydelig måte. Dette bidrar til at man vil vite mer, og boken blir ikke liggende lenge før man tar tak i den igjen for å finne ut om hva som skjer i neste kapittel.

Begge forfatterne er professorer. Én ting er sikkert: Intet er overlatt til tilfeldigheter eller meninger om det ene eller det andre. Forfatterne har sjekket en hver hendelse de beskriver med flere kompetente og anerkjente kilder. Her får du et helt leksikon i vanlig bokform. Anbefales på det sterkeste.